L'Épopée de Verdun

1916

Gaston Jollivet

Alicia ÉDITIONS

Table des matières

PRÉFACE   1

Partie Un
LA BATAILLE DE VERDUN

PREMIÈRE PHASE : LA RUÉE   11
La préparation. — L'attaque. — Un duel épique. — La bataille de Verdun racontée par lord Northcliffe. — Les assauts de Douaumont.

DEUXIÈME PHASE : LA BATAILLE DES AILES   36
Période du 4 au 20 mars : rive gauche, rive droite. — La bataille de Vaux. — Un épisode des combats devant Verdun. — L'aspect de la bataille après quarante-cinq jours. — Période du 20 mars à fin juin : rive gauche, rive droite. — Comment fut repris le bois de la Caillette. — Les derniers jours du fort de Vaux. — Période du 1er juillet au 15 octobre. — La bataille se ralentit. — La prise et la défense de Thiaumont. — La Sidi-Brahim à Fleury.

PÉRIODE DU 4 AU 20 MARS.   36
PÉRIODE DU 20 MARS À FIN JUIN.   56
PÉRIODE DU 1er JUILLET AU 15 OCTOBRE   85

TROISIÈME PHASE : LA REPRISE DES FORTS ET DE POSITIONS   98
Douaumont. — Préparation méthodique. — Magnifique élan des troupes. — Le ravin de la Dame. — La division coloniale du Maroc à la conquête de Douaumont. — Les exploits de la 11e Cie du .... — Du côté allemand. — Fort et village de Vaux. — Notes d'un témoin militaire. — La journée du 15 décembre et ses résultats.

DOUAUMONT.   98
FORT ET VILLAGE DE VAUX.   119

Partie Deux
LES CONSÉQUENCES DE LA VICTOIRE

CONSIDÉRATIONS GÉNÉRALES   135
LES CONSÉQUENCES DE LA VICTOIRE   135

TÉMOIGNAGES DES NEUTRES ET DES ALLIÉS	139
CONSÉQUENCE INDIRECTE : L'EFFET PRODUIT SUR LE MORAL DES ALLEMANDS (*Chefs, soldats, civils*)	144
CHEZ LES CHEFS	144
CHEZ LES SOLDATS	147
CHEZ LES CIVILS	151

Partie Trois
LES FACTEURS DE LA VICTOIRE

LES CHEFS	159
LES HOMMES	164
LE SERVICE DES TRANSPORTS LE SERVICE DE SANTÉ, L'INTENDANCE	177

Partie Quatre
LES PAGES GLORIEUSES

LE LIVRE D'OR	187
LA VILLE DE VERDUN DÉCORÉE	210

Partie Cinq
LE MORAL FRANÇAIS

LES CIVILS DE VERDUN	217
LA NATION	219

Partie Six
CONCLUSION

CONCLUSION	227

Partie Sept
MÉMENTO CHRONOLOGIQUE

FÉVRIER À DÉCEMBRE 1916	233
Février	233
Mars	234
Avril	236
Mai	239
Juin	242
Juillet	245
Août	246
Septembre	248
Octobre	249
Novembre	250
Décembre	250

PRÉFACE

Mon vieil ami Gaston Jollivet m'a demandé de présenter au public, qui veut bien m'accorder quelque crédit en matière militaire, son *Épopée de Verdun*.

Je me rends à ce désir avec d'autant plus de plaisir et de liberté que je connais de longue date ses scrupules de conscience. Il n'ignorait pas, en abordant un pareil sujet, que, pour écrire sur la guerre, comme d'ailleurs pour la faire, il faut — les souvenirs de 1914 nous le rappelleraient à l'occasion — une préparation qui peut-être lui manquait un peu. Du moins pouvait-il se documenter en puisant aux meilleures sources. Or, je sais que, dans ces recherches toujours assez ingrates, il n'a ménagé ni sa peine, ni son temps.

Je sais également qu'il n'a jamais eu la pensée d'établir une histoire définitive des événements dont il parle, ni voulu entreprendre une œuvre dont le recul du temps permet seul de construire solidement les assises. Il faut de longues et patientes recherches pour percer les ténèbres qui planent sur la genèse d'une opération militaire quelconque, pour connaître exactement ses causes, ses origines, son développement et ses conséquences. J'ai mis quinze ans, pour ma part, à rassembler les documents qui devaient me servir à raconter la guerre de 1870-71. Il en faudra tout autant, sinon davantage, pour débrouiller le chaos de celle d'aujourd'hui.

Qui donc, en effet, pourrait, à l'heure actuelle, dire exactement quelle a été la conception intégrale de l'état-major allemand, dans l'affaire de Verdun, quelles raisons lui ont fait choisir ce point principal d'attaque, et si, encore, l'assaut simultané qui fut livré certain jour sur les deux rives de la Meuse est arrivé à son heure, c'est-à-dire s'il correspondait exactement au moment psychologique dont parlait feu Bismarck, comme de celui qu'il faut savoir reconnaître et choisir ? Sur toutes ces questions qui demeurent pour longtemps obscures, chacun, évidemment, peut avoir une idée personnelle, mais une idée uniquement basée sur des déductions ou, qui pis est, sur de simples inductions.

L'auteur s'est tenu fort sagement à l'écart des unes et des autres. Il s'est borné à soulever, là où c'était possible, quelques coins du voile, ce qui est déjà beaucoup. Surtout, il a préparé la tâche des historiens de l'avenir en leur présentant une documentation très touffue, puisée aux sources allemandes et françaises, et assez sûre pour permettre à chacun de pratiquer plus tard des recoupements utiles, en la comparant aux pièces officielles, ou autres, qui seront mises au jour dans les années qui suivront.

Ce qui nous intéresse dès maintenant, c'est de trouver ici, exposées presque jour par jour, les diverses scènes du drame. Voici d'abord la formidable ruée du 21 février 1916, avec ses débuts terrifiants et l'arrêt magnifique qui lui fut imposé le 24. Puis, c'est la bataille engagée sur les ailes, et les interruptions que l'ennemi, dont on a pu dire qu'il était « vaincu par sa conquête », a été contraint d'y apporter. C'est encore toute la série de ces coups de bélier spasmodiques, qui ne cessaient pas, même après le début de l'offensive de la Somme, et dont, pour grandir le succès mal assuré, le Kronprinz, cravaté prématurément de feuilles de chêne, ne craignait pas de dire, avec une présomption bientôt punie, « qu'ils avaient supprimé une pierre angulaire de la défense française ».

Et ce sont enfin les deux coups de foudre du 24 octobre et du 2 novembre, qui frappèrent si rudement les occupants de Douaumont et de Vaux, chassés de deux points d'appui de première importance, dont la conquête, surtout en ce qui concerne le premier, avait soulevé en Allemagne des enthousiasmes débordants et d'infinies espérances. Le fracas de la catastrophe retentit jusque dans la profondeur de l'Empire, et la couronne de chêne qui pendait au cou de l'héritier de Hohenzollern se changea en une couronne d'épines. Il venait de perdre son bâton de feld-maréchal.

L'échec subi par lui avait encore une autre conséquence. Il montrait clairement qu'en escomptant notre affaiblissement, l'ennemi s'était trompé grossièrement. Nous nous montrions non seulement capables de le refouler, mais aussi de combiner deux opérations offensives, l'une devant Verdun, l'autre sur la Somme. L'armée du général Nivelle rendait à celle du général Fayolle le même service qu'elle en avait reçu. Effet très heureux de la solidarité du champ de bataille, et premier essai de cette extension des fronts de combat qui, seule, peut donner des résultats essentiels.

Autre chose encore. Au cours de cette douloureuse secousse, l'Allemagne a senti qu'elle était maintenant exposée à périr par où elle avait cru vaincre. Depuis de longues années, elle forgeait dans le mystère les instruments de guerre dont elle attendait miracle : « Honneur au général de Schlieffen qui nous a donné l'artillerie lourde ! » écrivait il y a quelque temps je ne sais plus quel officier prussien. Oui, c'est vrai ! l'artillerie lourde nous a surpris, d'abord. Mais aujourd'hui elle ne nous effraye plus, ni ne nous étonne. Nous lui en opposons une autre, qui la vaut. À Verdun, nos canons de 400 ont pris une belle revanche de Liège, d'Anvers et de Maubeuge, et les engins monstrueux, qui font du sol ravagé une sorte de chaos lunaire, ne sont plus tous du même côté.

Ils appuient, du nôtre, une infanterie inébranlable dans la résistance et fougueuse à souhait dans l'attaque. Quand ces deux éléments primordiaux de la bataille sont actionnés par des hommes qui s'appellent Pétain, Nivelle, Mangin — il faudrait les nommer tous — ils produisent des effets irrésistibles que le Kronprinz et, avec lui, la coalition germanique ont connus à leurs dépens. Si le coup qui les a frappés sur la Meuse n'est pas tout à fait mortel, il est de ceux, du moins, dont on ne se relève jamais complètement rétabli.

Et voilà quel fut le piteux dénouement d'une des plus formidables entreprises de l'Histoire, d'une entreprise montée avec un luxe de moyens inconnus jusqu'ici ; qui exigea huit mois de combats épiques et coûte à l'ennemi un demi-million d'hommes pour le moins. Après avoir suscité tant d'hosannas hâtifs, elle s'est effondrée tout d'une pièce, au grand dépit de ceux qui s'y étaient beaucoup trop obstinés. Devant le bastion inviolable de Verdun, la horde germanique a dû s'arrêter et même reculer de façon sensible. Un amas de pierres croulantes, défendu par des soldats indomptables, a constitué la barrière sur laquelle elle est venue se briser. Le monde civilisé a respiré enfin, et en face du drapeau dont les trois couleurs victorieuses flottaient au-dessus des champs de carnage, l'aigle prussienne, repliant ses serres, s'est mise à sonder du regard l'espace, pour chercher quelque part une proie moins difficile à dévorer.

Mais revenons à notre livre. À travers l'énoncé des faits de guerre, dont la nomenclature est forcément un peu sèche, l'auteur a placé des récits plus détaillés, dus à des plumes quasi-officielles et à des correspondants de guerre qualifiés. Pages pittoresques et souvent savoureuses où sont peints, en grandeur naturelle, les metteurs en scène et les acteurs de cette puissante tragédie ; je veux dire les chefs et les soldats.

Les premiers furent admirables, on le sait, et à la tête, *primus inter pares*, l'homme à la tête solide, au jugement sûr et à la volonté ferme que j'ai connu autrefois dans cette École de guerre, un peu calomniée aujourd'hui, dont il fut un des professeurs les plus justement distingués : j'ai nommé le général Pétain. Mais ses lieutenants et ses aides, à la plupart desquels me lie une vieille camaraderie, trop tôt brisée par des vicissitudes que je veux oublier, qu'en dirais-je pour bien exprimer ce qu'ils valent et ce qu'ils ont donné ?

C'est d'eux qu'un écrivain suédois, M. Erik Sjœstadt, disait en

1914, avec un sentiment d'admiration jaillissante : « Ils ont travaillé en silence pendant quarante ans, le plus souvent sans aucun des privilèges conférés par une situation sociale brillante, et quelquefois même en étant à demi suspects. » Maintenant, ils donnent sans compter leur intelligence, leurs forces, leur sang et leur vie, pour faire germer la moisson de gloire qui doit payer nos sacrifices. Ah ! les braves gens !

Quant aux soldats, ce sont tout simplement des héros, qui font l'admiration du monde ; mais des héros à physionomie distincte et à allures tranchées suivant l'arme à laquelle ils appartiennent. Ils ne sont pas tous, tant s'en faut, taillés dans le même marbre, bien qu'ils aient tous la même passion patriotique au cœur, et quiconque les voit à l'œuvre apprend tout de suite à les classer.

Aussi faut-il savoir grand gré à Jollivet de nous avoir peint d'après nature ces fantassins robustes, ardents, délurés, qui jamais ne rechignent à la besogne, si rude soit-elle — et nul ne peut plus ignorer qu'à la guerre, aucune autre ne peut y suppléer — ; ces artilleurs qui semblent amoureux de leurs canons, petits et gros, et les servent, sans souci des marmites, avec tant de précision et de sang-froid ; ces sapeurs rampant sous terre dans de véritables taupinières, et toujours exposés à la terrible surprise de quelque camouflet sournois ; enfin ces aviateurs audacieux qui, fendant l'air à une vitesse folle, reconnaissent, renseignent, guident d'en haut le feu de l'artillerie et, souvent transformés en combattants, donnent la chasse à quelque adversaire trop curieux, ou rasent hardiment le sol pour semer la mort à travers les tranchées ennemies.

Dans des occupations moins éclatantes, mais également utiles et souvent tout aussi dangereuses, — car shrapnells, grenades et mitrailleuses ne respectent personne, — nous voyons défiler le porteur d'ordres, qui court d'excavation en excavation, le vaguemestre détenteur de la lettre paternelle ou des envois de la « marraine », qui traverse affairé la zone dangereuse ; voire même le « cuistot » qui risque pour le moins de s'enliser dans la boue gluante, quand il va porter aux camarades en ligne leur portion de « singe » ou de « rata ».

Et enfin, il nous faut saluer à leur rang de bataille ces camionneurs automobiles, dont les services à Verdun furent si précieux ; ces médecins, ces infirmiers et infirmières, dont le dévouement inlassable et le courage magnifique ont triomphé de difficultés qui, au début, semblaient insurmontables, tant l'organisation—nous pouvons bien le dire aujourd'hui que le mal est réparé — laissait à désirer. Il n'est pas jusqu'aux modestes territoriaux, travailleurs de l'arrière, qui n'aient leur mention dans cette liste de braves. Et c'est justice. Tous ceux qui sont au péril à un titre quelconque, méritent d'être mis également à l'honneur.

C'est bien là ce que Jollivet a voulu faire et il y a réussi. Il a montré que l'armée était le lieu d'éclosion des plus beaux sentiments et des abnégations les plus généreuses. Officiers et soldats sont mêlés, sans distinction de rang ni d'état social, dans ces pages toutes vibrantes de leurs hauts faits. Je plains celui qui les lirait avec la prétention de rester « au-dessus de la mêlée » et qui, en suivant de celle-ci les phases sanglantes mais superbes, ne sentirait pas son cœur battre plus fort, ou ses yeux se mouiller.

Pourquoi maintenant le livre porte-t-il ce titre, l'*Épopée de Verdun* ? Eh ! mon Dieu ! parce que les choses dont il traite sont absolument d'ordre épique. L'épopée, quoi qu'en ait dit Renan, ne sort pas forcément d'une mythologie, et elle garde son caractère spécial, même lorsqu'elle n'est pas chantée par un Virgile. Les neuf mois de la bataille de Verdun lui appartiennent en propre, comme les campagnes des grognards, cette Iliade que, suivant le mot de Théophile Gautier, Homère n'inventerait pas.

Oui, parfaitement. Il s'agit ici d'une épopée plus émouvante cent fois que les combats fameux d'Achille ou d'Hector, fils de Priam, et qui a sur eux l'avantage de n'être point légendaire. Elle a été consacrée dans sa possession d'état, le jour où la ville si éprouvée qui symbolisera à travers les siècles la résistance française a reçu, avec la croix de la Légion d'honneur, l'hommage de tous les pays alliés ; le jour où M. Lloyd George a crié au monde son amour et sa reconnaissance pour notre patrie ; le jour enfin où le chancelier allemand a dû reconnaître avec amertume que notre esprit de sacrifice confondait l'univers par sa grandeur et par sa majesté.

Oui, c'est ici une épopée surhumaine, écrite avec du sang, toute resplendissante de gloire, mais c'est en même temps de l'histoire, celle des vivants et des morts, de ceux de l'avant, qui combattent, et de ceux de l'arrière, qui « tiennent ». De son dernier chant, nous entendrons bientôt, j'espère, résonner la fanfare. Il sera l'apothéose de la constance française, de l'héroïsme de notre race, en un mot du génie national.

Lieut-Colonel Rousset.

Partie Un

LA BATAILLE DE VERDUN

Les soldats français du 87e régiment s'abritent dans leurs tranchées à la cote 304 à Verdun.

PREMIÈRE PHASE : LA RUÉE

La préparation. – L'attaque. – Un duel épique. – La bataille de Verdun racontée par lord Northcliffe. – Les assauts de Douaumont.

I

Le 21 février 1916, l'héritier de la couronne impériale d'Allemagne, commandant devant Verdun, adressait à ses troupes l'ordre du jour suivant :

« *Ich, Wilhelm, sehe das deutsche Vaterland gezwungen zur Offensive überzugehen* » (« Moi, Guillaume, Je vois la patrie allemande forcée de passer à l'offensive »).

C'était, en effet, une obligation. Dès le lendemain de la bataille de l'Yser, du fait de notre résistance, nous devenions l'adversaire principal. Était-il admissible que cet adversaire constamment renforcé par l'afflux des divisions anglaises, fût négligé par l'état-major ennemi ?

De plus, les Empires centraux avaient un intérêt puissant à devancer l'action collective des Alliés, à faire, comme on l'a dit*, une grande sortie.

Pourquoi Verdun a-t-il été choisi plutôt que tout autre point du front ? Les Allemands ont varié dans leurs explications : « Verdun est le cœur de la France... Nous avons voulu rectifier notre frontière...

---

* *Journal des Débats*

Nous avons attaqué Verdun pour empêcher les Français d'attaquer Metz... ».

Quoi qu'il en soit, c'était une grande partie à jouer. Verdun, protégé par les défenses naturelles d'une succession de collines, de ravins, de forêts, par des fortifications jugées formidables, avant la connaissance des canons monstres de l'ennemi, passait pour imprenable au début de la campagne. Ses lignes de défense avaient arrêté les Allemands pendant la bataille de la Marne. La troisième armée commandée par le général Sarrail force l'ennemi à la retraite, le 13 septembre 1914, se porte en avant, occupe Montfaucon, mais, le 24, après un violent bombardement du Camp des Romains, les Allemands s'emparent de ce fort et entrent à Saint-Mihiel. La route leur est barrée le lendemain*.

Du mois d'octobre 1914 au mois de juin 1915, série d'opérations autour de Verdun sur les deux rives de la Meuse et sur les Hauts-de-Meuse.

À cette même date, une offensive énergique nous permet d'occuper la crête des Éparges, point important qui menace les ouvrages allemands de la plaine et que les Allemands essayent en vain de nous reprendre. En résumé, du mois d'octobre 1914 à la fin du mois de mai 1915, c'est une lutte acharnée qui, d'une manière générale, tourne plutôt à notre avantage. Depuis cette date jusqu'au 21 février c'est presque le calme.

C'est cette période que l'Allemagne utilisa pour s'outiller. Elle avait un gros effort à fournir et le souvenir des déconvenues de 1914 dictait à sa méthode la marche à suivre. On n'attaquerait les Français que le jour où l'on serait sûr du succès.

II

LA PRÉPARATION. — Elle dura quinze mois.

« Elle comporta cette organisation minutieuse du champ de bataille que nous ne soupçonnions guère, il y a deux ans, où le

---

* *La victoire de Verdun* : Une bataille de 131 jours.

fantassin se terre, protégé par du fil de fer, des mitrailleuses et des canons, desservi par un réseau serré de boyaux et de chemins de fer.

« À l'arrière, elle s'est manifestée par une intensité de vie industrielle qu'on semble n'avoir pas soupçonnée. D'énormes usines — d'explosifs notamment — sont sorties du sol et c'est à la fin de l'automne seulement qu'elles ont commencé à produire.* » Vers le milieu de janvier la mise en œuvre commença.

Le *Berliner Tageblatt*, le plus important journal de Berlin, fournit ces détails :

« De grandes quantités de troupes furent rassemblées dans les villages à droite de la route nationale Spincourt-Étain. Depuis une année déjà on avait amené et monté dans les environs de Verdun des canons de 380. Les artilleurs étaient des soldats de marine, mais, avant le commencement de la bataille, on leur fit revêtir des costumes d'artilleurs. On avait également amené dans les environs de Verdun, une douzaine de 420 qui peuvent lancer un obus toutes les cinq minutes. Les soldats qui devaient entreprendre l'attaque furent soumis à une suralimentation. Chacun des soldats recevait journellement trois livres et demie de viande et six litres de café. »

Chez nous, *Le Petit Parisien* donne ces indications supplémentaires :

« Les artilleurs avaient pour mission d'effectuer sur les objectifs visés un bombardement d'une violence inouïe, mais relativement court. Aucun pouce de terrain ne devait être épargné. Un sous-officier d'artillerie était chargé de construire hâtivement une ligne téléphonique entre les deux réseaux de fils de fer des adversaires, sur une partie du front repérée et canonnée d'une façon spéciale. Le rôle du sous-officier était de profiter du bombardement général pour s'approcher de notre parallèle de départ sans être aperçu et de relier son fil conducteur à nos fils téléphoniques, afin de surprendre nos communications.

« Avant que l'attaque d'infanterie fût déclenchée, le commandement allemand lançait de fortes reconnaissances, constituées d'offi-

---

* André Tardieu, l'Illustration.

et d'une cinquantaine d'hommes. Ces patrouilles s'avançaient vers nos lignes pour s'assurer que le bombardement avait donné les résultats espérés. Si les prévisions étaient réalisées, l'attaque était aussitôt ordonnée. L'infanterie se lançait alors à l'assaut en vagues successives, distantes de 80 à 100 mètres les unes des autres. La plupart des régiments étaient échelonnés en profondeur par bataillon, le bataillon de tête ou d'attaque étant lui-même réparti en deux lignes.

« Chaque unité avait un objectif limité à l'avance, où elle devait s'arrêter sans jamais le dépasser. La progression ultérieure était laissée à des corps de réserve qui quittaient leurs positions d'attaque dès que les premiers régiments avaient atteint le but visé.

« Les régiments d'infanterie avaient l'ordre de ne s'acharner, sous aucun prétexte, contre les positions qui n'étaient pas suffisamment bouleversées par les obus ; ils ne devaient jamais chercher à vaincre les résistances non brisées par l'artillerie. Toute troupe qui se trouvait arrêtée devant des fils de fer intacts devait se replier légèrement pour s'abriter et attendre pour progresser une nouvelle intervention des batteries. »

La préparation de chaque attaque ne se bornait pas à ces ordres invariables. Les Allemands avaient réglé la vie de chaque bataillon avec précision. Les unités étrangères au secteur où l'offensive était ordonnée étaient confiées à des sous-officiers orienteurs qui devaient les guider dans les lignes, leur faire connaître l'orientation des tranchées et des boyaux et leur indiquer les points de repère importants. En outre, chaque officier recevait un ordre de bataille qu'il devait suivre, sans en oublier aucun détail.

III

Ces instructions et le commencement de leur mise en pratique n'avaient pas été une surprise pour notre commandement.

« Dès février 1915, les opérations, le ravitaillement, les évacuations, en un mot toutes les évolutions vitales d'une armée de 250 000 hommes sur la rive droite de la Meuse, avaient été prévues et étudiées dans le détail, en faisant abstraction de tout trafic par voie ferrée. Le développement de nos transports mécaniques par route était si bien organisé que le transport des troupes, des munitions et du matériel du génie a pu mobiliser 300 officiers, 35 000 hommes et plus de 3900 voitures ; le tonnage moyen transporté par vingt-quatre heures atteignait 2000 et, certains jours, 2600 tonnes. Il n'y a donc pas lieu d'être surpris que de si puissants moyens défensifs n'aient pas échappé à l'attention des Allemands, et que, par exemple le zeppelin abattu dans la région de Revigny eut la mission de se mettre à la recherche de nos réserves.

« À la veille du 21 février nous étions assez prêts pour n'avoir qu'à amener par camions les troupes, les vivres, les munitions nécessaires à la défense de Verdun. Et c'est ce qui explique que nous ayons pu nourrir méthodiquement nos lignes de défense et amener sans heurts, sans fausse manœuvre, sans anicroche, des milliers et des milliers d'hommes qui ont agi selon les prévisions de notre état-major.

« Au moment où l'attaque allemande se produisit dans le secteur de Verdun, notre gauche s'appuyait sur les centres de Brabant, Consenvoye, Haumont, les Caures, formant la première position. Samogneux, la cote 344, la ferme Mormont constituaient la seconde position.

« Au centre, nous tenions le bois de Ville, l'Herbebois, Ornes, avec comme seconde position Beaumont, la Wavrille, les Fosses, le Chaume et les Caurières.

« Notre droite comprenait Maucourt, Mogeville, l'étang de Braux, le bois des Hautes-Charrières et Fromezey, tandis que notre seconde position s'étayait sur Bezonvaux, Grand-Chena, Dieppe.

« En arrière de ces secteurs de défense, la ligne des forts était jalonnée par le village de Bras, Douaumont, Hardaumont, le fort de Vaux, la Laurée, Eix. Entre la deuxième position et cette ligne de forts, une organisation intermédiaire à contre-pentes avait été esquissée de Douaumont à Louvemont, sur la côte du Poivre et la côte du Talou.* »

L'attaque. — « À 7 h. 15, le 21 février, les Allemands ouvrent le

---

* Le Bulletin des Armées.

feu et arrosent notre secteur avec des projectiles de tous calibres, ainsi qu'avec des obus lacrymogènes et suffocants. Au bout d'une heure de cet intense bombardement, les communications téléphoniques sont coupées et les liaisons doivent se faire par coureurs. Nos abris commencent à céder. Aux bois des Caures et de la Ville, on signale de graves accidents. Des groupes de soldats sont écrasés et ensevelis sous les décombres.

« Cependant notre artillerie réplique. Elle prend comme objectifs les batteries ennemies révélées par les avions, canonnant surtout la forêt de Spincourt et les bois voisins, où le nombre des pièces adverses est formidable. Les aviateurs qui survolent les positions ennemies, le 21, s'accordent à dire que cette région est le centre « d'un véritable feu d'artifice ». Le petit bois de Gremilly, au nord de la Jumelle, accuse une telle densité d'ouverture de feu, que les observateurs en avion renoncent à pointer sur leurs cartes les batteries qu'ils voient en action. Il y en a partout. À 16 heures, c'est le grand jeu ! Les tirs allemands atteignent le maximum de leur violence. Six « drachen » planent au-dessus des lignes ennemies.

« Sous cette avalanche d'obus, nos premières lignes sont nivelées. Mais les garnisons se cramponnent partout où elles peuvent. Le moral se maintient très ferme. Les Allemands n'arrivent guère qu'à s'infiltrer dans nos éléments avancés. Les contre-attaques sont vivement organisées, et quand l'offensive ne réussit pas, la défense reprend avec méthode et opiniâtreté.

« Au bois d'Haumont, le terrain n'est cédé que pied à pied. Au bois des Caures, les chasseurs du lieutenant-colonel Driant reprennent toute la partie méridionale du bois et s'y établissent.

« Enfin, dans la région de Soumazannes, du bois de Ville, de l'Herbebois, nous résistons sur la ligne de soutien. Du côté de la Woëvre, l'ennemi n'a pas bougé. Il s'est contenté de bombarder les Hautes-Charrières, Braux, Fromezey et de lancer en plusieurs endroits des obus suffocants et lacrymogènes.

« Somme toute, cette première journée n'a pas donné de gains considérables à l'ennemi. Il a seulement pris pied dans les tranchées de première ligne et parfois dans les tranchées de soutien, en payant cette avance assez chèrement.

« Mais ce n'est là qu'un début. La pression va s'accentuant d'une manière plus impérieuse et avec une préparation d'artillerie plus formidable encore.

« La tactique allemande consiste en effet à écraser avec les canons lourds chacun de nos centres de résistance et à créer autour d'eux une zone de mort par des tirs de barrage. Puis, une fois que la destruction voulue semble opérée, un parti s'avance pour reconnaître les effets du tir.

« Chaque groupe d'éclaireurs est composé d'une quinzaine d'hommes. Derrière eux marchent les grenadiers et les pionniers et ensuite la première vague d'infanterie. L'artillerie conquiert la place, l'infanterie n'a plus qu'à l'occuper.

« De son côté, notre artillerie s'efforce d'isoler les partis ennemis qui s'infiltrent partout. Nos garnisons de défense luttent jusqu'à la mort et nos contre-attaques enrayent à chaque occasion la marche de l'adversaire.

« Le 22, malheureusement, notre retour offensif sur le bois d'Haumont échoue. Au bois des Caures, la lutte reprend. Dans la partie occidentale du secteur, les Allemands attaquent, vers 7 h. 30, le bois de Consenvoye avec des jets de liquide enflammés et, grâce aux services que leur rendent ces « flammenwerfer », ils se glissent jusqu'au fond du ravin.

« Du côté de l'Herbebois, ils tiennent la corne nord-est sans pouvoir pénétrer plus loin. Là, nos troupes, comme au bois de Ville, font des prodiges pour endiguer le flot des assaillants et elles y réussissent.

« Les feux de l'artillerie allemande redoublent : Haumont, Anglemont, la ferme de Mormont, la Wavrille subissent des rafales effroyables. Le village d'Haumont est particulièrement éprouvé. Pourtant, les défenseurs groupés autour de leur colonel luttent jusqu'à la dernière minute et ce n'est que vers 18 heures que les ennemis peuvent s'avancer parmi les ruines. La défense d'Haumont restera parmi les pages les plus émouvantes de l'héroïsme militaire.

« En fin de journée, nous avons perdu le bois de Ville, mais nous occupons toujours la plus grande partie de l'Herbebois et la Wavrille. Notre ligne passe à la cote 240, la ferme de Mormont, la position intermédiaire de contre-pente Samogneux-Brabant.

« Nous travaillons presque partout à découvert, les ouvrages de quelque résistance ayant été broyés par les obus, les boyaux de communication détruits, les tranchées de repli — là où elles existaient — bouleversées.

« C'est la guerre en rase campagne. L'artillerie, bien dirigée, sème la mort dans les rangs adverses et brise l'élan de l'infanterie allemande.

« Tous les sacrifices sont consentis afin d'organiser à l'arrière de nouvelles lignes de résistance.

« Dans la nuit du 22 au 23, nous évacuons Brabant : Samogneux, dans cette matinée du 23, est soumis à un tel bombardement que les contre-attaques que nous préparions de ce côté n'ont pas lieu. Nous demeurons sur la défensive.

« Plus à l'Est, au contraire, notre ligne de résistance a été améliorée par notre contre-attaque. Les Allemands se sont déployés dans le ravin du bois d'Haumont, à 800 mètres de la ferme d'Anglemont et ils bombardent avec des 305 et des 380 les fermes d'Anglemont et de Mormont. Il faut toute l'énergie des chefs, la volonté de tous les soldats pour se maintenir là.

« Dans le secteur de la Wavrille, le combat reprend acharné dès le matin. Pendant la nuit, nos hommes avaient travaillé à raccorder les lignes pouvant les relier à l'Herbebois, malgré l'arrosage incessant de l'artillerie ennemie.

« Il importait de ne pas laisser les Allemands s'emparer du bois de la Wavrille et de la cote 351, positions qui leur eussent permis de prendre en enfilade la ligne de défense 344-Beaumont.

« Une attaque allemande sur la Wavrille est d'abord repoussée à 6 heures. Un autre mouvement offensif sur l'Herbebois, à 11 h. 30, provoque un combat qui dure jusqu'à 16 h. 30.

« Pendant ce temps, l'ennemi renouvelle son effort contre la

Wavrille, et, continuellement soutenu par de nouvelles réserves, finit par déborder.

« Cette manœuvre oblige les éléments français qui n'avaient pas lâché pied dans l'Herbebois à battre en retraite au cours de la soirée.

« Néanmoins, l'ennemi ne parvient pas à déboucher de la Wavrille. Notre barrage d'artillerie lui interdit tout progrès supplémentaire.

« C'est sur la route Vacherauville-Samogneux que les Allemands vont concentrer toutes leurs énergies. Ils cherchent à sortir de Samogneux. Mais, à plusieurs reprises, ils sont écrasés par notre artillerie, par le tir de nos mitrailleuses, par notre fusillade. Ils perdent un monde fou au cours de ces actions. Ils devront revenir plusieurs fois à la charge pour obtenir le résultat souhaité, et ce n'est que dans la nuit du 24 au 25, après avoir laissé des quantités de cadavres sur le terrain, qu'ils s'agripperont à la cote 334.

« Vers 13 heures, ils arrivent aussi à dépasser un peu la lisière sud du bois des Caures et à s'insinuer du côté d'Anglemont. Ils ne glissent que très lentement dans le pays raviné. Nous tenons la côte du Talou et nous repoussons une attaque sur Champneuville.

« Les Allemands sont plus mordants du côté du bois des Fosses. Après avoir, pendant la matinée, bombardé nos positions avec des obus de gros calibre et des obus lacrymogènes, ils rassemblent des contingents importants à l'est du bois de Rappe et au nord du bois de la Wavrille.

« Deux de nos bataillons marchent immédiatement à l'attaque en prenant pour objectif la corne nord-ouest de la Wavrille et en cheminant par le ravin sud-est de Beaumont. Nous enlevons la lisière sud-ouest et une partie du bois, mais le tir des mitrailleuses ennemies limite notre avance.

« L'ennemi, alors, redouble le bombardement du bois des Fosses et de Beaumont. Les obus suffocants et les obus lacrymogènes tombent par rafales en même temps que les 280 et les 305.

« À 13 heures, les Allemands exécutent un retour offensif, qui les remet en possession de la lisière du sud du bois de la Wavrille, où nos zouaves et nos tirailleurs étaient accrochés. Ils poussent leur avantage, et ils débordent Beaumont par l'Ouest, le bois des Fosses par l'Est.

« Malgré l'énergique résistance de nos fantassins et de nos mitrailleuses, le bois des Fosses est enlevé à 13 h. 30. Beaumont est disputé pied à pied avant d'être envahi. Le bois de la Chaume est également pris par l'ennemi.

« Dès lors, la situation s'aggrave, à 14 h. 20, des forces ennemies imposantes débouchent entre Louvemont et la cote 347.

« Toutes les forces françaises disponibles essayent de refouler l'envahisseur. L'ennemi a les Chambrettes, le bois des Fosses, Beaumont, le bois des Caurières. Il tente un coup de main sur Ornes, qui est attaqué de trois côtés à la fois. La garnison, en état d'infériorité manifeste, bat en retraite et se retire en bon ordre à la faveur de l'obscurité sur Bezonvaux.* »

IV

Un duel épique. — *Récit d'un officier d'artillerie.* — « Le 21, lorsque les Allemands commencèrent la préparation de l'attaque, avec la fureur que l'on sait, nous comprîmes qu'un combat décisif allait s'engager. « Notre groupe se trouvait alors en position au sud-est du bois d'Haumont. Une batterie était répartie en pièces de flanquement sur trois positions ; une à l'est du bois d'Haumont, une au sud, et une troisième au nord de Samogneux. Les deux autres batteries se tenaient au sud du col 312 (à l'est de la cote 344) ; nous étions aussi appuyés par une batterie de 6 pièces de 90.

« Naturellement, nous répondîmes immédiatement à l'attaque allemande par un tir de barrage pour empêcher autant que possible l'infanterie ennemie de se frayer un chemin dans nos lignes. Une de nos sections se porta même en position avancée dans le ravin des Caures et ouvrit le feu.

« Mais les Allemands, malgré d'énormes sacrifices d'hommes, commencèrent à déborder de toutes parts. Ils arrivèrent sur le bois

---

* Le bulletin des Armées.

des Caures par les crêtes qui courent entre le bois d'Haumont et le bois des Caures et ils envahirent progressivement ces positions. La section qui essayait de les contenir raccourcissait son tir au fur et à mesure de leur avance, fauchant des rangs entiers ; de nouvelles vagues remplaçaient celles qui mouraient et la section tirait toujours, épuisant ses munitions.

« Elle était en plein travail, quand des groupes ennemis, qui avaient tout de même réussi à s'infiltrer dans le bois d'Haumont, arrivèrent jusqu'auprès des artilleurs en arrière des pièces. Quoique tournés, nos artilleurs ne perdirent pas leur sang-froid. Ils firent sauter les pièces et battirent en retraite emportant un maréchal des logis blessé.

« Une batterie de 90, établie sur la croupe de Haumont, bien que prise sous un feu infernal, exécute vaillamment sa consigne. Les 305 pleuvaient littéralement en cet endroit. En moins d'une minute, il en tomba treize autour de nos canons. La batterie de 90, après avoir anéanti bon nombre d'ennemis, fut obligée d'interrompre son tir. En ce moment, un adjudant d'une batterie de 58, Pierrard, du … d'artillerie de campagne, se présenta au commandant du groupe :

« Mon commandant, dit-il, ma batterie de 58 n'existe plus ; employez-moi à autre chose ». « Très bien, répondit le commandant ; allez vous mettre à la disposition de la batterie de 90 ».

« Pierrard recrute des camarades, rejoint la batterie et fait ouvrir le feu à nouveau et avec quelle vigueur ! Il servit ainsi les pièces pendant 48 heures. Il ne cessait de communiquer avec le commandant, réclamant des munitions pour son duel, un duel véritablement épique avec les Boches. Il était par malheur impossible de le ravitailler : « Consommez tout ce que vous avez de munitions, lui prescrivit le commandant, et faites ensuite sauter les pièces ». Les ennemis approchaient ; leur premier rang parvint si près des pièces que Pierrard et ses compagnons durent se défendre avec leurs mousquetons ; puis ils recommencèrent à tirer avec les canons. À la fin, leur situation devint intenable. Ils firent sauter les pièces et se retirèrent ; hélas ! il est probable que durant ce mouvement de repli, le brave Pierrard, brave entre les braves, a été tué. Il a disparu depuis cet instant et il n'est pas le seul à s'être magnifiquement dévoué à la patrie.

« Voici une autre preuve de l'audace tranquille qui anime nos artilleurs. Une batterie subissait un effroyable marmitage. Un obus de 305 tue, en éclatant, le capitaine, l'adjudant, un maréchal des logis et cinq canonniers. Croyez-vous que les autres s'arrêtèrent ? Pas du tout. Ils enlèvent leur veste pour mieux travailler et, en bras de chemise, ils redoublent d'efforts pour intensifier le barrage et mieux venger leur chef et leurs camarades.

« Au cours de la journée du 22, nous reçûmes un nombre incalculable de 305 sur la ferme de Mormont et les alentours. Notre situation était très difficile en raison des difficultés que nous avions à nourrir nos canons ; c'est tout juste si un caisson de munitions sur trois arrivait. La route de Ville à Vacherauville était balayée par une pluie d'enfer.

« La pièce qui était détachée à Samogneux, soumise à un bombardement de tous les calibres, opérait sans relâche son œuvre de destruction contre l'ennemi. Par quatre fois, pour l'empêcher de chauffer et pour prévenir les accidents, les servants la lavèrent soigneusement. Pressés par l'ennemi, ils enlevèrent les clavettes et se replièrent. Cependant, désespérés de n'avoir pu traîner la pièce avec eux, ils revinrent à la nuit pour tenter son enlèvement à bras. Le chef de pièces fut blessé au cours de l'entreprise qui échoua. Les artilleurs alors, décidés à ne pas laisser leur canon aux mains de l'ennemi, revinrent une fois de plus à la charge pour le faire sauter avec des pétards ; ils le trouvèrent détruit, un obus de 210 l'avait frappé dans l'intervalle.

« Des scènes semblables se répétèrent le 23. Nos hommes rivalisaient de courage et de dévouement. Au soir, après des bombardements réciproques d'une violence inouïe, nos batteries reçoivent la mission de se porter sur la côte du Poivre, où elles parvinrent miraculeusement sans pertes. Le lendemain 24, ce fut un grand jour. Quel massacre de Boches ! C'est alors que les troupes françaises et allemandes se disputèrent la cote 344. Nous tapions dans les masses allemandes à qui mieux mieux ; l'infanterie ennemie avançait et reculait tour à tour et nous la suivions parfaitement. Nous allongions et raccourcissions le tir suivant ses mouvements. Combien avons-nous fait de victimes ? Je ne saurais préciser : des tas et des tas, voilà ce que je puis affirmer.

« Un régiment sortant du bois d'Haumont et un autre sortant de Samogneux, vers les Côtelettes, furent pris sous notre feu et littéralement écharpés. Je vous assure que ceux que nous avons laissés sur le terrain ont été bien vengés.

« Nous n'attendons qu'une chose : voir renaître de semblables occasions pour reprendre la marche en avant.

« Notre artillerie de campagne, au cours de ces journées de Verdun, a montré qu'elle soutenait admirablement sa réputation dans la guerre de mouvement : elle saura parler comme il convient quand des heures plus décisives encore sonneront. »

V

Le 24 février au soir, nous tenons encore Champneuville, la côte du Talou, les crêtes et le village de Louvemont et, comme seconde position, la côte du Poivre. Le matin du 25, la 37ᵉ division est attaquée à la fois par des troupes débouchant de Samogneux sur la côte du Talou et du bois des Fosses sur Louvemont.

L'attaque venant de Samogneux est détruite par nos feux de la rive gauche ; celle qui vient des Fosses parvient dans l'après-midi jusqu'au village de Louvemont, où elle installe des mitrailleuses. La garnison résiste toute la nuit dans le village*.

Dans le même temps l'ennemi s'est avancé jusqu'au plateau de Douaumont. On peut croire, vers 17 heures, que le village va être encerclé. Mais une contre-attaque de nos tirailleurs vers le Nord et une vigoureuse manœuvre des zouaves dans le thalweg, à l'est de la ferme d'Haudremont, le dégage. En fin de journée, nous étions installés dans le village et sur les crêtes l'Est, entourant plus qu'aux deux tiers la masse dominante du fort.

---

* *La victoire de Verdun* : Une bataille de 131 jours.

Cependant au cours de l'après-midi, un parti de Brandebourgeois avait réussi, par surprise, à pénétrer dans le fort à la faveur des combats violents qui se livraient sur les ailes. L'attaque brusquée qui fut tentée par nous le lendemain, pour le reprendre, échoua.

Vu au verre grossissant par l'ennemi, ce succès fut annoncé par lui en ces termes :

« Le fort cuirassé de Douaumont, le pilier angulaire nord-est de la ligne principale des fortifications permanentes de la forteresse de Verdun, a été pris d'assaut hier après-midi par le 24ᵉ régiment d'infanterie de Brandebourg. Il se trouve solidement entre les mains des Allemands. »

Cette prise d'assaut était une pure hâblerie qu'un autre bulletin du même jour accuse davantage encore :

« Le succès de Douaumont et les progrès importants qui l'ont accompagné ont été obtenus en présence de Sa Majesté l'Empereur et Roi. La localité maintenant la plus proche de la place, prise sur le front Nord, est celle de Louvemont, soit une avance sur la veille d'environ deux kilomètres. »

L'Empereur d'Allemagne reçoit immédiatement une adresse de félicitations de la Chambre des représentants de la province de Brandebourg. Il y répond avec la même hâte :

« Je me réjouis hautement des nouveaux et grands exemples de la vigueur brandebourgeoise et de la fidélité poussée jusqu'à la mort dont les fils de cette province viennent de témoigner en ces derniers jours, *au cours de l'irrésistible assaut livré contre la plus puissante forteresse de notre principal ennemi.* Que Dieu bénisse le Brandebourg et la patrie allemande tout entière ! »

Si puéril que soit ce cri de jactance, il résonne douloureusement à Paris, où l'on semble redouter une rupture de notre front. On ignore que notre état-major a gardé tout son sang-froid, qu'il a téléphoné de vive voix pendant la nuit l'ordre de résister à tout prix sur la rive droite. L'inquiétude est vive. Les agences de journaux l'augmentent avec des citations de la presse allemande.

Le *Lokal Anzeiger*, le grand journal populaire de Berlin, raconte, le 20 février au soir, l'accueil fait à l'édition spéciale qu'il avait publiée dans la matinée, pour annoncer la prise du fort de Douaumont :

« Quand la nouvelle se répandit ce matin, toute la population poussa un soupir de soulagement... « Nous savons, disaient les gens, que la victoire d'aujourd'hui n'apporte pas encore la décision finale, mais elle est une étape importante vers le triomphe. » On lançait les chapeaux en l'air, les yeux étincelaient. Bientôt les drapeaux flottaient aux maisons ; joyeusement, ils palpitaient parmi les rafales de neige, saluant les vainqueurs de Douaumont. »

Toute la journée l'angoisse dura. Les pessimistes eurent beau jeu ; ils évoquaient l'inéluctable figure par l'artillerie lourde allemande à laquelle nous n'étions en mesure d'opposer que des pièces légères d'insuffisante portée.

Le lendemain seulement une détente se manifeste à la nouvelle qu'à la suite d'une courte inspection de la situation par le général de Castelnau, chef d'état-major général, le généralissime a chargé le général Pétain de la rétablir.

Arrivé le 25 au soir, le général Pétain s'adresse à ses hommes en ces termes :

« Depuis le 21 février, l'armée du Kronprinz attaque nos positions autour de Verdun avec la plus grande énergie. Jamais encore, l'ennemi n'avait mis autant d'artillerie en activité, jamais il n'avait dépensé autant de munitions.

« Il a déjà amené sur le champ de bataille tous ses meilleurs corps d'armée, qu'il tenait en réserve depuis plusieurs mois. Il renouvelle constamment ses attaques d'infanterie, sans se préoccuper de ses lourdes pertes. Tout démontre l'importance que l'Allemagne attache à cette offensive, la première de grande envergure que l'ennemi entreprend sur notre front depuis plus d'une année. Il veut se hâter de terminer par un succès une guerre dont le peuple souffre de plus en plus. Les songes d'expansion en Orient se sont évanouis. L'accroissement des armées russe et anglaise provoque de l'inquiétude. L'appel de l'Empereur, que nous a apporté un déserteur, est un aveu des vraies causes de cette attaque désespérée : « Notre patrie, a-t-il dit, est forcée d'attaquer, mais votre volonté de fer anéantira l'ennemi. C'est pourquoi je donne l'ordre d'assaut. » Leur volonté de fer se brisera à notre résistance, comme en Lorraine, comme en Picardie, en Artois, sur l'Yser et en Champagne. Nous les vaincrons finalement et l'échec de cet effort désespéré dans lequel ils auront dépensé en vain les meilleures troupes qui leur restaient sera le signal de leur effondrement. La France nous regarde. Elle attend, une fois de plus, que chacun fasse son devoir. »

VI

Ce fut sur un espace restreint, après la perte du fort de Douaumont et des excellentes positions d'artillerie, autour de Beaumont que le général Pétain eut à organiser la défense*. Il lui fallut assembler les hommes et les canons pour répondre à l'attaque allemande, jeter des ponts sur une rivière partiellement débordée, améliorer ses communications, s'assurer amplement approvisionnements et munitions, construire de nouvelles défenses sur beaucoup de points, établir des tranchées de communication sur une large échelle afin d'épargner ses troupes et de permettre le rapide renforcement des points menacés, perfectionner le service téléphonique si nécessaire pour sa méthode d'utiliser l'artillerie ; enfin reprendre la maîtrise de l'air. Toute cette besogne, le général Pétain l'accomplit en face d'une armée supérieure en nombre qui s'efforçait d'élargir ses premiers succès par des attaques réitérées. Il lui fallut un beau sang-froid pour rétablir une position qui n'était en aucune façon à l'avantage des Français.

« Cette immense tâche, écrit le rédacteur militaire du *Times*, devait être exécutée en face d'un ennemi attaquant sans cesse. Je pus constater, lors de ma visite au front, qu'aucun aéroplane allemand n'osait plus franchir les lignes françaises. J'estime que les Français ont un tir contre avions plus précis et plus scientifique que les Allemands. Bien que le général Pétain appartienne à l'infanterie, il fut un des premiers à comprendre, dès le second mois de campagne, le rôle que l'artillerie allait jouer dans la lutte. Il excella à organiser les tirs de

---

* Le *Times*, colonel Repington.

barrage que les admirables 75 français permettent de régler en 40 secondes.

« Un des mérites particuliers du général Pétain fut de savoir se servir de l'artillerie lourde. Elle est devenue entre ses mains un instrument souple, très maniable et extraordinairement efficace, permettant de réduire au silence, avec les 155 et les 210, les batteries allemandes de plus gros calibre et de plus longue portée. »

C'est au général Balfourier, commandant le 20e corps, que revint la tâche d'arrêter les progrès de l'ennemi devant Douaumont. « Il faisait un froid rigoureux. Des tourmentes de neige gênaient nos mouvements. L'artillerie allemande, par de formidables barrages et le bombardement incessant de nos lignes d'arrière, s'efforçait d'empêcher notre progression. Mais nos soldats, comprenant la gravité de ces heures décisives, marchaient d'un cœur unanime et ne connaissaient plus d'obstacles. Comme aux jours de la bataille de la Marne, le cri de : « En avant ! » les animait d'un courage surhumain*. » L'ennemi est non seulement repoussé à l'ouest du village de Douaumont, mais, contre-attaqué, il reperd le soir un ouvrage occupé par lui la veille. Le 27 février dans l'après-midi, un bataillon prend l'offensive et le fait reculer en lui infligeant de graves pertes. Le 28, on se bat corps à corps dans le village. À la faveur de la nuit, les Allemands l'occupent pour l'abandonner, laissant plus de 800 cadavres sur le terrain. Le 4 mars, après avoir écrasé d'obus le village, ils réussissent à y rentrer et à s'y maintenir. Mais à 200 mètres au Sud, nous nous fortifions.

VII

La bataille de Verdun racontée par lord Northcliffe†. — « On sait par le témoignage de déserteurs allemands que l'attaque devait originairement avoir lieu dans un mois ou deux, quand le terrain serait sec. La précocité du printemps engagea les

---

* *Le Petit Parisien.*
† Ce très remarquable exposé de lord Northcliffe, directeur du *Times*, sur la bataille de Verdun, a été publié dans 3000 journaux du monde entier.

Allemands à devancer l'époque prévue. Il y eut ensuite deux remises pour cause de mauvais temps, puis vint la colossale offensive du 21 février. Les Allemands commirent bien des fautes, que nous avons faites nous-mêmes à Gallipoli. Ils annoncèrent que quelque chose de grand était en préparation par la fermeture de la frontière suisse. Les Français furent également avertis par leur admirable service d'informations, leurs avions ne chômèrent pas, et si une confirmation était nécessaire, elle fut donnée par les déserteurs qui, prévoyant les horreurs à venir, sortaient de nuit hors de leurs tranchées, se cachaient le long de la Meuse jusqu'au matin, et ensuite se rendaient en donnant beaucoup d'informations que la suite prouva exactes.

« Cependant l'effort gigantesque du 21 février demeure jusqu'ici sans résultat décisif grâce au sang-froid et à la ténacité des soldats français.

« Les Allemands n'ont pas encore reconnu la quantité énorme de sang versée depuis le 21 février. Or, les pertes françaises ont été et sont encore (relativement) faibles. Je connais les chiffres officiels : ils ont été contrôlés par des conversations avec les membres des Croix-Rouge française, anglaise et américaine. Les blessés ont vu des cadavres allemands par masses, comme les avaient dépeintes les hommes de la première bataille d'Ypres. En tenant compte de toutes les indications obtenues, on peut affirmer avec certitude que, pendant les combats de la dernière quinzaine, les Allemands ont perdu au moins 100 000 hommes tués, blessés et prisonniers.

« À 35 kilomètres de distance, le fracas de la canonnade était assourdissant. Le long de la route, nous remarquons une véritable profusion de munitions pour tous les calibres, depuis les mortiers énormes jusqu'aux fines mitrailleuses dont l'armée française arme ses avions...

« Une borne kilométrique indique Verdun à 10 kilomètres. Un bon curé de campagne chemine paisiblement sur la route peuplée d'uniformes bleu clair. Un escadron de cavalerie passe, dont les casques d'acier évoquent le Moyen Âge.

« Du point culminant où nous sommes parvenus on embrasse toute l'étendue du champ de bataille. Les hautes tours de l'église de

Verdun sont encore debout. Près de nous, une batterie, habilement dissimulée, tire avec une rapidité et une précision de manœuvre admirables. Dans les intervalles des coups on entend le chant aigu d'une alouette.

« Tout près de nous se trouve une batterie française dissimulée, et il est admirable de voir la promptitude avec laquelle elle envoie ses obus aux Allemands.

« Bientôt, on est habitué au bruit et au spectacle, et l'on peut se rendre compte de la situation des villages sur l'importance desquels les Allemands prétendent tromper le monde par des radios, chaque matin. Nous continuons notre voyage, et le fameux fort de Douaumont est en vue. L'attaque de Douaumont, telle qu'elle est racontée par les Allemands peut être comparée au torpillage du *Tiger* et au récent bombardement aérien sur Liverpool. Or le *Tiger* a été coulé par les journaux allemands seulement, et le bombardement de Liverpool fut imaginé à Berlin.

« L'assaut du fort de Douaumont, sans canons, sans garnison, n'a été qu'une opération militaire de peu de valeur.

« Quelques Brandebourgeois sont grimpés dans ce fort désarmé et y sont encore alimentés d'une façon précaire par leurs camarades ; ils sont en réalité entourés par les Français, dont le quartier général considère l'affaire comme un simple épisode de prise et de reprise.

« Une ambulance de la Croix-Rouge anglaise est sur notre chemin, à notre retour. Nous y apprenons que les pertes de la journée n'ont pas été élevées. Nous croisons, à tout instant, des convois de camions automobiles. Sur une seule route, nous en comptons 20, chacun de 100 voitures environ, munies de la marque distinctive : un trèfle à quatre feuilles, un as de cœur, une comète. Rien n'égale l'ingéniosité des Français dans l'emploi de ce mode de transport, dont la guerre a fait une véritable science.

« Les chefs qui dirigent la bataille du côté français sont jeunes encore. Le général Pétain est âgé de cinquante-neuf ans. Le quartier général, comme tous les quartiers généraux de l'armée française, est d'une simplicité toute militaire. C'est là que je trouve le général prenant du thé, pendant que plusieurs de ses officiers se contentent d'eau ou de vin léger de la Meuse. Avec un calme parfait, il discute la bataille, comme s'il n'en était que spectateur. On parle des Australiens, des Canadiens et du remarquable accroissement de l'armée anglaise.

« Nous évoquons la possibilité d'une diversion des Anglais en Flandre. « Reste à savoir, dit un jeune officier, si cette diversion n'entraînerait pas des pertes sans proportion avec son effet, et qui affaibliraient l'ensemble de nos armées. » Le même officier fait observer que la perte de Verdun ne serait regrettable qu'au point de vue moral ; à cause surtout des souvenirs historiques attachés à ce nom ; mais n'aurait pas plus d'importance militaire qu'un recul équivalent sur un autre point du front. Quant aux forts, ils ne sont plus bons à rien, qu'à faire de la réclame aux Allemands quand il leur arrive de prendre un coin de terrain où se trouve un de ces ouvrages surannés. Il ne suffirait pas de les démanteler. Il faudrait les faire sauter.

« L'attaque allemande contre Verdun est la plus forte qu'ils aient tentée sur le front occidental depuis le commencement de la guerre. On n'avait jamais vu pareille accumulation d'artillerie géante. Mais la qualité des hommes qui forment aujourd'hui l'armée allemande est bien inférieure à celle du matériel.

« Les prisonniers sont malingres et ont piteuse mine. L'un d'eux est un gamin de Charlottenburg, commis de chemin de fer, de petite taille, de figure poupine. Après six semaines d'instruction, un mois de construction de tranchées, il a été considéré comme un soldat accompli. Il appartient au 3e corps, un des meilleurs de l'Allemagne. Comme beaucoup de ses camarades d'autres unités, il a été retiré du front des Flandres dans les premiers jours de février.

« On ne leur avait rien dit de l'opération où ils allaient être engagés. Tous rapportent que d'après les nouvelles reçues de leurs familles, la misère est grande en Allemagne, excepté en Alsace et dans certaines parties de la Poméranie, et que l'enthousiasme pour la guerre est complètement tombé.

« La vraie morale de la bataille devant Verdun est que les Français ont réussi, moyennant une perte de terrain relativement faible, à parer une attaque où l'ennemi avait, au début, trois fois plus d'hommes engagés qu'eux-mêmes.

« L'ordre de bataille des Allemands était, le 21 février, le suivant, en partant du nord de Varennes :

« À l'extrême droite, le 7e corps de réserve comprenant la 2e division de Landwehr, la 11e division de réserve, la 12e division de réserve dans l'ordre indiqué. Au cours de la bataille, la 11e division de réserve aurait été relevée par la 22e division de réserve.

« Directement en face des lignes françaises, au nord-est de Verdun, la 14e division de réserve, le 7e corps de réserve et la 11e division de réserve bavaroise en soutien.

« Ces troupes étaient à la droite de ce qu'on peut nommer la force centrale. À côté d'elles étaient rangés le 18e corps, le 3e corps, le 15e corps et la division bavaroise d'ersatz (*ersatz* signifie remplacement), dans l'ordre indiqué.

« Le 3 mars, les Allemands amenaient la 113e division de réserve à la place des unités épuisées du 3e corps et relevaient les autres unités à l'Est et au Sud par des unités dont la composition n'est pas encore exactement connue.

« On ne saurait dire combien de temps peut durer la bataille. Dire que les Français ont la certitude de tenir n'est pas assez. Ils sentent qu'ils ont la mesure de l'ennemi en hommes et en matériel. Ils savent qu'étant donnée la concentration nécessaire d'artillerie lourde, chaque côté peut repousser l'autre de sa première ou même de sa seconde position ; mais, à moins que les attaques d'infanterie soient encore plus vigoureuses et plus persistantes que les précédentes, et à moins que l'avance de l'artillerie ennemie aille de conserve avec celle de l'infanterie, les forces qui se défendent auront le temps de rendre leur troisième ligne imprenable.

« La faiblesse des deux premières lignes françaises explique l'insignifiance des pertes. Les Français ont évacué volontairement les terrains marécageux à l'est de Verdun, sur les limites de la Woëvre. L'effet de cette manœuvre a eu un triple résultat. Il a procuré aux Français une forte ligne défensive sur un terrain élevé, il a empêché la formation d'un saillant dangereux, et amené enfin les Allemands à croire que leur ennemi a été démoralisé.

« Il est invraisemblable que Verdun soit pris. Rien ne justifie la croyance que l'esprit et l'essence qui animent les forces allemandes soient égaux à la tâche de déloger les Français de leurs formidables positions actuelles. »

VIII

Les assauts de Douaumont. — Le Bulletin des Armées publie sur ces mémorables assauts le récit suivant :

« Les combats de Douaumont ont suscité d'admirables exemples d'énergie et de dévouement. Rien de plus émouvant que le récit qui nous fut fait par un officier du ...^{e} d'infanterie : « C'est dans la nuit du 1er au 2 — nous a-t-il conté, — que nous prîmes position dans le secteur de Douaumont. Les éléments ennemis qui avaient pénétré dans le fort avaient pu amener, à la faveur de la nuit, des mitrailleuses et un canon-revolver.

« Nous avions, en outre, à surveiller un ravin sinueux, débouchant non loin de l'église de Douaumont, par lequel l'ennemi pouvait s'infiltrer. Notre situation était plutôt difficile.

« Dès le 2 au matin, bombardement soutenu d'artillerie lourde, labourant le terrain et bouleversant nos travaux de défense. Le sol tremble, le fracas des obus est assourdissant, la poussière et la fumée se soulèvent en nuages aveuglants. Toute liaison vers l'avant comme vers l'arrière est impossible. Tout agent envoyé en mission est un homme mort.

« À 13 h. 15, les Allemands, tandis que le tir de leur artillerie s'allonge, attaquent le village, à la fois par le Nord en utilisant le ravin, et par le flanc en débouchant du fort et de positions masquées que nous n'avions pas eu le temps de reconnaître.

« Les premiers ennemis que l'on aperçut furent ceux qui descendaient du fort. Ils portaient des casques français. Il y eut un instant d'hésitation dans nos rangs. Le commandant C... commanda : « Ne tirez pas, ce sont des Français ! » — Il avait à peine prononcé ces mots qu'il s'affaissait frappé d'une balle à la gorge. Cette ruse des Allemands ne fit qu'exciter notre fureur. L'adjudant de bataillon B... s'écria : « Tirez, tirez toujours, ce sont les Boches ». Cependant ceux-ci accentuaient leur mouvement d'encerclement et cherchaient à s'emparer du village.

« Le bataillon qui avait mission de le défendre malgré les pertes causées par le bombardement et bien qu'il eût plusieurs mitrailleuses hors d'usage n'était pas moins résolu au suprême sacrifice. On le vit bien quand, la gauche de Douaumont étant de plus en plus menacée, la ...^{e} compagnie fonça droit devant elle sur les masses ennemies qui tentaient de forcer le passage. Un terrible corps à corps s'engagea. Les coups de baïonnettes et de crosses ouvraient sans cesse de nouvelles brèches dans les rangs allemands. Les braves de la ...^{e} frappaient sans répit. Hélas ! ils furent finalement submergés sous le nombre et nous vîmes les derniers tenter un nouvel assaut avant la mort glorieuse.

« Les éléments allemands cherchèrent ensuite à se glisser vers la sortie sud-ouest de Douaumont. Il était évident qu'ils avaient pour but de monter vers la crête, dans la direction de la ferme Thiaumont, située à 800 mètres au sud du village.

« Le capitaine L..., commandant la ...^{e} compagnie, prit ses dispositions pour les arrêter. Une mitrailleuse habilement placée commença son œuvre. Une centaine de Boches qui avaient esquissé le mouvement furent arrosés de telle sorte qu'une vingtaine seulement d'entre eux purent rebrousser chemin, les autres restèrent sur le terrain. Jusqu'à la nuit, cette pièce tira sur la lisière ouest du village et le débouché sud-ouest, prenant à partie de nombreux groupes ennemis qui se présentaient à la faveur de l'obscurité. Nous établîmes des barrages ; nous modifiâmes notre front de manière à former un solide crochet défensif face à l'Est. Tout fut prévu pour contenir l'ennemi.

« Cette nuit du 2 au 3 fut d'ailleurs assez calme. L'ennemi travaillait dans Douaumont et s'y fortifiait tandis que nous étions occupés de notre côté à perfectionner notre réseau de tranchées et nos communications avec l'arrière.

« Dans la matinée du 3, de nombreuses reconnaissances allemandes explorèrent le terrain vers la sortie sud-ouest. Chaque fois elles furent dispersées par notre feu. Tous les Boches que nous apercevions dans le village étaient salués comme il convient.

« Vers 16 heures, notre artillerie prit à son tour Douaumont pour cible. Nos pièces de gros calibre tapaient juste et nos fantassins se réjouissaient fort de ce spectacle. Nous étions aux premières loges et la leçon que recevaient les Boches nous consolait des souffrances précédemment endurées. Le malheureux village était de plus en plus bouleversé.

« La contre-attaque française se déclencha à la tombée de la nuit. C'étaient deux bataillons de deux régiments voisins qui opéraient. Après une fusillade d'une violence inouïe, on perçut le cri de : « En avant ! à la baïonnette ! » et des appels dans la nuit. L'attaque avait réussi. Les agents de liaison ne tardèrent pas à confirmer ce succès. Notre première ligne fut reportée en avant du village. Les Allemands revinrent à l'attaque à 20 heures. Ils furent arrêtés net par nos fusils et nos mitrailleuses. Deux heures plus tard de nouvelles troupes furent lancées à l'assaut contre nous, mais se brisèrent, elles aussi, devant notre résistance. Elles s'étaient présentées en formations très denses : le lendemain matin, nous comptions environ 800 cadavres devant la tranchée.

« Au petit jour du 8 mars, les Allemands, après une préparation d'artillerie écrasante, accompagnée de lancement de puissantes torpilles, contre-attaquèrent une fois encore Douaumont. Je ne vous décrirai pas en détail la lutte de maison à maison, les combats singuliers, les actes d'héroïsme de nos fantassins pendant cet engagement qui dura près de deux heures. Nos effectifs avaient fondu progressivement. Ils reçurent l'ordre de se porter à 200 mètres environ de la sortie de Douaumont. L'ennemi essaya vainement de nous décrocher de là et d'exploiter un avantage qui lui coûtait tant de sang.

« Pendant la nuit et la journée du 5, notre nouvelle position fut si bien consolidée que, depuis, les Allemands n'ont pas été capables de franchir cette ligne.

« Comment énumérer les actions d'éclat, les mots sublimes de nos hommes au cours de ces journées ?

« Cependant, comment ne citerais-je pas le sergent H..., de la ...[e]

compagnie, parcourant les rangs de sa section en stimulant ses hommes par cette déclaration : « La ...ᵉ meurt et ne se rend pas », reprenant sans s'en douter le mot historique de la Garde. Et c'est le capitaine de G..., parti en tête de la ...ᵉ compagnie, dans les conditions que vous savez et vendant chèrement sa vie. C'est, en d'autres circonstances, le sous-lieutenant L..., qui, froidement, sous les obus, se promenait la cigarette aux lèvres, au milieu de sa compagnie, pour la rassurer. Et le caporal G..., qui, blessé grièvement, refuse de se laisser emporter en disant : « Ne perdez pas de temps avec moi, occupez-vous des Boches ».

« Je pourrais encore vous citer les exploits du soldat S... qui, alors que cinq Allemands ont envahi sa tranchée, tue les deux premiers à coups de baïonnette, met les trois autres en fuite et les abat à coups de fusil pendant leur fuite. Et quel exemple que ce soldat M..., qui, blessé au début de l'attaque, refuse de se faire panser et, hors d'état de tenir un fusil, nettoie les armes encrassées de ses camarades, les charge et les leur passe pour remplacer celles qui sont trop brûlantes ou qui fonctionnent mal.

« On n'en finirait pas d'énumérer les actes d'une grandiose simplicité accomplis sous le feu comme une besogne coutumière. Je crois, en effet, que notre beau régiment, sous la conduite du lieutenant-colonel B..., a été digne des éloges qui lui ont été décernés par nos grands chefs après la relève. Il a rempli la consigne qui lui avait été assignée par le général commandant les forces de Verdun : Tenir, tenir jusqu'au bout. Officiers et soldats ont conscience d'avoir fait leur devoir : n'est-ce pas la plus belle des récompenses ? »

DEUXIÈME PHASE : LA BATAILLE DES AILES

Période du 4 au 20 mars : rive gauche, rive droite. — La bataille de Vaux. — Un épisode des combats devant Verdun. — L'aspect de la bataille après quarante-cinq jours. — Période du 20 mars à fin juin : rive gauche, rive droite. — Comment fut repris le bois de la Caillette. — Les derniers jours du fort de Vaux. — Période du 1er juillet au 15 octobre. — La bataille se ralentit. — La prise et la défense de Thiaumont. — La Sidi-Brahim à Fleury.

PÉRIODE DU 4 AU 20 MARS.

Rive gauche.

I

Le 4 mars, un ordre du jour du Kronprinz demande à ses troupes un suprême effort pour enlever Verdun, « cœur de la France ».

Avant de nous porter ce coup, il apparaissait nécessaire au commandement allemand de s'emparer, sur la rive gauche de la Meuse, des positions du Mort-Homme et de Cumières, d'où l'artillerie française prenait à revers les attaques projetées sur la rive droite.

« La position du Mort-Homme se compose d'une bande de

plateaux qui forment un arc de cercle concave de Béthincourt à la côte de l'Oie. Au tiers gauche environ, ces plateaux portent un mamelon, une sorte d'excroissance de nature étrangère, qui est proprement la butte du Mort-Homme (295 mètres). Enfin, au centre de la concavité, les plateaux sont entamés par un ravin, dont le front est tapissé par le bois des Corbeaux. Le Mort-Homme est un magnifique observatoire et une très belle position d'artillerie. Mais c'est une île qui n'est reliée à rien. Sur de grands plateaux qui ne dépassent pas 220 mètres s'élèvent deux petites buttes voisines et jumelles, l'une de 265, l'autre de 295 mètres. Dans sa plus grande dimension, ce double îlot a à peine 1500 mètres. Le plateau qui lui sert de base est lui-même limité sur ses quatre faces par quatre ravins. Il se relève assez sensiblement à l'Est, mais en somme un plateau carré large et long d'environ une lieue et portant une butte qui le commande de 70 mètres. Ce n'est évidemment pas là la position principale. En fait, celle-ci est disposée à 3 kilomètres environ en arrière. C'est un demi-cercle concave de collines variant de 275 à 300 mètres et prenant de toutes parts, sous ses feux croisés, les routes par lesquelles pourraient avancer les Allemands. Ces collines commencent au sud de Malancourt (285 m.), avancent un éperon de chaque côté d'Esnes (304 et 310 m.) et tournent à l'Est, au sud de Chattancourt (275 m.), pour finir sur la Meuse par l'éperon du fort de Marre (293 m.). L'ennemi ne peut y accéder qu'en traversant des dépressions, inférieures à 220 mètres, qui en bordent le pied, et d'où il doit sortir en gravissant sous le feu des glacis nus ou des escarpements abrupts. Il n'y a pas de forteresse plus puissamment construite que ce front de quatre lieues. »[*]

Nous occupions, immédiatement à l'ouest de la Meuse, le village de Forges, les pentes en avant de Béthincourt et Malancourt ; puis notre ligne, traversant le bois de Malancourt, passait en avant d'Avocourt. L'ennemi, qui tenait les hauteurs de Samogneux et Champneuville, ne pouvait plus guère opérer sur la rive droite sans être inquiété par nos canons. S'il avait jusque-là négligé toute action à

---

[*] Le rédacteur militaire du *Journal des Débats*.

l'ouest de la Meuse, c'est qu'il avait cru, par une marche foudroyante sur Verdun, nous forcer à une retraite générale.

Dans la journée du 6 mars, il entreprit le bombardement de nos positions depuis la Meuse jusqu'à Béthincourt. Il déploya les mêmes moyens que lors des précédentes attaques : écrasement systématique par la grosse artillerie de tous les centres de résistance, destruction de nos ouvrages avancés, arrosage de tous les carrefours et de toutes les voies de communication. Forges, premier objectif, fut couvert d'obus de tous calibres pendant plus d'une demi-journée avant d'être assailli par les vagues d'infanterie. Situé dans un bas-fond difficilement battu par les feux de notre artillerie, le ruisseau de Forges fut franchi par l'ennemi, qui commença à gravir les pentes nord de la côte de l'Oie.

Notre résistance s'accentua quand les Allemands voulurent aborder le grand mouvement de terrain bois de Cumières-côte de l'Oie. Ils filtraient lentement le long de la voie ferrée de Régneville, sans cesse harcelés par les nôtres. Pour donner l'assaut de la cote 265, au cours de la journée du 7 mars, ils n'employèrent pas moins d'une division qui, après des pertes effrayantes, atteignit enfin son but.

La ligne française, partant du haut de la côte de l'Oie, fut portée devant le bois des Corbeaux et la lisière nord des boqueteaux à l'est de Béthincourt, qui nous servait toujours d'appui.

Le lendemain 8, les feux de l'artillerie allemande se concentraient avec une recrudescence d'intensité sur le bois des Corbeaux, où l'infanterie adverse pénétra, en même temps qu'elle s'accrochait aux pentes de la côte de l'Oie.

Dès lors, un duel serré allait s'engager pour l'occupation du bois, avec des alternatives de succès et de revers dans les deux camps. Tout d'abord, nous prîmes l'avantage. Tandis qu'une attaque en masse des Allemands sur notre droite, contre Béthincourt, échouait, une contre-attaque menée avec un magnifique entrain nous redonnait la majeure partie du bois des Corbeaux. L'ennemi était rejeté vers l'extrémité orientale. Sa première réaction fut infructueuse. Plusieurs des sections qui cherchaient à reconquérir le terrain perdu furent anéanties et il nous fut même permis d'élargir notre gain et de recouvrer, en cette journée du 8, la presque totalité du bois.

Une fois encore, le commandement allemand tira de ses réserves d'hommes des renforts importants. Des effectifs que l'on peut évaluer à trois régiments reçurent, le 10, la mission d'enlever, à tout prix, le bois des Corbeaux.

Aux premiers coups de canon, le colonel et les chefs de bataillon du régiment qui défendait le bois des Corbeaux furent tués ou blessés. Cette perte désorganisa la défense. Les troupes n'en firent pas moins héroïquement leur devoir et si elles durent céder ce que la veille elles avaient brillamment reconquis, elles interdirent à l'ennemi de dépasser les lisières, et le Mort-Homme demeura intact.

II

Voici le récit de ces journées héroïques, tel qu'il a été fait par un officier blessé qui se trouva placé auprès du colonel commandant le ...^{e} régiment d'infanterie, jusqu'au moment où celui-ci fut tué :

« C'est du Mort-Homme que notre attaque partit le 8 mars sur le bois des Corbeaux. Il fallait, pour y parvenir, descendre des pentes dénudées sur un espace de 900 mètres. L'opération fut confiée au ...^{e} régiment d'infanterie commandé par le lieutenant-colonel Macker, avec un bataillon du ...^{e} en soutien.

« On devait partir à 7 heures. Le colonel Macker, ayant pris toutes ses dispositions de combat, voulut soigner sa toilette pour cette grande journée. N'ayant pas d'eau pour faire sa barbe, il vida dans son quart le fond d'une bouteille de vin qui lui restait, et trempa son blaireau dans le vin pour se savonner. Il apparut à ses hommes, rasé de frais, souriant, si calme, que les plus nerveux à son approche se sentaient rassérénés et sûrs de vaincre. Il disposa en trois vagues les bataillons de son régiment et fixa les intervalles. Lui-même marcherait devant la seconde vague. Comme il était très croyant, il pria l'aumônier de la division de se placer sur le côté et de bénir chacune des trois lignes lorsqu'elle défilerait à sa hauteur. Puis il regarda sa montre, alluma un cigare, recommanda au chef de la première ligne de ne pas se presser, à cause du long espace à parcourir, et, quand ce fut 7 heures, il leva sa canne pour donner le signal. L'aumônier, à son poste, bénit les partants. La canne à la main, le cigare aux lèvres, le colonel partit à son tour devant la seconde vague.

« On fit au pas, sans se presser, ainsi que l'avait recommandé le colonel, la plus grande partie du parcours. 200 mètres seulement avant la lisière sud du bois, on prit le pas de charge à cause des mitrailleuses qui tiraient de la corne sud-est du bois de Cumières et battaient le bas des pentes.

« On parvint ainsi au bois des Corbeaux dont on aborda la lisière sans rencontrer personne. L'ennemi avait fui devant l'avalanche, mais il s'était fortifié à la lisière Nord, où nos fantassins furent reçus à coups de grenades mais d'où ils délogèrent l'ennemi. À 7 h. 20, nous étions maîtres de tout le terrain. Un heureux tir de barrage empêcha les renforts allemands de passer, et nous pûmes nous installer presque tranquillement.

« Radieux, le colonel fit un ordre du jour, qui devait être le dernier, et qui a toute la beauté d'un testament héroïque : « Le régiment, disait-il — et si ce ne sont pas les termes exacts, j'en garantis du moins la pensée — a dans un élan magnifique emporté le bois des Corbeaux. Par vous, grâce à vous, j'ai vécu la plus belle journée de ma vie de soldat. »

« Le 9 mars au soir, vers 6 h. 30, une contre-attaque allemande, venue de Forges, se déclencha pour nous arracher notre conquête. Nous la dispersâmes à coups de mitrailleuse et de fusil, et nous fîmes une cinquantaine de prisonniers. Nous avions reçu la veille, en renfort, deux compagnies du ...^{e}, et le matin deux autres.

« Le 10 au matin, pour prévenir les attaques allemandes que nous sentions venir, nous réattaquons et nous nous emparons de la lisière nord-est du bois de Cumières. C'est en se portant à ce point, qu'il veut fortifier, que le colonel Macker est tué par une mitrailleuse qui faucha en même temps que lui le commandant Arnould et le lieutenant Rouchon. Il tomba sans pousser un cri.

« Un peu plus tard, à 8 heures, nous reçûmes le choc de la plus formidable attaque allemande menée par une division tout entière. Le bois en était inondé. Notre faible effectif était comme submergé. Nous n'avions plus notre colonel, mais son esprit nous animait encore. Nous ne reculâmes que pied à pied, en ordre, et même, nous reprenions par intervalles le mouvement en avant. À cause du bois, nos fusées ne parvenaient pas à prévenir l'artillerie qui ne put opérer un barrage. Mais l'infanterie allemande, en se heurtant à nos lignes, éprouva des pertes terribles qui la retardèrent, et si nous ne pûmes maintenir notre conquête, elle ne put progresser au-delà.

« Le régiment a perdu dans son colonel un chef et un père ; du moins, nous l'avons vengé et son souvenir continuera de nous exalter et de nous conduire à l'ennemi. »

III

Pendant trois jours, l'ennemi essaie sans succès de couper notre communication avec Béthincourt. Le 14 mars au matin, il met tout en œuvre pour nous arracher ce village, ainsi que le Mort-Homme et Cumières. Son artillerie, à partir de 10 h. 20, travailla la lisière nord des bois Bourrus, la région du Mort-Homme et celle de Cumières, Marre et les routes d'accès. Obus fusants, percutants, asphyxiants, lacrymogènes furent envoyés à certains moments, au rythme de 120 à la minute.

Nos batteries, qui avaient repéré les rassemblements ennemis, au nord du bois des Corbeaux, dans les bois de Cumières et sur la côte de l'Oie, répliquaient de toutes leurs bouches à feu.

Vers 15 heures, l'infanterie ennemie se mit en mouvement. Elle suivait immédiatement la marche du barrage d'artillerie qui la protégeait. Elle put ainsi atteindre nos premières lignes, où beaucoup de nos hommes étaient à demi asphyxiés et enterrés. Ceux qui restaient n'avaient plus les moyens de s'opposer à la prise de la cote 265. Mais le piton 295 demeura en notre pouvoir, après une magnifique défense. Au cours de la nuit, nos contre-attaques nous firent même dépasser le sommet et nous nous établîmes à contre-pente entre 295 et Béthincourt, en contact immédiat avec l'adversaire. Cette opération locale, ainsi que plusieurs autres rectifications de front, donnèrent lieu à maintes prouesses de nos fantassins et de nos zouaves.

Ensuite, par une série de coups de main et de travaux bien menés notre position fut sensiblement améliorée. Aussi, quand, le 16 et le 17 mars, l'ennemi, après de copieux bombardements, renouvela sa tentative contre la cote 295, il fut repoussé d'une manière écrasante. Pendant ces deux journées, notre artillerie de campagne et notre artillerie lourde, par des tirs combinés d'une admirable précision et renforcées par les feux des batteries de la rive droite, secondèrent efficacement la tâche de nos fantassins. Une accalmie momentanée se produisit alors dans ce secteur. L'ennemi qui avait usé tant de forces avait besoin de se reconstituer et d'appeler d'autres réserves. Tous les sacrifices consentis ne lui avaient pas permis d'étendre sa ligne jusqu'à Béthincourt et à Cumières.

Rive droite.

I

Si les opérations de l'ennemi sur la rive gauche absorbaient une large part de son activité, il ne renonçait pas à ses projets sur la rive droite. Après s'être reconstitué, il allait chercher par une pression sur notre aile droite à se rapprocher encore de Verdun « cœur de la France ». Du 8 au 10 mars, la bataille reprend tout aussi acharnée entre Douaumont et le fort de Vaux. L'ennemi va prononcer de nouveau un effort très considérable.

Le 8 mars, alors que nous attaquions le bois des Corbeaux, c'était sur nos lignes à l'est du fort de Douaumont, que l'ennemi menait l'offensive. Elle se développait rapidement jusqu'aux bords du promontoire sur lequel est bâti le fort de Vaux. Son attaque lui permit d'entrer un instant dans le village de Vaux. Mais une charge à la baïonnette des plus brillantes nous le rendit sans délai. Seul, un pâté de maisons à l'est de l'église, où des luttes meurtrières persistèrent pendant tout le jour, fut conservé par l'ennemi.

Le fort de Vaux était resté hors de cause en cette affaire. Or, le communiqué allemand du 9 mars prétendit que les régiments de réserve de Posen n°s 6 et 10, sous l'impulsion du général d'infanterie von Garetzki-Cornitz, « avaient emporté d'assaut le fort cuirassé de Vaux ainsi que de nombreuses fortifications voisines » ! Et à l'heure même — 14 heures — où paraissait ce radiotélégramme, un officier de notre état-major entrait dans le fort de Vaux, constatait qu'il n'avait pas été attaqué et que les troupes qui l'occupaient étaient à leur place parfaitement calmes malgré le bombardement. Pour expliquer dans la suite cette étrange nouvelle, les dépêches officielles allemandes déclarèrent que les Français avaient repris ce fort, dont, en réalité, ils n'avaient jamais bougé.

Ce fut seulement après cette publication que l'ennemi lança ses colonnes serrées contre les pentes mêmes que couronne le fort. Nos troupes en firent un véritable massacre. Devant le réseau barbelé, les morts gisaient par tas. Et les engagements ne furent pas plus propices aux assaillants sur le reste de la ligne Vaux-Douaumont. Partout s'engagèrent des combats d'une farouche âpreté qui, dans la majorité des cas, tournèrent en notre faveur. Devant le village comme devant le fort de Vaux, où les Allemands revenaient sans cesse à la charge, nos positions ne furent point ébranlées. Les renforts succédant aux renforts s'épuisaient en vain contre le courage de nos soldats. Les monceaux de cadavres allemands prouvaient combien opiniâtre avait été notre résistance. L'ennemi poursuivit ses attaques en masse jusqu'au 11, sans avoir acquis un résultat en rapport avec tant de vies humaines sacrifiées. Les déclarations des prisonniers, recoupées avec soin, prouvent que les journées de Vaux furent parmi les plus meurtrières de la campagne pour les Allemands. Aussi bien, ils durent faire appel à des unités fraîches ; les vides causés dans leurs rangs atteignaient jusqu'à 60 pour 100 des effectifs normaux.

Les opérations sur la rive droite ne reprirent guère que le 16 mars. Des bataillons reposés se ruèrent à l'assaut, précédés par des milliers d'obus. Le village et le fort de Vaux, après l'action de l'artillerie, semblaient aux chefs qui conduisaient les troupes allemandes des objectifs relativement faciles à emporter. Cinq attaques préparées par ces bombardements effroyables se succédèrent sans interruption. Le lendemain nous prenions l'offensive sans parvenir à chasser l'ennemi des pentes étagées le long du fort. Sa contre-attaque du 18 lui donne quelques maisons du village de Vaux. Le 19 nous rentrons dans la partie est du village, sans déloger tout à fait les Allemands.

II

La bataille de Vaux. — Sous ce titre, le *Daily Mail* publie le 13 mars le récit suivant : « L'Allemagne doit avoir eu beaucoup de dimanches « noirs » depuis le début des hostilités, mais certainement aucun n'a été aussi sombre que le dernier. La tristesse et la désolation s'étendirent certainement comme un drap mortuaire sur l'Empire et, dans les villes, bourgs et villages de la mère-patrie. De très nombreuses femmes désespérées pleuraient leurs maris, leurs pères, leurs enfants sacrifiés devant Verdun.

« Quelque terribles que puissent avoir été les pertes allemandes à Haumont, Herbebois et Douaumont dans la première phase de Verdun, elles sont insignifiantes comparées aux hécatombes épouvantables de la semaine dernière. Dans le bois des Corbeaux, on peut affirmer sans exagération qu'un soldat allemand sur trois est tombé et que les pentes de Béthincourt et plus encore celles de Vaux présentent aujourd'hui de hideuses masses d'hommes massacrés.

« Il serait puéril de nier que les Français n'aient pas, pendant les trois dernières semaines, payé leur tribut au dieu des batailles, mais quand on sait, de toute certitude, que, pour un Français perdu, cinq soldats manquent dans l'armée du Kaiser, on ne peut qu'avoir confiance dans le résultat final.

« Que les Allemands se soient bien battus, c'est ce que les Français sont les premiers à reconnaître. Il est tout au moins évident qu'au vingtième mois de la guerre, la discipline de fer de l'armée allemande est maintenue d'une façon si efficace que les officiers peuvent faire exécuter à leurs hommes formés en colonnes par quatre, vingt attaques successives sur un terrain qui n'est plus qu'un charnier.

« La première fois que le Kronprinz discuta l'attaque sur Verdun, il affirma, et ses généraux avec lui, qu'il était prêt à perdre 200 000 hommes. Le prix que les hommes de guerre allemands consentaient à mettre à cette opération est maintenant entièrement versé si même il n'a pas été dépassé, et le drapeau tricolore flotte toujours orgueilleusement sur la citadelle de la forteresse de la frontière de l'Est. Vaux a remplacé Douaumont comme le roc autour duquel fait rage la fureur impuissante des légions allemandes.

« Vendredi, après des attaques répétées et coûteuses sur le village et sur le fort, les Allemands furent forcés de reconnaître leur insuccès et de se replier. Pendant toute la nuit, ils manifestèrent leur rage en concentrant leurs batteries sur la région comprise dans un front de 1800 mètres de Hardaumont à Vaux. Au point du jour, l'ennemi commença une autre attaque désespérée sur le malheureux village.

« Pendant la nuit de vendredi à samedi, les tranchées françaises s'étendaient de l'entrée de la rue du village jusqu'au-delà de l'église au pied de la colline de Hardaumont.

« Des barricades avaient été dressées de 100 en 100 mètres, la rue était minée en plusieurs endroits et un réseau de fil de fer barbelé, fixé comme une toile d'araignée aux murs en ruine des maisons, barrait tous les passages.

« Sur les deux flancs, les maisons étaient consolidées par des murailles de sacs de ciment, qui formaient des blockhaus aux angles desquels on voyait apparaître le museau des mitrailleuses munies de protège-balles en acier. Des batteries de petits canons de montagne pouvant envoyer des obus de shrapnells renforçaient la position. Le plan de défense des Français avait été si adroitement exécuté et caché, que, quoique les Allemands eussent parcouru deux fois la rue du village de haut en bas, dans leurs corps à corps avec les Français, avant d'être repoussés par les contre-attaques, ils n'avaient pu reconnaître les points importants de la ligne.

« Le bombardement qu'ils concentrèrent pendant neuf heures de la nuit, sur le village et le fort du plateau de Vaux, avait fouillé le terrain au moyen d'un déluge d'acier. Leurs mortiers de tranchée avaient lancé de grosses torpilles dans les maisons, mais les Français, quoique assourdis par le vacarme et suffoqués par la fumée, les gaz et la poussière, occupaient encore chaque position importante dans le village et tout autour. « Les régiments d'assaut furent pris dans le 15e et le 18e corps d'armée allemands. Une division du 3e corps d'armée qui avait pris part aux combats précédents avait été si malmenée que l'on dut la ramener en deuxième ligne, pendant que le reste du même corps restait engagé contre les pentes sud-est de Vaux.

« L'attaque commença à l'aube : la plaine de Woëvre, d'où les Allemands débouchaient, se voilait d'un épais brouillard blanc, qui empêchait de rien distinguer au-delà de cent mètres. Cette circonstance permit aux assaillants d'arriver à portée des tranchées françaises. Mais, bien qu'ils fussent plus de six contre un, il leur fallut quatre assauts successifs pour ouvrir à leur première colonne le petit groupe de maisons en ruines situées derrière l'église de Vaux.

« Il y eut alors une demi-heure de répit, dont les Allemands profitèrent pour battre les positions françaises, au pied même de l'église. De nouveaux renforts, et deux compagnies de sapeurs vinrent fortifier l'endroit avec des sacs de terre.

« Le commandement français, inquiet de la supériorité numérique des Allemands et de leur terrible tir de barrage, retira ses éléments avancés, qui couraient le risque d'être cernés.

« Quand les régiments du nord de la Prusse revinrent à l'assaut, ils poussèrent jusqu'à l'église, — au prix de quels sacrifices ! — mais ne purent faire un pas de plus. À cinq reprises ils essayèrent de quitter l'abri que leur faisait l'amas des ruines de la vieille église et des petites maisons d'alentour, mais chaque fois les mitrailleuses et les batteries de montagne françaises les couvraient de rafales rasantes, abattant les hommes comme des épis.

« Le brouillard s'étant levé, le général Pétain fit donner sur l'arrière des régiments les plus avancés ses batteries de 75 et de 210.

« Malgré toute leur activité, les chefs allemands ne réussirent pas à maintenir leur ravitaillement en munitions et en hommes. La lutte cessa bientôt, faute d'éléments. L'ennemi resta toute la journée de samedi et toute la matinée de dimanche immobile, bien que le feu d'artillerie ne se fût pas ralenti.

« À 800 mètres du village se trouve le fort de Vaux, dont les Allemands avaient célébré la prise et dont ils avouent aujourd'hui la perte. La vérité est qu'après quatre jours de combats désespérés, qui ont couvert de cadavres deux kilomètres au moins de terrain, les Allemands ont réussi à prendre pied sur les pentes du fort, mais sans avoir pu arriver jusqu'aux fils barbelés qui entourent la position.

« Quelque furieux que fussent les engagements livrés dans le village, la lutte l'était encore davantage autour du fort. Les officiers d'artillerie français dont les batteries commandent les Hauts-de-Meuse déclarent que jamais les généraux allemands n'ont montré une aussi froide indifférence pour la vie de leurs troupes. Colonnes sur colonnes débouchaient, par quatre de front, pour aller tomber, moissonnées comme avec la faux, par le tir français.

« Les gros obus de 6 pouces et de 8 pouces venaient éclater sur le front même des bataillons, ne laissant plus apercevoir, lorsque la fumée se dissipait, que des monceaux énormes de cadavres. »

III

Un épisode des combats devant Verdun. — « Dans le parc d'un château près de la Meuse, un des régiments qui se sont le plus brillamment signalés au cours de la bataille de Verdun est rassemblé.

« Sur le perron, face aux pelouses et aux bouquets d'arbres, qui offrent aux regards la perspective harmonieuse d'un jardin à la française, se sont rangés le drapeau et sa garde, le général de division, le général de brigade et leurs états-majors. Devant eux va défiler, musique en tête, le régiment reformé momentanément à deux bataillons au lieu de trois.

« D'un pas assuré et superbe, les compagnies s'avancent tour à tour, capotes boueuses, casques bosselés, figures maigres, patinées par la vie des tranchées et par les dernières luttes. Puis viennent les compagnies de mitrailleuses, mitrailleuses sur bâts et mitrailleuses sur voiturettes. Quand c'est le tour de la compagnie qui doit rendre les honneurs au drapeau, le colonel de B... arrête d'un geste la musique et le mouvement de la troupe et, s'adressant à ses hommes, il leur dit ces simples mots :

« Regardez bien en face le drapeau en portant vos armes. Vous en avez le droit. Vous avez bien mérité du pays. »

« Ils ont bien mérité du pays, en effet, ces hommes qui, dans la soirée du 24 février, après deux jours de marche, se rangèrent en avant du village de Douaumont pour barrer la route à l'ennemi lancé depuis quatre jours à l'assaut de Verdun. Ils attendirent sous le bombardement toute une nuit glaciale, sans abri, sans couvertures. Le lendemain 25, le bombardement reprit plus violent. Et, vers 3 heures de l'après-midi, ils virent venir, par cinq ou six vagues successives, l'attaque allemande que précédait un mur mouvant de mitraille.

« Quand la première vague vint se heurter au village qu'elle pensait trouver vide, elle fut accueillie par un feu terrible. Malgré les pertes subies, malgré les rafales d'obus, nos hommes, tranquilles, guettaient comme des chasseurs à l'affût. C'était les hommes du bois Brûlé et du bois d'Ailly, que nul bombardement ne saurait plus émouvoir. Les premiers assaillants hésitèrent, un remous les rejeta sur ceux qui suivaient et, pêle-mêle, en désordre, l'ennemi se replia, gagna les couverts, laissant de nombreux cadavres sur le terrain. « À gauche, le second régiment de la brigade livrait un combat plus rude encore. Le colonel T..., blessé au ventre, se relevait sur les coudes pour crier à ses hommes : « En avant ! » À terre, il continuait de les exalter et de les diriger et il avait la joie d'être dépassé par eux, de les voir repousser l'infanterie allemande.

« Et la nuit, la seconde nuit descendit sur les deux régiments à leur poste. Nuit plus pénible que la première, car la neige tombait. Il fallut bivouaquer sans feu ; les vivres apportés s'épuisaient. Et le bombardement ne cessait pas, écrasant les maisons, écrasant le sol. Dans les ténèbres, des ombres pourtant se glissaient, apportant les munitions et parfois même de la soupe ou du café.

« Le lendemain 26, nouvelle attaque pareillement préparée par l'artillerie et plus violente encore que celle de la veille. « Je tiendrai jusqu'au bout », a déclaré le colonel de B... Un fléchissement se produit sur la droite occupée par un bataillon de tirailleurs marocains que le bruit des 305 a surpris. Le capitaine de réserve F..., adjoint au colonel de B..., qui est en temps de paix colon au Maroc, se précipite vers eux, les harangue en arabe, les ramène au feu ; ils foncent baïonnette en avant d'un tel élan que l'ennemi s'enfuit et sont animés d'une telle ardeur qu'il faut maintenant les arrêter.

« Le village de Douaumont est déblayé, la relève peut se faire sans être inquiétée. Et les deux régiments peuvent quitter tranquillement la ligne qu'ils ont maintenue et la laisser à la garde de la brigade qui les remplace et qui, à son tour, contiendra l'ennemi*. »

En Woëvre. — Pendant que nous supportions sur notre centre ces assauts répétés, dans le secteur de droite notre ligne a été volontairement ramenée, durant la nuit du 24 au 25 février, au pied des Côtes-de-Meuse sans combat et suivant le plan le plus conforme à notre intérêt tactique. Ce repli fut effectué sans difficulté. Les forces allemandes qui nous suivaient (15e corps, 5e division de landwehr, 1re division d'ersatz bavarois) n'eurent à livrer aucun combat, contrairement aux allégations du communiqué allemand. D'ailleurs, elles mirent dix-huit heures à s'apercevoir de notre repli. Le 28 février, elles entraient à Manheulles.

Le dernier événement fut l'occupation de Fresnes par les Allemands, le 7 mars. Ce village, difficile à maintenir après l'occupation de Manheulles et de Champion, était encore occupé par un bataillon qui se replia sans grande difficulté sur Bouzée. Ce fut une simple rectification de ligne. Depuis lors la canonnade continua sur ce front, avec des intermittences, sans action d'infanterie.

IV

L'aspect de la bataille après quarante-cinq jours. — « Du 21 au 28 février, c'est une tentative violente de rupture sur un secteur déterminé, celui du plateau à l'est de la Meuse, dont la position capitale, dominant et voyant tout le champ de bataille, est celle de Douaumont. Cette tentative est enrayée le 26, et la bataille elle-même, du moins en ce qui concerne les actions d'infanterie, s'interrompt le 29.

« Une première pause de quarante-huit heures s'intercale le 29 et le 1er mars. Puis une nouvelle bataille recommence le 2. Il semble d'abord que l'ennemi n'a pas renoncé à enlever la position de Douau-

---

* Du journal *Le Matin*.

Incrusté dans le fort, mais étroitement serré, il cherche à occuper le village placé un peu en contre-bas et à l'Ouest. De furieux combats se livrent le 2, le 3, le 4 dans ce village. Le 4 au soir, le front de combat s'étend : à l'Ouest, jusqu'au bois d'Haudremont ; à l'Est, jusqu'au fort de Douaumont. Le seul résultat de ces attaques est de faire entrer les Allemands dans le village, — une cinquantaine de maisons en ruines, — mais sans qu'ils puissent en déboucher. Pratiquement, résultat nul.

« Alors, le 6, nouvelle tactique. Depuis longtemps, les Allemands avaient préparé, à gauche et à droite du secteur central où la bataille avait été localisée jusque-là, des attaques d'ailes qui, destinées à rencontrer de très grandes difficultés de terrain, attendaient très vraisemblablement le succès de l'opération principale pour se déclencher. On se décida à les tenter maintenant, quoique l'attaque centrale fut enrayée depuis dix jours, et sans doute pour l'aider à vaincre cette ligne de résistance inébranlable où elle se brise depuis le 26.

« La bataille prend donc désormais l'aspect d'une bataille d'ailes, l'aile droite allemande, à l'ouest de la Meuse, visant nos positions du Mort-Homme, l'aile gauche visant nos positions de Vaux. Il semble bien, d'ailleurs, que ces attaques d'ailes restent un simple moyen de préparer l'attaque centrale décisive. À l'Ouest, le Mort-Homme ne conduit à rien, et il est vu de toutes parts par nos positions de seconde ligne. À l'Est, le fort de Vaux est vu et dominé par ceux de Tavannes et de Souville. Mais il prend les défenseurs de Douaumont à revers, et c'est là son importance. C'est à Douaumont et non dans la zone centrale, entre Douaumont et la Meuse, qu'est la solution de la bataille. Les attaques d'ailes sur un large front n'ont pour but que de diviser nos réserves, ou que d'occuper des positions de flanc et de revers telles que notre position sur le plateau de Douaumont devienne difficile.

« Les Allemands, pour mener ces attaques d'ailes, commencent le 6 à leur droite par enlever, avec de grosses pertes, notre ligne avancée le long de la Meuse, visiblement intenable depuis notre recul des 22 et 23 février sur l'autre rive. Notre ligne pivote donc sur sa gauche en repliant sa droite, et de Béthincourt-Forges devient Béthincourt-Cumières.

« Après cette action préparatoire, les Allemands attaquent le 7 le bois des Corbeaux, qui, placé au centre de la ligne, dans un ravin dont les versants le crêtent, est une bonne position de départ pour l'attaque du Mort-Homme. Ils entrent dans ce bois le 7 ; ils en sont presque entièrement chassés le 8 et le 9 ; ils y reviennent le 10, en faisant de très gros efforts et en lançant plusieurs assauts, dont le dernier à l'effectif d'une division.

« Aussitôt établis, au prix de ces sacrifices, dans le bois des Corbeaux, ce qui n'est encore, comme nous l'avons vu, qu'une opération préliminaire, les Allemands essayent d'exploiter leur avantage en poussant cette fois la position principale sur le Mort-Homme. Ils pénètrent dans un boyau, mais une contre-attaque les chasse. Ils sont épuisés par ce long effort, et ils s'arrêtent. (Nuit du 10 au 11.)

« Pendant que l'attaque à notre gauche suit ces péripéties, comment se développe l'attaque à notre droite ?

« Le 7 et le 8, l'action commence à l'est immédiat du front dans la région d'Hardaumont. Puis elle s'étend progressivement par son extrémité extérieure ; dans la nuit du 8 au 9, elle atteint au sud d'Hardaumont le village de Vaux ; enfin, dans la journée du 9, elle atteint, au sud du village, la croupe du fort de Vaux. Ainsi tout se passe comme si l'ennemi faisait successivement entrer en jeu des échelons se débordant les uns les autres vers l'extérieur, — en un mot, comme s'il essayait un mouvement débordant par la croupe de Vaux où, en effet, un furieux combat a eu lieu le 9. Cette croupe, qui porte le fort, se trouvait donc la position capitale ; son occupation par l'échelon extrême de la gauche allemande décidait de tout le succès de l'opération. Le village de Vaux était débordé par le Sud, le bois d'Hardaumont formait une pointe intenable attaquée sur plus de deux cents degrés, et Douaumont même était menacé à revers. De là, sans doute, la précipitation des Allemands à annoncer cette occupation décisive. C'est la même aventure qu'à Douaumont le 26 ; tant de nervosité étonne seulement chez un état-major à l'ordinaire plus maître de lui. Après l'échec du 9, les Allemands ont encore essayé le 10 d'enlever le village et la croupe du fort de Vaux. Mais les circonstances étaient nécessairement moins favorables à cette seconde attaque. Ils ont pénétré dans le village, position très secondaire au fond d'un ravin. Mais, sur les pentes du fort, ils ont été arrêtés par les feux avant d'atteindre les réseaux. Le 11, la bataille s'arrêtait également dans ce secteur.

« Grands efforts simultanés aux ailes du 6 au 10. — Au centre, on signale seulement le 10, in extremis si l'on peut dire, une tentative meurtrière et inutile à l'ouest du village de Douaumont. Toute l'action a absolument l'aspect d'une bataille perdue. Les Allemands sont complètement hors d'haleine, et ils s'arrêtent pendant trois jours entiers, du 11 au 13.

« La bataille recommence le 14 ; et c'est encore une bataille d'ailes ; mais, cette fois, elle prend un aspect très différent. Au lieu d'actions simultanées et indépendantes, nous voyons, du 14 au 16, une tentative à la droite allemande, puis aussitôt, dans la nuit du 16 au 17, une tentative à l'extrémité opposée, vers la gauche. La bataille s'arrête et reprend le 18, également à la gauche, mais aussi au centre, devant ces bois d'Haudremont, qui dominent le ravin de Bras. C'est une série d'attaques courtes, séparées par des intervalles, essoufflées pour ainsi dire, qui paraissent manquer de profondeur et qui, enfin, au lieu de se produire simultanément, comme du 6 au 10, se déplacent pour ainsi dire le long du front suivant un plan concerté. Quel est ce plan ? S'agit-il de préparer quelque nouvel effort plus violent, et d'entretenir le combat jusqu'à ce moment, en tenant les Français dans l'incertitude, en les fatiguant par des attaques auxquelles il faut parer tantôt sur un point, tantôt sur un autre, comme un escrimeur change d'engagement et inquiète l'une et l'autre ligne ? Après un mois de bataille, cette tactique est bien surprenante. Provisoire ou non, elle trahit une fatigue visible chez l'ennemi.* »

Ses pertes y sont pour quelque chose. D'après les données utilisées par le rédacteur militaire du *Journal des Débats*, les forces allemandes attaquant Verdun sont composées de deux éléments :

« Le premier est une armée de choc, spécialement constituée pour l'attaque du 21 février, et formée de quatre corps, qui avaient

---

* Le rédacteur militaire du *Journal des Débats*.

été retirés des autres armées du front français et mis au repos. C'étaient le VIIe de réserve, venant de la 7e armée (front de l'Aisne), le XVIIIe, venant de la 2e armée (front de la Somme), le IIIe, venant de la 3e armée (front de Champagne) et le XVe, venant de la 4e armée (front de Belgique). Les trois premiers avaient été placés sur le plateau de la rive droite de la Meuse et le quatrième plus à l'Est, en Woëvre.

« Le second élément dans lequel cette masse neuve était venue s'intercaler, était l'armée du Kronprinz, qui avait serré à gauche et à droite pour lui faire place et qui l'encadrait.

« C'est la masse neuve qui a livré seule la première bataille (21-29 février). Mais à la reprise des hostilités, le 2 mars, c'est au contraire l'armée du Kronprinz, placée aux deux ailes, qui a été engagée. C'est peut-être cette nécessité de poursuivre l'effort avec des troupes fraîches qui a donné à la lutte le caractère de bataille d'ailes.

« L'armée du Kronprinz comprenait : 1° le XVIIIe corps de réserve ; il n'a figuré à aucun moment dans la bataille, et nous pouvons admettre qu'il garde le secteur de l'Argonne ; 2° la 27e division (XIIIe corps), qu'on ne voit pas figurer non plus dans l'action actuelle ; 3° le XVIe corps, qui tient actuellement le front boisé qui s'étend entre Vauquois et Avocourt ; 4° la 2e division de landwehr, qui est devant Avocourt ; 5° le VIe corps de réserve, qui occupe le front de Malancourt au Mort-Homme ; 6° le Ve corps de réserve, qui, sur la rive droite, occupe le front entre Vaux et Eix ; 7° une brigade d'ersatz et trois régiments de landwehr*. »

Le meilleur de ces troupes dort son dernier sommeil sur les deux rives de la Meuse. Notre défensive a usé l'adversaire, quoi qu'en aient dit les articles commandés aux journaux allemands pour vanter l'économie de vies humaines avec laquelle la bataille était conduite. À partir du 25 on ne compte plus les sacrifices.

Nous ne savons pas ce qu'a pu coûter la prise de la cote 344, les témoignages manquant pour cette partie du champ de bataille. Mais l'assaut de Douaumont le 25 au soir, sur des pentes également décou-

---

* Le rédacteur militaire du *Journal des Débats*.

a été terriblement meurtrier. Il a fallu déboucher sur des plateaux ou pénétrer dans des ravins sous le feu de notre artillerie, emporter de vive force des secondes positions que l'artillerie n'avait pas réussi à réduire. Et, en fin de compte, le 26, la masse de choc allemande est venue se broyer sur notre défense. Il parait certain que quatre corps au moins sont entièrement hors de combat.

Nous avons été sensiblement moins éprouvés parce que, conformément à la règle, la défense a été menée avec le minimum d'effectifs. Les communiqués ont pris soin de nous le dire. Les journaux neutres l'imprimèrent couramment, et le *Journal de Genève*, qui est généralement bien informé, a cité le nombre très petit de corps d'armée que les Français avaient jusqu'ici engagé.

Du reste au moment où l'ennemi commença son offensive, nous ne pouvions engager davantage de monde. C'eût été une faute que d'aller trop vite. La principale vertu d'une offensive est de laisser jusqu'au dernier moment l'adversaire dans le doute sur le véritable point d'attaque et sur les moyens qu'il déploiera réellement dans la mêlée. Les Allemands auraient pu ne faire qu'une feinte sur Verdun et attaquer en masse sur Nancy, Amiens ou Calais. Notre devoir était de maintenir partout une juste balance de nos forces. C'est ainsi que les deux mille pièces de canon tonnant contre nos lignes, d'après les évaluations de lord Northcliffe, dans le *Daily Mail*, nous ont relativement tué et blessé peu de monde.

Quel a été l'aboutissement d'une dépense d'hommes, d'une orgie de munitions qui n'a pas eu de précédents dans l'histoire des guerres ?

« En tant qu'attaque brusquée, écrit le colonel Feyler dans le *Journal de Genève*, l'opération frise un échec. » « La pièce maîtresse du mécanisme, opine le rédacteur militaire du *Journal des Débats*, c'est-à-dire l'attaque sur notre front Nord, a été arrêtée le 26 février, et arrêtée irrémédiablement. Tout le mécanisme a été à son tour faussé. Il a fallu improviser un nouveau plan. On a essayé, le 2, une nouvelle attaque sur Douaumont, c'est-à-dire sur l'objectif précédent. Dans ces conditions, la bataille s'est définitivement arrêtée sur le terrain de l'ancienne attaque principale ; mais on a fait jouer les attaques secondaires, qui avaient été préparées sur Vaux et sur la rive gauche, en les élevant maintenant au rôle d'attaques principales. Autrement dit, la machine a fonctionné telle qu'elle était montée avec le ressort essentiel en moins. »

C'est leur confiance dans ce ressort qui faisait affirmer à des chefs allemands, non des moindres : « Nous serons à Verdun dans quatre jours. »

Donc, le généralissime a été en droit de dire, dès la mi-mars, à ses troupes :

« Soldats de l'armée de Verdun !

« Depuis trois semaines, vous subissez le plus formidable assaut que l'ennemi ait encore tenté contre nous.

« L'Allemagne escomptait le succès de cet effort qu'elle croyait irrésistible et auquel elle avait consacré ses meilleures troupes et sa plus puissante artillerie.

« Elle espérait que la prise de Verdun raffermirait le courage de ses alliés et convaincrait les pays neutres de la supériorité allemande.

« Elle avait compté sans vous !

« Nuit et jour, malgré un bombardement sans précédent, vous avez résisté à toutes les attaques et maintenu vos positions.

« La lutte n'est pas encore terminée, car les Allemands ont besoin d'une victoire. Vous saurez la leur arracher.

« Nous avons des munitions en abondance et de nombreuses réserves.

« Mais vous avez surtout votre indomptable courage et votre foi dans les destinées de la République.

« Le pays a les yeux sur vous. Vous serez de ceux dont on dira : « Ils ont barré aux Allemands la route de Verdun ! »

« J. Joffre. »

PÉRIODE DU 20 MARS À FIN JUIN.

Rive gauche.

I

Le 20 mars, une division bavaroise emporte les bois de Malancourt et d'Avocourt, et le réduit d'Avocourt à la lisière de ce dernier bois. Mais le 29, nous reprenons ce réduit, point important et qui, depuis ce temps, n'a pu nous être ravi.

Sur ce fait d'armes un soldat raconte ainsi ses impressions et celles de ses camarades :

« La neige s'était mise à tomber sur la corne d'Avocourt. Un mot passa le 28 au soir sur nos positions de repli : demain nous irons enterrer nos morts et reprendre le bois, et la nuit qui précéda notre attaque fut atroce. Nos guetteurs des ruines d'Avocourt avaient assisté tout le jour à l'assaut incessant des Wurtembergeois sur la droite. Cinq heures durant, entre Malancourt et Haucourt, sur un front de mille mètres, l'ennemi avait lancé 20 000 capotes grises. Vingt hommes par mètre courant. Ceux d'Avocourt, anxieux, suivaient des yeux la bataille. Ils pensaient : « Si ceux de Malancourt sont enfoncés, nous voilà presque tournés. Comment ferons-nous pour tenir ? » Le soir vint et ceux de Malancourt tenaient toujours. Repoussés, les casques à pointe étaient rentrés dans leurs taillis de Montfaucon.

« L'artillerie prussienne allait venger l'échec de l'infanterie wurtembergeoise. Cette nuit du 28 au 29 ne fut pas une nuit. On y voyait comme en plein jour. Sous les fusées éclairantes, Cumières, le Mort-Homme, le bois des Corbeaux, Forges, tout sortait de l'ombre. Des projecteurs fouillaient les villages, les dressaient, tout blancs, lumineux, fantastiques dans leurs ruines. L'artillerie lourde allemande tirait de tous les points de l'horizon. On encaissa des 380 qui arrivaient de Montmédy, à 28 kilomètres de là. Les pièces françaises ripostaient. C'était l'enfer dans le ciel.

« Les tirs de barrage que les 250 adverses exécutaient sur nos chemins de ravitaillement étaient tels, que depuis quatre jours nos cuistots n'avaient pu s'approcher de nos positions, les vivres de réserve étaient épuisés depuis douze heures. Mais la fatigue fut pire encore que la faim.

« En plein bombardement les soldats dormaient debout. Notre attaque était fixée dès les premières heures de l'aube. « Il faut réveiller ces hommes, commanda le chef. Faites donner la clique ! (la musique). » Il était 3 heures du matin. Le roulement des tambours et l'éclat des cuivres domina un instant le tonnerre de la canonnade. Les hommes sortirent de leur torpeur. « Est-ce qu'on les voit ? » demandèrent les lignards. On ne voyait rien. Depuis dix jours on se battait au même endroit, sans avoir vu l'ennemi.

« Comme le jour allait se lever, la clique se tut soudain.

« Eh bien ! interrogea le commandant, pourquoi ne jouent-ils plus, ceux-là ? »

« Un tambour, qui sortait de terre, dit :

« Un obus est tombé en plein sur la clique. La clique est enterrée. »

« La rage mit debout les hommes, qui foncèrent vers les bois : « On va les voir enfin ! »

« Ce fut une ruée. « On les voit ! » C'était le tambour, qui, ses baguettes à la main, était parvenu à la première défense allemande. Un second casque bleu le rejoignit et jeta deux grenades dans le boyau. Il y eut deux explosions et de la fumée. « On les voit ! On les voit ! » cria-t-on de toutes parts. L'ennemi n'avait pas attendu la baïonnette. Il vidait la place. Chacun des nôtres travaillait pour son compte. Dix minutes plus tard, on se retrouva presque au complet dans les trous des Allemands. On avait fait des prisonniers. On avait fait liaison aussi avec les 75. Par-dessus la position reconquise nos batteries allongèrent un tir protecteur. Il était 8 heures. Les nôtres se trouvaient maîtres du bois d'Avocourt. »

II

Voici maintenant le récit non moins émouvant de la reprise du réduit d'Avocourt, le 29 mars :

« À la suite de l'avance allemande du 20 mars au 21 mars, dans les bois de Malancourt et d'Avocourt, nous avions perdu cet ouvrage assez important. Il s'agissait de le reprendre. L'opération fut confiée au colonel C..., commandant la ...^{e} brigade d'infanterie, et effectuée le 29 mars à 4 h. 30 du matin.

« Les premiers échelons du bataillon de tête du ...^{e} et du ...^{e} qui formaient les troupes d'attaque, se portèrent sur la lisière du bois et franchirent les débris des réseaux de fils de fer hachés par la préparation de l'artillerie.

« L'ennemi ne se révèle qu'à quelque distance de la lisière, et un combat corps à corps s'engage alors sur tout le front et aboutit à la prise des boyaux et des abris. On s'empare en outre d'une soixantaine de prisonniers non blessés, d'un capitaine, de huit mitrailleuses, de munitions, de pelles, de pioches, etc. À 8 heures du matin, la totalité du réduit est entre nos mains.

« On profite d'un calme relatif pour organiser la défense de la position conquise et évacuer des blessés dont huit appartenaient aux régiments qui avaient cédé le réduit le 20 mars et n'avaient pas pu être évacués par les Allemands depuis neuf jours.

« À 9 h. 30, le calme cesse tout à coup sur tout le front. Les Allemands attaquent à la grenade avec une extrême violence, surtout sur la face ouest de l'ouvrage. Chaque attaque repoussée est immédiatement suivie d'un nouvel assaut. L'ennemi y met un acharnement extraordinaire. Il semble compter sur l'épuisement de nos forces et de nos munitions. En arrière de ses grenadiers, ses éléments de choc se rapprochent de nos lignes et, profitant de ce que nos défenses accessoires n'ont pu être encore que très imparfaitement organisées, ils se précipitent sur nous. En quelques points, les éléments pénétrèrent dans la position où s'engagent de violents combats corps à corps, mais ils ne peuvent venir à bout de l'intrépidité de la défense. Nos feux de mitrailleuses fauchent les vagues des assaillants. Les barrages de grenades, dont un énorme approvisionnement a heureusement été prévu, tiennent à distance les grenadiers ennemis ; enfin le feu de notre artillerie, ininterrompu pendant trois heures, constitue un barrage d'une extrême puissance qui empêche l'afflux des renforts ennemis et écrase les éléments d'assaut qui se replient.

« À 14 heures, l'attaque est brisée. L'ennemi se retire en laissant devant nos lignes et parmi nos réseaux des monceaux de morts et de blessés. Nos hommes, sans prendre de repos, se remettent immédiatement à l'aménagement des dispositions défensives. Car il faut être ouvrier terrassier autant que soldat dans ces batailles modernes qui semblent ne jamais finir. Quand l'infanterie se retire, l'artillerie ennemie commence. Les pièces lourdes allemandes entrent en action, bombardant sans répit la position que l'ennemi a perdue, puis de nouvelles contre-attaques se déclenchent à la tombée de la nuit et le lendemain.

« Sur ce fond de bataille se détachent quelques magnifiques épisodes particuliers, comme des bouquets d'arbres au premier plan d'un paysage.

« Il en est un qui dépasse tous les autres et qui est digne de nos plus belles chansons de gestes.

« La direction de l'attaque avait été confiée par le commandant de la brigade au lieutenant-colonel de M..., qui commandait l'un des deux régiments, le ...ᵉ. Le lieutenant-colonel de M... était, dit la citation dont il a été l'objet, un chef de corps d'une haute intelligence et d'un admirable courage, et un véritable entraîneur d'hommes.

« Pourquoi faut-il que nos succès soient payés trop souvent de pertes pareilles ? Trop souvent, nos colonels sont frappés en première ligne. Ils s'offrent sans compter, en exemple. Le lieutenant-colonel de M... fut tué à 16 heures, dans le réduit d'Avocourt qu'il avait conquis, par un obus qui frappa en même temps l'officier d'état-major qui l'accompagnait. Il avait mené le combat avec son calme et son intrépidité habituels.

« Or, il avait un fils qui servait comme sous-lieutenant dans un autre régiment de la brigade. Le bataillon de celui-ci était en soutien et ne fut engagé que le 29 au soir. La nouvelle de la prise du réduit avait déjà couru dans la troupe. Comme il passait devant le poste de commandement du colonel commandant la brigade, le jeune sous-lieutenant s'approcha de son chef qu'il connaissait et lui dit tout joyeux : « Eh bien, mon colonel, vous êtes content de mon père ? » Le colonel connaissait la double nouvelle. Il lui tendit les bras et répondit : « Ah ! mon pauvre petit ! »

« Ainsi le lieutenant de M... apprit-il la mort de son père. Un peu plus tard il pénétrait lui-même dans le réduit d'Avocourt où il retrouvait et veillait la dépouille paternelle. »

III

Du 29 au 30 mars nous reprenons la tranchée corse perdue depuis le 9 mars et, le 30, nous occupons une autre tranchée sur la route de Forges.

Le 1er avril, Malancourt est occupé par les Allemands.

Le 6, nous progressons au nord du bois de la Caillette. Perte d'Haucourt le lendemain compensée par un échec allemand devant Béthincourt et une prise de possession du bois Carré.

Une attaque générale succède à ces combats partiels. Le 10 au soir, nous refoulons l'ennemi qui a lancé ses bataillons contre notre nouveau front de Chattancourt au réduit d'Avocourt. Les Allemands renforcés réussissent à nous prendre une tranchée avancée sur le Mort-Homme, pendant que nous évacuons Béthincourt impossible à défendre. Le 12 avril nous repoussons avec fortes pertes une attaque dirigée entre le bois d'Avocourt et le ruisseau des Forges. L'ouvrage des Serbes entre Béthincourt et le Mort-Homme est perdu par nous.

Le sommet du Mort-Homme, balayé par les feux croisés de l'artillerie, n'est plus à personne. Mais au bord de la Meuse, Cumières et son cimetière nous sont restés. En un jour, l'ennemi, pour aboutir à ce médiocre résultat, a accumulé tous les moyens d'action en artillerie et lancé les troupes de trois divisions fraîches. Le général Pétain peut adresser à ses troupes un ordre du jour finissant par ces mots : « Les Allemands attaqueront sans doute encore. On les aura... »

Ils attaquent en effet. Et on commence à les avoir. Cette fois, nous prenons volontiers l'offensive. Une attaque à effectif réduit qui ramène notre front jusqu'au bois des Caurettes donne confiance. Le 20, nous lançons trois bataillons sur le Mort-Homme. Deux d'entre eux dépassent la cote 295 et gagnent plus de terrain que les ordres n'avaient prévu. Le lendemain nous allons encore au-delà de cette ligne.

Du 22 au 30 nouvelle attaque victorieuse et riposte non moins réussie à des contre-attaques furieuses. Le 3 mai notre front est rétabli tel qu'il était le 5 du mois précédent.

Le 3 mai, le général commandant la division engagée reçoit du commandant en chef ce message :

« Le commandant en chef envoie au général Leconte et aux belles troupes qu'il commande ses plus cordiales félicitations pour les succès qu'ils ont remportés au Mort-Homme. Il sait qu'il peut compter sur eux pour soutenir la brillante réputation qu'ils ont acquise par leur bravoure depuis le début de la campagne. »

IV

À cette même date du 3 mai, les Allemands commencent leur grand effort sur nos positions de la cote 304, du Mort-Homme et de Cumières. Le *Bulletin des Armées* relate ainsi les événements concernant la défense de cette cote, qui se déroulèrent du 3 au 8 mai :

« Après un semblant d'accalmie vers la fin d'avril, les Allemands, qui se préparaient à de nouveaux assauts, commencèrent, à partir du 3 mai, l'arrosage méthodique de nos positions avec leur grosse artillerie.

« Les contre-pentes nord de la cote 304, où nous nous étions fixés, formaient un objectif où tous les coups de l'ennemi portaient avec certitude. Les bataillons qui assuraient la défense de ces avancées furent alors soumis à des trombes de feu inimaginables pour qui n'en a point constaté les effets.

« Plus de cent batteries allemandes concentraient leur action sur la cote 304 et ses abords immédiats. On eût dit que le sommet de ces hauteurs était transformé en volcan. Des colonnes de fumées jaunes, noires et verdâtres montaient vers le ciel, si denses que les aviateurs chargés de survoler 304 ce jour-là, déclarèrent que l'atmosphère était obscurcie jusqu'à 800 mètres au-dessus du sol.

« Toute la nuit, ce feu d'enfer continua, nous causant des pertes sensibles. Les tranchées se nivelaient et les occupants qui échappaient aux éclats, n'avaient d'autre ressource que de se tapir dans les trous d'obus.

« Après un léger ralentissement dans leur tir au cours de la matinée du 4, les Allemands reprirent leur œuvre de destruction avec une fureur accentuée. Puis, vers 10 heures, ils lancèrent de fortes reconnaissances pour voir si tout avait été annihilé dans les lignes françaises. Les tirailleurs encore valides se redressèrent et, par un suprême effort, repoussèrent l'ennemi.

« À 17 heures, après que l'artillerie eut encore pilé le terrain, les vagues allemandes s'avancèrent derechef. La plupart de nos hommes avaient été enterrés, beaucoup de fusils étaient brisés, la majeure partie des mitrailleuses se trouvait hors d'usage...

« Ceux qui pouvaient utiliser leurs armes ouvrirent le feu. Les Allemands, étonnés de trouver du monde devant eux, ne progressèrent qu'avec la plus extrême prudence. Craignant des surprises vers la droite et vers la gauche, ils renoncèrent à pousser leur succès qui resta localisé aux pentes nord de 304.

« Pendant la nuit, le lieutenant-colonel Odent prit de son côté des mesures pour la contre-attaque. Il rallia tout ce qu'il put de son régiment et il se prodigua avec une magnifique énergie en vue de l'assaut. Au petit jour, il monta sur le parapet de la tranchée qui se trouve au sommet de 304 : « Allons, mes amis, s'écria-t-il, c'est le moment d'avoir du courage ! » Et il partit, entraînant tout son monde derrière lui.

« Après une série de bonds qui lui permirent d'atteindre le bord du plateau face au Nord-Est, il tomba, glorieusement frappé d'une balle. Les Allemands s'imaginaient que la route était libre. Voilà que soudain ont surgi des hommes armés, commandés, animés de l'esprit offensif ! Ils hésitent une fois de plus et subissent de ce côté un temps d'arrêt qui nous est fort précieux.

« Au cours de la journée du 5, c'est d'ailleurs, dans une autre direction qu'ils s'évertueront à obtenir un succès. Ils viseront surtout le bois Camard et la cote 287. Par un déluge de feu, ils vont essayer de déloger de là le 66 e régiment d'infanterie.

« Un des capitaines de cette unité a conté en ces termes quelles furent alors ses impressions :

« Le bombardement commença à 4 heures du matin. Qu'on essaie de se figurer des pièces de 105, de 150, de 210 faisant à l'allure du 75 des tirs de barrage ! L'abri dans lequel je me trouvais était solidement construit dans un banc de roc et cependant il vibrait comme une barque sur un lac agité. Impossible de garder une bougie allumée. Continuellement les abris s'écroulaient et les hommes étaient ensevelis. Le bois Camard avait encore l'apparence d'un bois le matin (d'un bois tout effeuillé et déchiqueté), mais le soir il n'y avait plus que l'emplacement d'un bois. »

« Jusqu'à 15 h. 30 le bombardement se poursuivit avec une égale violence. Beaucoup de ceux qui n'avaient pas été blessés ou tués demeuraient sans armes, leur fusil ayant été endommagé par les éclats d'obus. Les grenades étaient dispersées ou enfouies dans le sol, les baïonnettes tordues... Très peu de mitrailleuses étaient intactes. Mais le moral du régiment n'était pas atteint et les hommes étaient décidés à toutes les épreuves.

« À 15 h. 30, les vagues ennemies débouchèrent. À cette vue, tous les soldats valides, ayant réparé comme ils pouvaient les fusils pleins de terre, se dressèrent dans les trous d'obus et ouvrirent le feu. Les mitrailleuses épargnées par l'artillerie ennemie entrèrent aussi en action.

« Les premiers rangs allemands furent fauchés, un flottement se produisit dans les autres... L'occasion d'en finir avec l'agresseur était belle malgré la fatigue et les souffrances endurées. Un vent d'héroïsme passa sur le régiment...

« Les débris des compagnies bondirent hors des trous et chargèrent à la baïonnette. L'ennemi s'enfuit, laissant des prisonniers entre nos mains. Un fait donnera une idée de la supériorité de nos fantassins dans le corps à corps. Il ne restait au capitaine de Maistre qu'une poignée d'hommes. Un revolver au poing, un gourdin dans l'autre main, il n'hésita pas à se ruer avec ses soldats contre un parti nombreux d'Allemands et il les mit en déroute non sans en avoir assommé quelques-uns sur place...

« Et que d'autres gestes de ce genre ! Que d'exemples de bravoure ! Alors la position ayant été dégagée, les combattants regagnèrent l'emplacement de leurs tranchées et continuèrent à déterrer leurs camarades tout en surveillant le terrain en face d'eux.

« Plus à gauche, un bataillon du 32e régiment d'infanterie, sous la conduite du commandant Herment, repoussa avec le même brio deux attaques allemandes sur le saillant 280-287. Les grenadiers de ce bataillon intervinrent dans plusieurs engagements où s'affirma leur maîtrise.

« La nuit se passa sans incidents, de même que la journée suivante. Les Allemands se contentèrent de bombarder nos positions avec une persistance méthodique. Leurs feux gênaient beaucoup nos mouvements, nos travaux de défense et nos relèves. Mais les hommes supportaient tout avec un stoïcisme absolu et accomplissaient leur devoir sans broncher.

« Après ce répit relatif dans le combat, l'ennemi allait tenter, le 7, d'aborder de trois côtés à la fois la cote 304 qu'il comptait enlever et il espérait, si le succès se dessinait en sa faveur, descendre jusqu'aux pentes sud.

« Dès le petit jour, le bombardement redevint effroyable. Les tirs de barrage au sud de 304 interdisaient toute communication avec l'arrière. Mais les Allemands devaient trouver devant eux deux régiments d'élite, le 114e et le 125e, dont la valeur ne s'est jamais démentie en cette guerre. Composés en majeure partie de Vendéens, de Poitevins, de Berrichons, ils ont sans cesse témoigné du plus bel esprit offensif.

« Lorsque vers 15 h. 30 l'attaque allemande se déclencha depuis le bois Camard jusqu'au ravin de la Hayette, elle fut accueillie par les compagnies de première ligne avec une véritable joie. À l'endurance passive sous les coups de l'artillerie allait succéder le corps à corps, la lutte d'homme à homme, l'étreinte directe de l'ennemi.

« Le 114ᵉ sur la gauche, le 125ᵉ à droite encadraient des unités qui, sous le poids de l'ennemi, ne purent empêcher des fissures de se produire. Malgré les dangers d'un encerclement, les compagnies du 114ᵉ et du 125ᵉ qui avaient été débordées n'eurent pas un instant l'idée de reculer. Les officiers et les hommes n'ont qu'une âme. Les vagues d'assaut sont instantanément organisées pour la contre-attaque. Jamais spectacle ne montra mieux ce qu'est la véritable fraternité des armes.

« Le 114ᵉ manœuvrait... comme à la manœuvre, les sections de mitrailleuses le soutenant avec beaucoup d'adresse. À gauche, le mouvement allemand avait pris une tournure inquiétante et il fallait agir promptement. Une compagnie s'ébranla au chant de la *Marseillaise* et fonça baïonnette au canon sur l'ennemi qui, pressé de toutes parts, fut chaviré et finalement dispersé, laissant de nombreux morts sur le terrain. Les fuyards furent pourchassés par le feu des mitrailleuses qui, pendant la charge, avaient suivi le mouvement.

« Un bataillon de soutien arriva à la rescousse, après avoir franchi avec un calme et un entrain remarquables les tirs de barrage. À l'est de Pommerieux il avait déjà pris contact avec des groupes allemands qu'il avait vivement ramassés à la baïonnette et qui avaient reculé éperdument.

« À droite, le 125ᵉ n'avait pas une attitude moins vigoureuse. Les compagnies, un instant coupées de toute liaison, ne s'émurent point. Suivant le cas, elles formèrent des crochets défensifs ou organisèrent d'irrésistibles retours offensifs. Les éléments de soutien, comme ceux du 114ᵉ, contre-attaquèrent habilement de manière à ramener à leur point de départ les partis ennemis qui avaient envahi le secteur. À leur tour des Allemands étaient encerclés. Partout ils subirent des échecs, durent rebrousser chemin ou se constituer prisonniers.

« Puis, quand toutes nos liaisons eurent été établies, notre chaîne se porta en avant et, par un rétablissement opportun, elle se fixa de nouveau sur 304. Notre ligne fut installée sur le bord immédiat de la pente sud, tandis que nos postes avancés et nos sentinelles interdisaient la crête à l'ennemi. C'était là le résultat qu'il importait d'obtenir. Une centaine de prisonniers étaient restés entre nos mains.

« Cette attaque du 7 mai a été l'effort le plus considérable de l'infanterie allemande pour s'emparer de la cote 304. Elle a permis de constater une fois de plus la supériorité de nos fantassins. Admirablement dressés à prendre les initiatives utiles, ils accusent un sens très net du combat. Ils contre-attaquent spontanément et ils exécutent les mouvements tactiques que commande la situation avec une incomparable présence d'esprit.

« Et, dans le cas des opérations de la cote 304, c'est en terrain découvert, sans abri, sur un sol nivelé par l'artillerie et battu par des projectiles puissants qu'ils ont déployé ces qualités qui leur sont propres. Cela donne une idée non seulement de leur capacité manœuvrière, mais encore de leur grandeur morale et de leur confiance obstinée en la victoire. »

V

Le 10 mai, nous nous emparons de l'ouvrage du Trapèze.

Calme relatif du 15 au 17. Violents bombardements sur tout le front nord, secteurs d'Avocourt, de la cote 304 et de Douaumont.

Nous identifions deux nouvelles divisions allemandes vers Malancourt.

Dans la nuit du 17 au 18, deux attaques allemandes sur le réduit du bois d'Avocourt sont repoussées ; nous enlevons un fortin ennemi sur les pentes nord-est de 304.

Le 18, l'ennemi attaque en fin de journée sur tout le front compris entre le bois d'Avocourt et le ravin-sud de Béthincourt. Il réussit à occuper un petit ouvrage fortifié au sud de la cote 287, mais est rejeté sur l'ensemble du front avec de grosses pertes.

Le 19, très violente lutte d'artillerie sur la rive gauche de la Meuse.

Le 20, grosse attaque allemande sur la région du Mort-Homme. Entre le Mort-Homme et la Meuse, l'ennemi est arrêté ; nous maintenons les tranchées enlevées en avril. Sur les pentes ouest du Mort-Homme, les Allemands réussissent à enlever nos tranchées de première ligne sur un front de 1200 à 1500 mètres.

Le 23, violente offensive de l'ennemi. Il prend le village de Cumières, ne peut pas en déboucher, en perd une partie le 26 avec cent prisonniers. En somme, son mouvement tournant n'a pas abouti. Si nous n'avons plus la pente 295, l'ennemi n'a pas tout le Mort-Homme. Nous tenons les pentes sud énergiquement.

Dans une série de combats ininterrompus du 28 au 30 mai, les Allemands ont progressé entre le Mort-Homme et Cumières, occupé le bois des Caurettes et les tranchées immédiatement à l'ouest du bois. Ils n'ont pu déboucher de Cumières.

En somme, en un mois de luttes, au prix de sacrifices sanglants, l'ennemi n'a pas pu acquérir tout le Mort-Homme. Les pentes sud nous restent.

La cote 304 n'est pas davantage tout à fait en sa possession. Le mouvement tournant qu'il avait patiemment opéré par l'attaque de son aile droite pour prendre de flanc le Mort-Homme n'a pas abouti.

Le 9 juin, quatre attaques sur la cote 304 ne peuvent même pas déboucher ou sont repoussées à la baïonnette. L'ennemi semble découragé. Il suspend son offensive au Mort-Homme.

Nous lui imposons la nôtre.

Le 15 juin, deux bataillons chargés de réoccuper des tranchées sur la crête sud-ouest du Mort-Homme nous rendent presque la possession de la position. Plus d'un kilomètre de tranchées ennemies a été conquis et gardé.

Tout le reste du mois il ne se passe guère de jour où des attaques ne soient dirigées contre le Mort-Homme et la cote 304. Elles sont toutes brisées.

Depuis cette date, les Allemands ont à peine réagi sur la rive gauche.

Dans les derniers jours de juin, le colonel Rousset observe :

« Le 21 février dernier, nous occupions une ligne passant par Malancourt, Béthincourt, Forges, Brabant-sur-Meuse, Haumont, Beaumont et les hauteurs d'Ornes. Celle que nous occupons aujourd'hui est jalonnée par le réduit d'Avocourt, la cote 304, les pentes sud du Mort-Homme, Cumières, les crêtes qui dominent au Nord Vacherauville et Brou, la cote 321, dont les abords nord-ouest ont été, lundi encore, attaqués sans succès par trois fois, la cote 320, le bois du Chapitre, enfin les hauteurs surplombant la Woëvre, devant Damloup. L'ennemi nous a donc imposé un recul d'un peu plus de cinq kilomètres à notre extrême droite, et de trois à peine sur notre gauche. Il lui en a coûté 120 jours d'efforts presque constants et d'innombrables sacrifices de soldats. »

Rive droite.

I

Jusqu'au 29 mars repos relatif. Le 30 mars au soir l'ennemi revient à la charge avec acharnement. Le 31 mars et le 2 avril des effectifs plus importants que ceux de la veille, qui ont été aisément repoussés, se ruent sur le village de Vaux. Gaz asphyxiants, liquides enflammés, tous les engins prohibés par les usages de la guerre mis en jeu obtiennent un résultat qui rend notre situation difficile. L'ennemi pénètre dans le bois de la Caillette. Et le village de Vaux, après un mois de lutte, est entre ses mains.

Les tranchées de la Caillette sont recouvrées le 3 avril par la division Mangin.

Comment fut repris le bois de la Caillette. — Le 2 avril, les Allemands avaient réussi à pénétrer dans le bois de la Caillette et cherchaient à exploiter ce succès local en se glissant plus au Sud par le ravin. Il s'agissait pour nous d'arrêter cette progression et de reporter non seulement nos lignes à l'emplacement définitif, mais d'améliorer nos positions entre Douaumont et les hauteurs qui dominent le ravin de la Fausse-Côte.

L'opération fut confiée à la division que commande le général Mangin. Et voici comment l'un des chefs de corps qui y participèrent en a conté les péripéties :

« C'est dans la nuit du 2 au 3 mai que les bataillons d'attaque, avec les sections de mitrailleuses, se mirent en marche. Après avoir parcouru 18 kilomètres dans les conditions les plus pénibles, nous fûmes en place à 6 h. 10, le matin du 3, attendant le signal de l'assaut.

« Le bataillon de gauche avait pour objectif final les tranchées situées immédiatement au sud de Douaumont ; celui de droite visait les organisations situées à la lisière nord du bois de la Caillette. Nous avions à traverser des nœuds de boyaux solidement organisés, à enlever plusieurs fortins et à reprendre un bois semé d'abatis, retourné par les gros obus, barré par les arbres déracinés et couchés pêle-mêle sur le sol.

« Cependant, dès que l'ordre en fut donné, les vagues d'assaut se portèrent résolument de l'avant. Notre régiment est composé en majeure partie de Normands et de Parisiens dont les qualités se complètent fort bien. Les premiers sont tenaces et durs à la besogne ; les autres, gouailleurs et pleins d'un entrain réconfortant. Paysans aussi bien que Parigots rivalisent d'ardeur au combat. Cette émulation fraternelle donne toujours les meilleurs résultats.

« Dans cette affaire, tous nos soldats — chacun à sa manière — se distinguèrent magnifiquement. Arrivés sur la crête, aux vues de l'ennemi, ils furent salués par des feux d'artillerie très denses, combinés avec des feux de mitrailleuses. Ils passèrent là comme à l'exercice.

« Le bataillon de gauche délogea les Allemands de leurs postes avancés, et le bataillon de droite, quoique plus lentement, fut bientôt à sa hauteur, à une certaine distance de la lisière sud du bois de la Caillette.

« Il y eut alors un temps d'arrêt. Il fallait souffler et se consolider en vue de nouveaux progrès.

« Le 4, vers 2 heures de l'après-midi, l'ennemi surgissait de ses tranchées... Mal lui en prit. Fusillade, feux de mitrailleuses, tirs de barrage de notre artillerie le clouèrent sur place. Il n'insista point.

« Nos hommes, stimulés par ce succès, voulaient repartir en avant. Pendant la nuit, la lutte sous bois s'accentua et nous procura quelques avantages nouveaux. Nous ne pouvions malheureusement pas pousser nos opérations avec une grande célérité, tant la nuit était noire. Les liaisons offraient des difficultés inouïes et le terrain était très chaotique. À un moment donné, il fallut revenir un peu en arrière pour éviter des embûches et assurer un contact indispensable à la réussite de notre attaque d'ensemble.

« Avec une sûre lenteur, au cours de la journée du 5, le bois de la Caillette fut systématiquement nettoyé des éléments hostiles.

« Pendant ce temps, notre artillerie aveuglait complètement l'ennemi. Elle fouillait les ravins où il se dissimulait, démolissait ses défenses, exécutait des tirs qui le jetaient dans l'incertitude sur nos mouvements.

« À 4 h. 30, une habile manœuvre nous amena presque à la lisière nord du bois de la Caillette. Une de nos compagnies, en filtrant par petits groupes, échappa aux vues des Allemands et parvint à s'installer à la sortie septentrionale du bois.

« À l'est du bois de la Caillette, nos lignes se redressaient sensiblement. Sous la poussée de nos vagues, les organisations allemandes étaient débordées et nous nous emparions d'un assez nombreux matériel et de quelques prisonniers.

« Pendant la nuit, point de répit. On piochait, on creusait, on établissait des barricades, partout on cheminait et on gagnait du terrain.

« Enfin, grâce à tant de persévérance et aux exploits individuels où se révélèrent une fois de plus l'ingéniosité et la valeur combative de la race, le bois de la Caillette fut repris morceau par morceau. Le ravin Nord-Sud qui longe le bois du côté Ouest et qui offrait une fissure dangereuse dans nos lignes, fut bouché de telle sorte que toute incursion allemande fut interdite. »

II

Mais notre principal objectif est d'enserrer le fort de Douaumont, en vue d'opérations ultérieures.

Du 5 au 10 avril, nous livrons de petits combats. Le 10, c'est l'ennemi qui attaque violemment. Nous le repoussons. De nouvelles offensives allemandes échouent le 11 et le 15.

La journée du 17 avril est marquée par le déclenchement d'une formidable agression contre nos positions à l'est de la Meuse, entre le fleuve et Douaumont. Plus de deux divisions ont été engagées vers 2 heures de l'après-midi ; leurs vagues d'assaut ont déferlé en formations denses sur un front de quatre kilomètres environ et sont venues se heurter aux feux de barrages habilement concentrés par notre artillerie et nos mitrailleuses.

L'adversaire est repoussé avec des pertes terribles, subies notamment à l'ouest de la côte du Poivre et dans le ravin situé entre cette hauteur et le bois d'Haudremont. L'infanterie allemande n'a pu prendre pied, au cours de cette violente attaque, qu'en un point bien minime formé par le petit saillant de notre ligne au sud du bois du Chauffour (à l'ouest du village de Douaumont). Nous avions du reste progressé, depuis trois semaines environ, dans cette direction, en gagnant près d'un kilomètre de terrain. C'est dans une fraction de cette nouvelle ligne avancée que l'ennemi a pu prendre pied.

Si l'on tient compte du bombardement extrêmement intense et soutenu pendant plus de six heures qui a précédé cette attaque, si l'on compare les puissants effectifs engagés au front d'attaque restreint, on peut apprécier à sa juste valeur la puissance de ce nouvel effort tenté par l'ennemi pour enfoncer nos lignes les plus rapprochées de Verdun.

Le 19 avril, c'est nous qui attaquons. Nous enlevons un fortin entre le ravin de la Caillette et celui de la Fausse-Côte.

Le 21, le général Mangin adresse à ses troupes qui ont brillamment contenu et repoussé le rude effort tenté par les Allemands aux premiers jours du mois dans la région de Vaux-Douaumont, cet ordre du jour :

« Vous allez reformer vos rangs éclaircis. Beaucoup de vous iront porter au sein de leur famille l'ardeur guerrière et la soif de vengeance qui les animent. Mais il n'est point de repos pour les Français tant que le sauvage ennemi foule le sol sacré de la Patrie ; point de paix pour le monde tant que le monstre du militarisme prussien n'est pas abattu.

« Donc, vous vous préparerez à de nouveaux combats où vous apporterez la certitude absolue de votre supériorité sur l'ennemi, que vous avez vu si souvent fuir ou lever les bras devant vos baïonnettes et vos grenades. Vous en êtes sûrs maintenant : tout Allemand qui pénètre dans une tranchée de la 5e division est mort ou prisonnier, toute position méthodiquement attaquée par la 5ᵉ division est une position prise !

« Vous marchez sous l'aile de la victoire ! »

Le même jour, le général commandant en chef avait adressé un message de félicitations au général Nivelle, commandant devant Douaumont et chef de l'armée de Verdun, sous les ordres directs du général Pétain, promu commandant d'un groupement d'armées.

III

Au 1ᵉʳ mai, après soixante-dix jours de bataille, un important résultat est acquis. L'attaque brusquée sur Verdun a échoué. L'ennemi a manqué un double objectif : raffermir le moral de la nation et de l'armée, persuader les neutres de sa supériorité.

C'est la vérité que consacre le général Pétain avant de remettre au général Nivelle le commandement de la deuxième armée. Son ordre du jour dit :

« Une des plus grandes batailles que l'Histoire ait enregistrées se livre depuis plus de deux mois autour de Verdun.

« Grâce à tous, chefs et soldats, grâce au dévouement et à l'abnégation des hommes des divers services, un coup formidable a été porté à la puissance militaire allemande. »

IV

La possession du fort de Douaumont et des tranchées qui y accèdent a été notre objectif presque unique au cours du mois de mai. Après un va-et-vient de succès et de revers de mince importance, nos opérations font place, le 22 mai, à une plus intéressante.

Le fort de Douaumont, perdu depuis le 25 février, couronne la cime d'un massif dénudé. L'opération principale a pour but la prise d'un saillant de 600 mètres dont le fort occupe toute la partie Nord. Le perfectionnement de notre artillerie lourde nous permet d'escompter sa démolition. Le 19, le tir de destruction a commencé. Le 20, à 14 heures, après une explosion d'un obus de gros calibre, les

Allemands ont dû évacuer le fort et sont pris sous nos tirs de barrage. Des interrogatoires de prisonniers, il résulte que cette explosion occasionna près de mille morts.

« Pendant ce temps, écrit le général Bonnal dans l'*Intransigeant*, et sous la protection d'un feu d'artillerie formidable, notre infanterie creusait les parallèles de départ et se disposait pour l'assaut dont était chargée la 10e brigade, composée du 74e, à l'est du fort de Douaumont, du 129e, au sud, et du 36e, à l'ouest. »

Le 22 mai, dans la matinée, une escadrille française détruisait six « drachen » ou ballons captifs, survolant la rive droite de la Meuse, et crevait ainsi les yeux à l'ennemi sur les points les plus favorables à l'observation de nos mouvements, ce qui faisait dire à l'un de nos soldats : « On leur a mis un bandeau sur les yeux, aux Boches, comme à ceux-là qui veulent casser la cruche dans les foires. »

« Cependant, l'ennemi, sentant l'attaque et le danger, inondait nos premières lignes d'un ouragan de mitraille, tandis que l'artillerie française précipitait le rythme et crachait les projectiles de toute sa puissance. Au-dessus des têtes, remarque un officier, c'était un « hululement » continu tel que jamais encore on n'en avait entendu.

« L'heure de l'assaut approche. Tous les hommes en savent le prix. Ils ont connu les combats de Neuville-Saint-Vaast, l'offensive de Champagne, les corps à corps du bois de la Caillette, ils ont jugé de l'artillerie allemande et les adversaires qu'ils ont devant eux. Leur tâche est fixée minutieusement. Le centre doit enlever le gros morceau, les ruines du fort ; la droite et la gauche prendront les tranchées ennemies à l'Est et à l'Ouest, et s'efforceront d'encercler l'enceinte. Chacun connaît son rôle et comprend la valeur de son effort. Ces soldats ne s'arrêteront pas.

« À 11 h. 50 tous s'élancent. Ils ne chantent pas ; ils ne composent pas de tableau de bataille. Ils bondissent de trou d'obus en trou d'obus, d'obstacle en obstacle, se couchent, disparaissent, surgissent, tombent mais ne se relèvent pas tous. Une ardeur superbe les anime. À midi, l'avion de commandement signale qu'une flamme de Bengale brûle sur le fort de Douaumont. Le 129e de ligne a mis 11 minutes pour emporter trois lignes de tranchées ennemies et atteindre son objectif.

« Sur la gauche, toutes les tranchées allemandes à l'ouest du fort jusqu'à la route Douaumont-Fleury sont tombées en notre pouvoir et le 36e de ligne a exactement rempli sa mission. En même temps, des détachements d'infanterie et du génie ont pénétré dans l'enceinte et couvrent les opérations des sapeurs chargés de détruire les organes de flanquement et d'aveugler les issues. Les flammes de Bengale continuent de brûler, attestant la progression. Compte rendu est fait au commandement de la 10e brigade que l'encerclement s'opère dans d'excellentes conditions. L'angle Nord-Ouest et l'angle Nord sont atteints. On y installe des mitrailleuses.

« À l'est du fort, cependant, le mouvement du 74e de ligne s'est heurté à de grosses difficultés. Sa gauche a avancé rapidement, tandis que sa droite a été soumise aux feux partis de boyaux ennemis qui prennent la progression de flanc, les plus énergiques efforts sont enrayés par ce frein. L'angle Nord-Est du fort demeure au pouvoir des Allemands. Mais nous tenons plus des deux tiers de l'ensemble. De nombreux prisonniers sont déjà dirigés vers l'arrière.

« Les Allemands feront tous les sacrifices pour nous empêcher de pénétrer dans le fort de Douaumont. Par conséquent, si nous y pénétrons, ne comptons pas sur un instant de répit. » Telle avait été l'instruction donnée aux troupes par le commandement. La réaction de l'ennemi était certaine. Elle devait être d'une violence inouïe. Elle n'allait pas tarder à se produire.

« À la nuit, des forces d'infanterie se massent dans le ravin de la Couleuvre, à l'est du bois d'Haudremont, et vers 22 heures une violente canonnade se déchaîne sur nos positions à l'ouest du fort. Une attaque d'infanterie suit, extrêmement vive, qui nous oblige à rectifier légèrement la ligne atteinte dans la matinée. Dans le fort, durant toute la nuit, la lutte se poursuit à notre avantage ; tous nos gains sont maintenus et même légèrement accrus.

« Une demi-heure après que le signal de l'avion de commandement a été vu, c'est-à-dire moins de 50 minutes après le déclenchement de l'attaque, deux officiers allemands, des sous-officiers et une centaine de fantassins désarmés arrivent au poste de commandement de la 10° brigade. Nos hommes sont enthousiastes, ils acclament le succès et ne pensent qu'à poursuivre.

« Le 23 au matin, nos positions du fort sont soumises à un bombardement épouvantable. Malgré que les organisations bouleversées successivement par l'artillerie française et par l'artillerie allemande semblent intenables, malgré les pertes qui ont réduit les effectifs, le 129e de ligne s'accroche au terrain qu'il a gagné avec une extraordinaire ténacité. En vain, l'ennemi multiplie ses attaques d'infanterie, reprend et redouble le bombardement. Il se heurte à une résistance inébranlable. Il n'y a pas une défaillance. Nulle part l'Allemand ne parvient à mordre, et quand dans la nuit du 23 au 24, la 10e brigade d'infanterie est relevée, elle n'a pas perdu un pouce du terrain qu'elle avait enlevé.

« Dans cette lutte acharnée de deux jours, les épisodes héroïques sont légion. Il les faudrait tous citer et tous se ressemblent et combien encore demeurent ignorés. Ce sont des grenadiers acharnés à poursuivre la lutte, qui, dangereusement avancés dans les positions ennemies, font grand massacre d'Allemands avant de rejoindre leurs camarades, font le tour complet de l'enceinte du fort, échappent à l'ennemi et reviennent à leur régiment, des brancardiers magnifiques de calme et de dévouement, d'obscurs soldats sublimes de simplicité.

« Il faut entendre parler les chefs de ces hommes : « J'ai fait 25 campagnes, dit le colonel, commandant d'une brigade, je n'ai rien vu de plus beau que cet assaut. Mes hommes m'ont littéralement ému, surpris d'admiration, si c'était possible. Il n'y a rien de plus beau que nos soldats, que les soldats français. Et ils sont supérieurs à ce qu'ils étaient l'année dernière ; meilleurs aujourd'hui qu'ils ne l'étaient hier. Ils étonnent toujours.

« Je les regardais revenir des lignes, jeunes, vieux, c'était la même allure. L'un portait un casque, un autre s'appuyait glorieusement sur une canne, d'autres avaient de longs cigares à la bouche. Ils étaient chargés de dépouilles opimes. Ils étaient vraiment des guerriers. Ils sont magnifiques. Je les aime. »

« Tous les chefs parlent de même.

« Mais les combats de Douaumont ne sont pas seulement un bel épisode à la gloire de l'armée française. Ils sont un enseignement qui s'impose à l'ennemi lui-même.

« Le 25 février, dans un incident de bataille, les Allemands se sont insinués dans le fort de Douaumont et ils ont prétendu à grand bruit qu'ils avaient emporté d'assaut le pilier angulaire de la défense de Verdun. Depuis, ils se sont usés en vain à vouloir enlever le fort de Vaux, devant lequel ils sont toujours arrêtés.

« Trois mois après, d'un seul élan, parce que le moment était favorable, l'infanterie française reprenait les deux tiers du fort dévasté de Douaumont et obligeait les Allemands à des sacrifices inouïs, hors de proportion avec nos pertes, pour ne pas demeurer sur un échec moral dont ils mesuraient l'étendue.* »

V

De ce qu'elle a été suivie d'une reprise de possession par l'ennemi, la prise du fort de Douaumont n'en constitue pas moins un exploit « magnifique », comme parle le général Mangin, tout en en reportant la gloire à ses troupes, et aussi, comme le dit le *Bulletin des Armées*, « un enseignement qui s'impose à l'ennemi lui-même ».

Le 2 et le 3 juin, l'ennemi finit, après d'énormes pertes, par occuper une tranchée de première ligne entre le fort de Douaumont et l'étang de Vaux, ainsi qu'une partie du village de Damloup et le fossé nord du fort de Vaux.

C'est sur ce dernier que l'effort va s'acharner les jours suivants. La prolongation de la défense d'une position dont il tient les abords, la superstructure qu'il achève d'isoler par ses barrages, exaspèrent l'ennemi. Il veut en finir.

Nous aussi.

Une attaque préparée par nous le 5 se déclenche le 6 à 2 heures du matin. Elle vient échouer sur les barrages d'artillerie, les mitrailleuses et les grenades ennemis. À leur tour, des colonnes alle-

---

* Journal l'*Écho de Paris*.

qui escaladent le fort sont prises sous le feu de nos batteries et dispersées. L'étau se resserre de plus en plus le lendemain. Le 7, à 9 h. 50, Vaux envoie son dernier message. Une nouvelle attaque à l'effectif de trois bataillons est montée dans la nuit du 7 au 8 juin. On espère arriver à temps pour tendre la main à la garnison. Deux bataillons entiers parviennent à la gorge, mais de violentes explosions se produisent à l'intérieur du fort et d'épaisses fumées noires s'en échappent pendant plusieurs heures. La plupart des officiers ayant été tués ou blessés, les hommes reviennent aux tranchées de départ. Le retranchement qui lutte depuis le 1ᵉʳ juin avec une énergie admirable, repousse encore une fois l'ennemi et finit par être pris dans la nuit du 8 au 9 juin. Les Allemands pénètrent dans des décombres*.

VI

Les derniers jours du fort de Vaux. — « Depuis le 2 juin, la bataille se livre sur le fort même, investi, dominé, pénétré en partie par l'ennemi, qui a réussi à se glisser dans les coffres. Le commandant Raynal est enfermé sous terre avec ses 600 hommes épuisés de fatigue, à bout de munitions, privés d'eau, et le télégraphe optique ne fonctionne plus ; Souville ne répond pas.

« Le 3 au matin, un pigeon arrive de Vaux au colombier de Verdun, mais on cherche en vain la dépêche qu'il a dû porter sous son aile ; mal attachée, elle est tombée en route. Que se passe-t-il dans le fort ? Le 4, vers midi, un pauvre pigeon blessé se traîne péniblement jusqu'au gîte. Celui-là apporte une dépêche : « Tenons toujours, mais subissons attaques par les gaz et les fumées très dangereuses. Il y a urgence à nous dégager. Faites-nous donner de suite communication par Souville. C'est mon dernier pigeon. »

« Le dernier pigeon ! Les fils téléphoniques sont depuis longtemps coupés et les signaux ne fonctionnent pas. Le fort est maintenant isolé. Or, le 5, à 3 heures du matin, le poste de commandement de la division voit arriver deux hommes qui, — tout simplement, —

---

* *La victoire de Verdun* : Une bataille de 131 jours.

sont sortis du fort et viennent rétablir la communication. Les signaux vont recommencer à fonctionner, et rien ne sera plus dramatique que ces suprêmes appels du fort. « L'ennemi travaille à partie ouest du fort à constituer fourneau pour faire sauter voûte. Tapez vite avec artillerie. »

« Dix minutes plus tard, il insiste : « Où êtes-vous ? » À 8 heures, n'ayant pas reçu de réponse ou n'ayant pas pu la déchiffrer, il avoue son angoisse : « N'entendons pas votre artillerie. Sommes attaqués par gaz et liquides enflammés. Sommes à toute extrémité. » À 9 heures enfin, ce signal lui est transmis : « Courage ! Nous attaquerons bientôt. » Le fort, tout le jour, attend. Quand la nuit est venue, il donne des signes d'impatience. Le commencement du message qu'il adresse ne peut être compris. La suite est déjà pareille à un adieu et à un testament : il y parle de ses défenseurs au passé...

« Cependant que se passe-t-il à l'intérieur du fort ? Personne ne dort, sauf quelques blessés à bout de forces. Le commandant Raynal, appuyé sur sa canne, fait le tour des couloirs. Il parle peu, il est préoccupé, mais son attitude énergique rassure. « Les officiers, dit un témoin, passaient sans cesse au milieu de nous ; ils avaient leur calme habituel, mais nous sentions que l'heure était proche, car ils examinaient tous les détails. » Un sous-lieutenant du 142ᵉ régiment, qui se bat sur le plateau hors du fort, décrit à un camarade ces terribles journées. « Tout n'était que feu et poussière, et, dans cet enfer, quelques soldats aux aguets empêchaient les masses boches de passer. Leurs attaques se sont renouvelées tous les jours, tantôt frappant ici, tantôt frappant là ; jamais nous ne leur avons cédé un pouce de terrain, tant qu'il y a eu un soldat pour le défendre. Je ne te dirai pas les souffrances que nous avons endurées. Pas d'eau, pas de ravitaillement : ceux qui ont voulu nous en apporter sont restés en route. Il n'y a que les munitions qui ne nous ont pas manqué... * »

---

* Henry Bordeaux, *Revue des Deux-Mondes*.

VII

M. Henry Bordeaux a été également en mesure de publier ce document de source allemande :

« Quartier général des troupes d'assaut, nord-est de Vaux.

« Le 2 juin, à 4 heures du matin, les quatre compagnies d'assaut étaient disposées en demi-cercle à 100 mètres environ autour du fort de Vaux, un fossé qui, large de 10 mètres et profond de 5 mètres, entre ses murs abrupts de grosses pierres carrées, enferme tout l'ouvrage en forme de trapèze irrégulier. À travers l'affreux feu de barrage des Français on n'avait pu traîner jusque sur la hauteur du fort qu'une partie du matériel : des lance-flammes, des grenades à la main, des haches et des cisailles.

∽

« Il s'agissait d'abord de rendre inoffensifs les canons et les mitrailleuses qui, par leur feu enragé rasant le fond du fossé, interdisaient de le franchir pour gagner l'intérieur du fort. L'obstacle principal venait des canons des coffres qui, de leurs étroites embrasures de béton, pouvaient balayer sans merci la courte étendue des fossés. L'accès de chacun des épaulements était interdit par de l'artillerie. Pas un chat n'aurait pu passer.

« Une mitrailleuse qui gênait l'approche est réduite au silence par des grenades à la main. Des pionniers rampent jusqu'au bord supérieur du mur escarpé, introduisent des tuyaux de lance-flamme dans les embrasures. Une flamme de deux mètres chasse la garnison loin des canons.

« Mais le premier coffre n'a été que neutralisé. Pour le prendre, on remplit de grenades à la main un sac à terre, on le laisse glisser le long du mur jusque devant les embrasures et alors on les fait exploser. Vers 17 heures la manœuvre a réussi.

« La garnison ne se rend pas encore. Elle se réfugie dans l'intérieur du fort, auquel elle accède par un couloir profond passant sous le fond du fossé. Impossible ou à peu près de monter des explosifs sur la pente à cause du tir de barrage des Français. Vers 19 heures cependant on pousse plus avant vers la gorge du fort parmi d'énormes débris de béton, en passant devant des coupoles blindées rendues inutilisables.

« Alors le commandant des pionniers veut pénétrer dans l'ouvrage même par le couloir souterrain qu'a suivi la garnison du coffre enfumé. Le lieutenant des pionniers fait sauter une porte avec une douzaine de grenades à la main liées ensemble. Il les assujettissait contre la lourde porte, lorsqu'il entendit derrière celle-ci le chuchotement des Français et le petit crépitement significatif d'un cordon Bickford. Il n'avait donc plus le temps de la réflexion, car en une demi-minute au plus la porte allait sauter du dedans et, dans ce cas, les Français auraient la supériorité morale de l'assaut. Il fallait donc les devancer. Le lieutenant fit signe à ses hommes de se garer, tira le détonateur normal d'une des grenades à la main qui fonctionne en cinq secondes et se jeta au bas de l'escalier pour n'être pas mis en pièces. Il était à mi-chemin quand se produisit une formidable explosion. La charge posée par les Français sautait en même temps que l'autre, sous son action. La pression de l'air lança le lieutenant à quelques mètres plus loin et il reçut dans le dos plusieurs éclats. Ses pionniers se jetèrent en avant dans le couloir, arrivèrent jusqu'à un croisement, mais furent alors reçus par deux mitrailleuses placées à angle droit environ dix pas en arrière, si bien qu'il devint impossible de pousser plus loin. Il fallut patienter toute la nuit. *Il y avait désormais deux commandants du fort de Vaux, un commandant français sous terre, et, au-dessus de lui, un commandant allemand.* Les Français ne pouvaient nulle part sortir la tête sans recevoir aussitôt des balles ou des grenades ; et les Allemands, provisoirement, ne pouvaient avancer.

« Alors trente pionniers profitant des brèches ouvertes dans la maçonnerie, descendent dans le fossé, se font un abri dans l'amoncellement des décombres. Les Français remettent en jeu les mitrailleuses, interdisant la retraite dès que dans le coffre la fumée est dissipée. Dans l'énorme vacarme du feu de barrage allemand tombant à deux cents mètres derrière le fort, les cris ne peuvent se faire entendre à vingt mètres. L'officier qui commande doit faire en agitant sa casquette les signes du télégraphe Morse.

« À 7 heures du matin, le second coffre est pris, la garnison ayant été accablée de grenades à la main. »

Au moment où le commandant Raynal rendit son épée, on estime que, depuis mars, les Allemands n'avaient pas tiré sur le fort et ses abords immédiats moins de huit mille projectiles lourds dans une journée, et le chiffre avait augmenté dans de très fortes proportions les derniers jours. Le fort même était entièrement ruiné par les explosions ; l'entrée normale était obstruée.

Le véritable vainqueur du fort doit être nommé, conclut M. H. Bordeaux, et le récit allemand ne prend pas garde qu'il le cite quand il dit : « Les hommes non blessés, depuis deux jours n'avaient plus une goutte d'eau ». Plus une goutte d'eau, dans les couloirs empoisonnés par la fumée des grenades et par les gaz asphyxiants ! Le véritable vainqueur du fort s'appelle la Soif.

Sinon combien de temps n'auraient pas pu tenir encore les hommes dont la *Gazette de Voss* reconnaît « le courage inouï », qui font dire à la *Nouvelle Presse libre* de Vienne : « Avec une bravoure désespérée et une énergie auxquelles personne ne saurait refuser son hommage, les Français se défendirent pendant des jours entiers ».

VIII

Pendant ce temps, plus à l'Ouest, l'ennemi cherche à s'ouvrir un chemin. La côte de Froide-Terre, la position du village de Fleury et le fort de Souville forment une nouvelle barrière en face des positions de Douaumont et de Vaux, dont la conquête semble autoriser cette nouvelle poussée. Celle-ci s'exerce sur un front restreint — deux kilomètres environ compris entre la côte de Froide-Terre, à l'Ouest, et le plateau de Fleury-Souville, à l'Est.

« Le terrain est constitué par la ligne de faîte dont les sinuosités se développent depuis la cote 388, point culminant du plateau de

Douaumont, jusqu'au fort du Rozellier, en passant par Fleury, Souville et Tavannes.

« Les ondulations successives de cette ligne faîtière ne présentent entre elles que de faibles différences d'altitude, offrant ainsi un terrain d'attaque relativement aisé. Ligne de partage des eaux entre la vallée de la Meuse et celle de la Moselle, elle se trouve, par ce fait même, à l'origine de tous les ravins qui descendent à l'Ouest vers le fleuve et l'Argonne ; à l'Est, vers la plaine de Woëvre et la Moselle (bassin du Rhin).

« Cette ligne faîtière constitue, au point de vue tactique, l'une de nos dernières lignes de résistance en avant de Verdun. En s'en emparant, l'adversaire cherche à « commander » les voies naturelles d'accès orientées des collines mamelonnées des Hauts-de-Meuse vers la vallée*.

S'en emparera-t-il ? La brèche Douaumont-Vaux pourra-t-elle être élargie jusqu'à Souville ? Une autre difficulté se présente, causée par un quatrième point d'appui, le fort de Tavannes. De même que celui de Souville, établi en arrière de Vaux, dans l'alignement de Douaumont, commande l'arrière-terrain Douaumont-Vaux, de même le fort de Tavannes, placé comme Vaux en saillant et dans l'alignement de Vaux, commande l'avant-terrain de la ligne Vaux-Souville. Pour gagner Souville et surtout pour en tirer parti, il est, par conséquent, utile de neutraliser tout au moins Tavannes. Et c'est ainsi que de fil en aiguille, on s'aperçoit que la prise si vantée, le 25 février, de Douaumont, pilier angulaire de la défense de Verdun, n'a de valeur que si elle est suivie de la prise de l'autre pilier, celui de Souville, soutenu par le fort de Tavannes. Pour mettre Verdun véritablement en danger à l'Est, il faut l'enlèvement non pas seulement d'un ou de deux points, mais de tout un front. Il est clair qu'en y mettant le temps et les tués, l'entreprise est réalisable. Le tout serait de savoir combien il faut de temps et combien de tués. C'est la nouvelle étape à franchir. La ferme de Thiaumont prise le 1er juin est reprise le 2. Bombardée les jours suivants, elle est l'objet, le 8, d'une grande

---

* Colonel XXX... (journal *le Gaulois*).

attaque qui s'étend sur tout le ravin de la Dame. Le 9, l'ennemi l'occupe. Jusqu'au 13 juin l'ouvrage de Thiaumont tient*.

IX

Cependant le temps presse. La tempête s'amasse hors de France. L'ennemi veut conquérir un triple objectif : l'ouvrage de Froide-Terre à l'Ouest, le village de Fleury au centre, le fort de Souville à l'Est. Les avantages chèrement achetés à Thiaumont, à Douaumont, à Vaux donnent une base de départ.

Le 21 juin, bombardement intense et pluie de gaz asphyxiants — plus de 100 000 obus. Le 22, assaut général. Le corps bavarois, composé de 5 régiments, a pour objectif d'abord l'ouvrage de Thiaumont, puis celui de Froide-Terre. Le corps alpin doit s'emparer du village de Fleury. La 103e division marchera sur Souville. Thiaumont, ou plutôt ses ruines, tombe aux mains de l'ennemi dont quelques fractions s'aventurent jusqu'à battre les murs de Froide-Terre où les balaye une contre-attaque immédiate. Au centre, le village de Fleury est débordé. En revanche, échec complet de l'ennemi sur Souville.

La journée a été dure. Celles qui suivent nous rendent une partie du terrain perdu. Nos soldats ont entendu l'appel que le 23 le général Nivelle leur a adressé :

« L'heure est décisive. Se sentant traqués de toutes parts, les Allemands lancent sur notre front des attaques désespérées dans l'espoir d'arriver aux portes de Verdun avant d'être attaqués eux-mêmes par les forces réunies des Armées alliées.

« Vous ne les laisserez pas passer, mes camarades.

« Le pays vous demande encore cet effort suprême. L'armée de Verdun ne se laissera pas intimider par les obus et cette infanterie allemande dont elle brise les efforts depuis quatre mois. Elle saura conserver sa gloire intacte ».

Elle la conserve en effet. Mieux encore, elle l'agrandit. Dans le

---

* *La victoire de Verdun* : Une bataille de 131 jours.

ravin des Fontaines, nous consolidons notre ligne. Sur Froide-Terre, nous progressons. Dans Fleury, nous gagnons toute la partie est du village. Si l'ouvrage de Thiaumont après avoir passé de mains en mains nous a échappé, le *Times* peut écrire :

« L'ennemi a mis 104 jours, pour se frayer un chemin à travers les quatre kilomètres qui séparent le fort de Douaumont du fort de Vaux. Et au prix de quels efforts ! Sur les collines et dans les bois au nord et à l'ouest de la position, les canons allemands étaient si nombreux qu'ils se touchaient presque. Comme le disait un officier de la région de Verdun, ce n'est pas contre des batteries, mais contre des parcs d'artillerie que les Français devaient combattre. Malgré cet énorme déploiement de pièces à feu, le fort de Vaux a repoussé pendant 90 jours des attaques directes et a fait subir aux Allemands des pertes formidables. Et la position que les Allemands ont capturée ne les rapproche pas plus de leur but que ne l'a fait la prise du fort de Douaumont, à moins qu'ils ne soient à même de faire des sacrifices d'hommes qui paraissent impossibles. Le nombre des morts allemands au cours de la bataille de Verdun constitue déjà une victoire pour les Français au point de vue strictement militaire. Les Allemands peuvent être poussés par les nécessités de leur situation à essayer d'enlever le nouveau saillant français Tavannes-Souville-Froide-Terre — ligne de résistance très forte — afin de gagner, s'ils le peuvent, une victoire morale éphémère au prix d'un réel épuisement permanent et du déclin de leur force militaire. Les Allemands savent qu'à l'été et à l'automne de cette année, les usines de guerre françaises atteindront, si même elles ne surpassent pas, la production des usines allemandes en ce qui regarde les pièces de gros calibre. Ce fut une des raisons de leurs opérations contre Verdun ; ils voulaient porter à leur adversaire un coup fatal avant que l'effort industriel franco-anglais arrivât à se faire sentir sur le champ de bataille. Leur coup a été livré ; mais le fantassin français a su se maintenir sous son ébranlement. »

PÉRIODE DU 1ᵉʳ JUILLET AU 15 OCTOBRE

I

La bataille se ralentit. — Dès juillet, avant même l'offensive de Picardie, l'effort allemand semble décroître. La résistance est moindre. Si l'ennemi parvient à rentrer dans l'ouvrage de Thiaumont perdu par lui le 1ᵉʳ, il en est chassé dès le lendemain, et ne peut pas en déboucher les jours suivants. Comme une bête féroce dans sa cage, il se retourne en vain contre les barreaux figurés par les barrages infrangibles. Avec quelle puissance d'effectifs n'attaque-t-il pas nos positions de Souville et de Froide-Terre ! S'il réoccupe, le 3, l'ouvrage de Thiaumont, si le 12 il rentre dans la batterie de Damloup, son avance dans Vaux-Chapitre ne lui rapporte qu'un peu de terrain aux abords de la Chapelle Sainte-Fine. Souville, une des principales clefs de Verdun, résiste. Ainsi donc, le 11, le général Nivelle a pu s'adresser avec confiance, en ces termes, aux troupes de la deuxième Armée :

« Soldats de Verdun,

« Vous avez répondu à l'appel qui vous était adressé. Grâce à votre héroïque ténacité, l'offensive des Alliés a déjà franchi de brillantes étapes... et les Allemands ne sont pas à Verdun !

« Mais notre tâche n'est pas achevée. Aucun Français n'aura droit au repos tant qu'il restera un ennemi sur le sol de la France, de l'Alsace et de la Lorraine.

« Pour permettre à l'offensive des armées françaises et alliées de se développer librement et d'aboutir bientôt à la victoire définitive, vous résisterez encore aux assauts de nos implacables ennemis qui malgré le sacrifice d'un demi-million d'hommes que Verdun leur a déjà coûté, n'ont pas renoncé à leurs vains espoirs.

« Et, non contents de résister, vous mordrez encore et sans cesse pour retenir devant vous par une menace continuelle le plus possible de forces ennemies, jusqu'à l'heure prochaine de l'offensive générale.

« Le passé répond de l'avenir. On ne vous verra pas faillir à votre mission sacrée et vous acquérez ainsi de nouveaux titres à la reconnaissance du pays et des nations alliées. »

II

Dans les derniers jours du mois de juillet, nous réalisons des progrès dans le secteur de Fleury, où nous faisons près de trois cents prisonniers, et nous progressons sensiblement à l'ouest de l'ouvrage de Thiaumont. Dans les premiers jours d'août le même ouvrage est l'objectif d'opérations résumées par ce récit du *Bulletin des Armées* :

La prise et la défense de Thiaumont. — « Le généralissime est venu passer en revue, entre Verdun et Bar, une brigade. Une brigade ! Oui, mais c'est la brigade où généralement, avec un magnifique accent de Languedoc, chacun vous dit : « C'est nous qui avons pris et défendu Thiaumont ! »

« La 61e brigade a, en effet, pris et défendu Thiaumont, appuyée par des éléments de sa brigade sœur, la 62e, du 2 au 8 août, et écrit une des pages glorieuses de la glorieuse bataille de Verdun.

« Lorsque je dis aux hommes de la 61e brigade que j'ai connu un ouvrage de Thiaumont avec des murs, des portes, des fenêtres et même des plafonds, ils me regardent avec de grands yeux et je passe pour avoir appartenu à un âge préhistorique. Thiaumont, c'est une « expression géographique » — ou presque. *Ubi Troja fuit*, disait mélancoliquement Énée à la reine Didon.

« En fait, j'ai beaucoup fréquenté Thiaumont. On y a une belle vue de Woëvre, et c'est précisément pourquoi la crête de Thiaumont est disputée avec acharnement à l'ennemi et par l'ennemi. Par ailleurs, la ligne de crête relie deux grands mouvements de terrain, la côte de Froide-Terre à gauche — en regardant la Woëvre — et le grand éperon qui aboutit à Fleury. Entre ces deux mouvements se creuse le ravin des Vignes qui détache vers Thiaumont et vers Fleury deux grandes branches se subdivisant elles-mêmes en rameaux secondaires. Le 1ᵉʳ août, les Allemands tiennent la crête de Thiaumont et une partie du ravin des Vignes. Le 31 juillet, une attaque du 96ᵉ, portée la veille en ligne, tandis que le 81ᵉ s'apprête à le rejoindre, a été brisée par des feux de mitrailleuse, et le 1ᵉʳ août, à l'aube, il a dû repousser une attaque allemande. Le 2 août, le 96ᵉ, tout à fait installé dans le secteur, occupe la crête Froide-Terre-Thiaumont et le ravin des Vignes. Les troupes sont pleines d'ardeur : ce sont presque tous gens de Languedoc, et le Midi aspire à bouger.

« Après une sérieuse préparation d'artillerie, le 2ᵉ bataillon se porte à 14 heures à l'attaque — l'ardeur n'excluant pas le bon ordre. Une heure après les vagues successives avaient enlevé et englouti la tranchée des Trois Arbres, en dépit des mitrailleuses ennemies installées sur la crête de Fleury : cent prisonniers, dont deux officiers, avec trois mitrailleuses restaient dans nos mains. Et comme cela m'est raconté, un soldat intervient avec l'accent de sa province : « Et tu ne parles pas des morts ! » C'est à la prise de cette tranchée que le lieutenant M... a enlevé littéralement sa section, l'a jetée tout entière sur l'ennemi. Ce jour-là, on vit soudain surgir un revenant : le lieutenant L... Fait prisonnier par les Boches quelques heures avant dans un trou où l'avait isolé un tir de barrage et où l'ennemi l'avait trouvé enterré, il avait dû suivre ses gardiens un peu en arrière avec le fourrier B... — Mais avec esprit de retour : car, un tir de notre artillerie ayant mis un peu plus tard quelque désarroi parmi ceux-ci, il avait, d'un clin d'œil, donné le signal au fourrier B... et soudain deux bons coups de semelles à clous sur deux faces de Boches avaient fait voir à ceux-ci trente-six mille chandelles et permis aux deux prisonniers de rejoindre nos lignes entre deux feux assez coquets de mitrailleuses. Moralité : faites mettre des clous à vos semelles. Et le lieutenant a si bien profité de son petit séjour en arrière des Boches, qu'il peut (j'ai vu le rapport) désigner à nos feux des emplacements de mitrailleuses et de canons, dont notre artillerie lourde, une heure après, ne fait qu'une bouchée. Autre moralité : n'ayez pas des yeux pour ne pas voir.

« Le 3 août est la grande journée du 81ᵉ. Maître de la tranchée des Trois Arbres, il doit sauter sur le Dépôt, à 300 mètres de l'ouvrage de Thiaumont et la batterie sud du dépôt. Deux groupes d'attaque sont formés sous les ordres, l'un du commandant F..., l'autre du commandant B... Notre artillerie a si bien marmité la position que sur toutes les pentes du ravin des Vignes, des Boches sont tapis dans les trous, séparés de leur corps par nos barrages — si bien que lorsque, soudain, l'artillerie cesse son tir de préparation, nos troupes, déjà en mouvement pour l'assaut, voient descendre de tous les ravineaux aboutissant au ravin, des petites troupes à la file indienne sans armes et levant les mains : bref, toute une *kamaraderie*. « On aurait dit des ruisseaux descendant vers un vallon après un orage », dit un témoin.

« La vue de ces « *Kamarades* » électrise nos hommes. Ils se jettent sur le dépôt, l'enlèvent, le dépassent, grimpent vers la crête de Thiaumont, l'occupent, la franchissent, submergeant les débris de l'ancien ouvrage. Quelques moellons effrités, roulés de tous les côtés comme par un tremblement de terre, quelques fers tordus, et quelques casemates souterraines littéralement pleines, à ne pouvoir y entrer, de cadavres boches. Voilà « l'ouvrage de Thiaumont », après des semaines de marmitage. Mais n'importe : le capitaine V... est nommé pompeusement « commandant d'armes de Thiaumont ». Fleury a, cependant, été en partie occupé. Tout va bien.

« Cette journée du 3 août a vu chacun faire l'impossible. J'ai lu les citations, je suis obligé de choisir presque au hasard. Les officiers se sont à ce point prodigués que, le soir, les plus hauts manquent à l'appel. Le sous-lieutenant M... a fait l'admiration de ses hommes en les jetant — transportés par son ardeur communicative — à l'assaut, chargeant le premier. Mais le soldat D... n'a pas moins contribué que lui à entraîner ses camarades : « Allons les enfants, il faut y aller — et en avant ! » Le soldat D... voyant un groupe d'Allemands faire le simulacre de se rendre pendant qu'un autre groupe tirait sur les nôtres, saisit un fusil mitrailleur dont le tireur vient de tomber et, debout, à bras francs, exécute un tir violent qui jette le désarroi. Le soldat V... saute le premier dans une tranchée que l'ennemi vient d'évacuer précipitamment, ramasse les grenades abandonnées par lui, les renvoie aux Boches à leur grand dommage et se fait tuer en combattant ainsi le Boche avec ses propres armes. Le soldat J... en a trouvé tellement, de ces grenades, qu'il fait entre ce dépôt découvert par lui et ses camarades la navette en leur apportant ce *nanan* et est blessé dans une de ces allées et venues. Car des blessés tombent. L'abbé D..., aumônier brancardier, se prodigue, il se prodiguera ainsi pendant toute cette semaine de combats, « se montrant à la hauteur de sa tâche de soldat et de religieux, en réconfortant, sous l'action d'un bombardement, les blessés et les mourants ». Et que de vertu touchante ! Le soldat F..., blessé très grièvement à la face, demande qu'un camarade, qu'il estime plus cruellement atteint, soit pansé avant lui. Le caporal D... tombé blessé criait : « Laissez-moi. Continuez à marcher ! » Le rapport vante l'initiative des unités de combat. C'est en « s'accrochant à l'ennemi en désordre » (quelle belle leçon !) que les 6e et 7e compagnies se sont fait en quelque sorte entraîner par lui sur la crête.

« Les agents de liaison sont admirables : les chefs ne cessent de répéter combien ils le sont tous dans ces mêlées ; certains font, à travers des tirs de barrage terribles, des allées et venues dont chacune semble mortelle. Et ils ne demandent qu'à les multiplier entre les P. C. et le front.

« Le 122e, à gauche du 96e, l'appuie et ce sont aussi de beaux traits. Les lieutenants F... et B..., l'un officier de réserve, l'autre officier des douanes, sont si magnifiques que leur colonel est encore tout ému en m'en parlant. Le colonel veut savoir si Thiaumont est décidément à nous : « B..., rendez-vous-en compte ». Le lieutenant B... estime sans doute qu'on n'est jamais mieux servi que par soi-même et puis c'est mission périlleuse : il l'assume et va tranquillement dans la tourmente voir si Thiaumont est aux mains du régiment voisin. Mais l'aventure héroïque est celle du brave petit soldat L... qui a l'air presque gêné de me la raconter, tournant son képi dans ses mains. Il est agent de liaison : des Boches s'étant infiltrés par les trous d'obus, il tombe sur sept ennemis qui le saisissent, lui arrachent son équipement et le mettent avec eux dans le trou. Lui, cependant, ne perd pas le nord et, guettant, aperçoit soudain deux camarades, autres coureurs qui vont se précipiter dans le guêpier : il se dresse et crie : « Voilà les Français ! » Les Boches prennent peur, se rendent aux trois coureurs qui leur font jeter loin leurs armes. Ces nouveaux venus vont chercher du renfort. L... reste gardien de ses gardiens de naguère. « Je les avais convaincus *presque*, me dit-il, qu'ils étaient prisonniers. » Deux cependant se débinent. L... mène le reste au P. C. J'ai tout lieu de penser que L... est actuellement chevalier de la Légion d'honneur.

« Revenons au 96e ; il lui faut, dans la nuit du 3 au 4, soutenir les contre-attaques : les Allemands qui ont repris une partie de Fleury, prennent de flanc les gens de Thiaumont. Ce sont encore de rudes moments. Et le 96e est fatigué, entamé. Il recule légèrement tout en gardant l'ouvrage. Il est relevé par le régiment frère : le 81e.

« J'ai lu un récit alerte et pittoresque d'un normalien qui est probablement l'un des plus jeunes capitaines de l'armée, écrit d'une plume trempée dans le soleil de son Midi. J'aimerais qu'il fût publié. Il nous montre le régiment roulant allègrement vers Verdun, séjournant dans les ruines de la ville martyre, y apprenant dans un délire de joie la prise, par les copains du 96e, de Thiaumont. Tout cela sera, j'espère, imprimé. Ils arrivent sur le terrain : « Seuls l'ouvrage de Thiaumont et ses abords ont victorieusement résisté et forment, au matin du 4, un énorme saillant ayant à sa droite une vaste poche aboutissant à Fleury. Il faut à tout prix combler cette poche, rétablir la ligne. À son frère d'armes (du 96e) le 81e de continuer son œuvre glorieuse, de reprendre ce qu'il a cédé, non sans honneur et de s'organiser assez solidement pour arrêter toute contre-attaque nouvelle. »

« Mission difficile : les Allemands, surpris le 3, se sont ressaisis ; il leur faut Thiaumont ; ils y mettront le prix. Quatre jours le 81e sera en butte à de formidables attaques après d'effrayants bombardements. « Ce n'est plus du marmitage, c'est du pilonnage, écrivent les hommes. Ça pilait les pierres, la terre, les cadavres ! » C'est la bataille de Verdun. Sans hésiter, écrit le capitaine C..., les deux compagnies s'avancent par un court boyau, puis à 250 mètres de leur objectif, débouchent et se déploient avec rapidité. Un nid de mitrailleuses, situé à mi-pente au sud de la route de Fleury-Bras, les fauche impitoyablement...

« Néanmoins le mouvement continue et la poignée de héros s'installe sur l'emplacement indiqué. La mission est remplie. La poussée française va recommencer, mais ce ne sera plus la ruée impétueuse, inattendue, balayant tout sur son passage. Les Allemands sont maintenant sur leurs gardes. Il faudra progresser lentement, pas à pas, mais d'une façon non moins irrésistible. À la tombée de la nuit, les 5e et 7e compagnies sont lancées en avant. La 7e relève la 6e, la dépasse et, arrêtée par les mitrailleuses, se cramponne au terrain ; 100 mètres plus avant à sa gauche, la 5e, suivant le vaisseau central de la branche gauche du ravin des Vignes, se dérobe aux vues des mitrailleurs ennemis et réussit à s'installer à leur hauteur.

« Alors les Allemands entreprennent d'écraser ces héros. Le pilonnage recommence, terrible ; il dure toute la journée du 5.

« Nos poilus bravent dans leurs trous d'obus le martèlement des 210. »

« Le 6, les 1re et 2e attaquent sous un feu de mitrailleuses terrible ; elles progressent encore, mais avec des pertes cruelles. Et cependant, le 7, la *poche* entre Thiaumont et Fleury est comblée. « La ligne Thiaumont-Fleury, écrit fièrement l'historiographe du 81e, est redevenue française. » Nouveau pilonnage boche, terrible. Puis ce sont de formidables attaques. Des officiers tombent. Le Sergent B... écrit au commandant : « Mes officiers sont tués ou blessés, je prends le commandement de la compagnie. Nous tiendrons jusqu'au bout. Envoyez-moi un officier. » Héroïsme et modestie. À travers un ouragan d'obus et de mitraille, les agents de liaison continuent leurs courses. L'un d'eux, le soldat B..., la mâchoire fracassée et inondé de sang, trouve le courage de griffonner sur un fragment de carte le renseignement qu'il apportait. « Chargé d'un message demandant en hâte des munitions pour le ravitaillement d'un ouvrage menacé par l'ennemi, dit la citation, a tenu à rapporter lui-même ces munitions ; blessé à la figure par un éclat d'obus, s'est traîné jusqu'à son chef de bataillon, auquel ne pouvant parler, il a indiqué par écrit l'endroit où il avait dû laisser ces munitions. » Quels commentaires seraient à la hauteur de cette citation. Ah ! les braves ! les braves !

« Le 8 fut la journée terrible : marmités, mitraillés, pilonnés, attaqués, les bravos du 81 e se défendent. L'artillerie ennemie écrase Thiaumont. « La garnison de Thiaumont se fait tuer sur place », dit simplement le rapport. Quand je visitais Thiaumont, je lisais sur la porte : *se faire tous tuer plutôt que de se rendre*. Il y a longtemps que l'inscription a disparu avec la porte. Mais elle était gravée dans le cœur du 81e.

« La crête est « hérissée » maintenant de tirailleurs boches ; l'Allemand attaque en forces sur toute la ligne. Les compagnies sont submergées. Elles repoussent çà et là, reconduisent l'ennemi. Il faut céder sur certains points. L'officier de la section de mitrailleuses emporte sa pièce sur son dos. Mais à droite, le bataillon P... résiste. Un fusilier mitrailleur St-M... défend soûl aux Allemands pendant des heures le débouché d'un ravineau. Le ravin des Vignes disparait dans un nuage de poussière et de fumée. Le P. C. du colonel, défoncé par un 210, prend feu. Le 81e tient forme, mais l'heure est venue de le relever. La ligne est ébréchée, mais sur ces brèches — les témoignages sont unanimes — les corps allemands s'entassent comme des meules.

« Le sang des enfants du Languedoc a coulé à flot, mais leur héroïsme s'est tellement dépensé que, devant trop de citations, je n'en choisis qu'une : caporal M... : « Le 8 août, une attaque allemande de grande puissance s'étant déclenchée, s'est porté seul au devant d'une section ennemie, a terrassé l'officier qui la commandait et l'a ramené prisonnier. Blessé de deux balles au bras gauche, a assuré avec son bras valide le ravitaillement en munitions de sa compagnie, n'a consenti à quitter la ligne de feu pour se faire panser qu'une fois l'attaque repoussée. »

« Il y a, de ce style, 20 citations. L'abbé S..., aumônier du 81e, me dit : « Ils ont tous été admirables ». Et je suis sûr qu'il s'oublie lui-même, car il l'a été. « Les braves garçons ! » dit-il d'une voix tremblante. Et le 81e est parti le 9 août ayant autant dépensé à défendre Thiaumont que son régiment frère en avait mis à le conquérir. Il emportait l'admiration de l'armée de Verdun.

« Quant à Thiaumont, l'ayant pris et repris trois fois, nous savons bien qu'on ne lui dit jamais : « Adieu », mais : « Au revoir ».

Pendant tout le reste de l'été, sur les deux rives de la Meuse, les actions d'infanterie continuent à diminuer sensiblement en intensité et en importance d'effectifs engagés. La physionomie générale de la bataille se modifie dans le sens d'une initiative plus fréquemment prise par nous et, presque toujours heureusement.

III

La « Sidi-Brahim » à Fleury.— (*Récit d'un témoin*). — « Les 23, 24, 25 et 26 septembre 1845, une poignée de carabiniers du 8e bataillon de chasseurs, retranchés dans le marabout de Sidi-Brahim, autour d'un drapeau tricolore fabriqué par le caporal Laveyssière avec des lambeaux de chemise, de ceinture et de cravate, résista aux assauts des 8000 Arabes d'Abd-el-Kader ; onze de ces braves, perçant la foule des ennemis, réussirent à s'échapper, à la suite du clairon Rolland.

« Ce magnifique fait d'armes est la gloire des bataillons de chasseurs, qui en ont fait l'objet de leur fête annuelle. Les chasseurs de 1916 n'ont pas dégénéré de leurs anciens.

« Dans la nuit du 24 septembre, le...^{e} bataillon alpin, commandant Raoult, montait en ligne, entre Thiaumont et Fleury. C'était sa première relève dans ce secteur fameux. Il arrivait des Vosges.

« L'Alsace est une bonne école du soldat ; on y prend le goût de se battre en terre reconquise. C'est ainsi que le bataillon arrivait à Verdun, résolu à y soutenir sa réputation et à ne pas céder un seul pouce d'un sol qui coûte si cher.

« Prendre les tranchées, à Verdun, c'est une façon de métaphore. Ce qu'on appelle les « positions », dans ce terrain fracassé, surmené, est constitué par une suite de trous, par les cratères des « marmites » vaguement reliés par des boyaux et servant d'abris à des petits postes. Les eaux des pluies récentes s'amassent dans ces cuvettes et y rendent la vie pénible. Une mare boueuse coupait le front du bataillon. Des brancardiers, passant par là, la première nuit, s'y enlisèrent jusqu'au cou. Du reste, nulle défense accessoire, pas un soupçon de fil de fer ; en face, les Allemands, à trente mètres. Il n'y a, entre eux et la France, que l'épaisseur de la poitrine des chasseurs.

« Le bombardement commença dans la matinée du 25 ; un

bombardement lent, à la cadence d'un coup toutes les cinq minutes, et provenant de deux batteries de gros calibre. Un des premiers obus, à 9 heures, tua net le sous-lieutenant Chavent, de la compagnie de mitrailleuses. Bientôt, le commandant reconnut que les coups, tombant tous sur le même secteur, encadraient un quadrilatère d'environ trois cents mètres de large sur cent cinquante de profondeur, détachant nettement comme objectif le front de deux compagnies. Un avion corrigeait le tir. Pas de doute, on avait affaire à un réglage. Une attaque se préparait. Le commandant Raoult fit avertir ses compagnies de s'apprêter à la recevoir.

« L'attaque se produisit dans la nuit. Brusquement à 21 heures, le rideau de feu s'abaissa, entourant d'une herse d'éclatement la zone dessinée par le tir de la journée. Les 1re et 2e compagnies sont isolées de leurs voisines par deux murs de mitraille, coupées de tout secours de l'arrière par un barrage, martelées sur leur front par une grêle de shrapnells et de percutants. Autour du poste du commandant les deux abris du téléphone et des hommes de liaison sont en flammes. Une fumée épaisse empêche de se voir. C'est la « préparation », le coup de bélier avant l'assaut.

« Tous les chasseurs connaissent de longue date ces phases classiques de l'attaque : c'est l'A B C du métier. Chacun est à son poste, guettant à travers les ténèbres le moment où le tir s'allonge et où l'ennemi, accourant derrière les obus, va monter à l'assaut. Déjà, la première vague rampant, progressant de trou en trou, arrive au bord de la tranchée et y jette ses grenades ; on distingue derrière elle les baïonnettes des tirailleurs.

« Aussitôt le combat commence ; combat rapproché d'homme à homme, magnifié par le geste superbe du grenadier. Un chasseur à genoux puise dans une musette, prépare les grenades et les passe à son camarade ; le grenadier debout, la jambe gauche en avant avec une torsion admirable du buste, lance l'œuf enflammé. Mais le combat se prolonge, on va manquer de munitions ; qu'à cela ne tienne, des volontaires traversent le barrage et viennent, chargés de caisses de projectiles, ravitailler la ligne, cependant que sur la droite, un groupe de chasseurs, insouciants du danger, voyant l'ennemi chancelant, montent sur le parapet, et sans cesser de cribler les fuyards de grenades entonnent la *Sidi-Brahim* :

> *Et si notre ennemi s'avance,*
> *Sus à l'ennemi de la France...*

« C'était précisément l'anniversaire du 25 septembre, les chasseurs illustraient leur fête par une victoire.

« Enfin, notre barrage se déclenche. Les Allemands regagnent leurs tranchées en désordre. Une seconde attaque échoue comme la première. Nouvelle tentative le lendemain ; elle avorte comme les précédentes. Une quatrième dans la soirée du 27 ne parvient pas à déboucher. Le reste de la semaine fut tranquille. L'ennemi se le tenait pour dit et nous laissait la paix.

« Cet épisode est un de ceux dont se compose la vie quotidienne à Verdun. Avancer de trente ou quarante mètres, c'était pour les Allemands dépasser une croupe et s'emparer de vues précieuses sur les ravins en arrière de nos lignes ; ce progrès insignifiant pouvait être gros de suites fâcheuses. Sans doute, les chasseurs n'en savaient pas si long. Ils savent que les chasseurs ne reculent pas, et cela suffit.

« Le succès, dans ces circonstances, repose sur la valeur morale de la troupe ; il est fait d'une collection d'actes individuels. Le champ de bataille se décompose en petits foyers de bravoure. Le vainqueur, en définitive, c'est l'âme du soldat. C'est le chasseur Camille, qui, au moment de l'attaque, voyant le poste voisin écrasé par un obus, quatre hommes tués du coup, vient prendre spontanément leur place et bouche la brèche dans la ligne. C'est le caporal Menviel, mitrailleur, qui, afin de tirer plus à l'aise, hisse sa pièce sur le parapet et ouvre le feu à découvert. C'est le téléphoniste Lefebvre qui, son abri démoli et son appareil hors d'usage, crie : « Je me tourne les pouces, ici ! », demande un fusil et court se battre. C'est l'infirmier Barrieul qui, félicité d'avoir fait quinze pansements sous le feu, répond : « Il n'y a pas de quoi, mon lieutenant ; c'est le métier ! »

« Le lendemain de l'attaque, dans un vibrant ordre du jour, le commandant du bataillon exprimait à ses troupes sa satisfaction :

« On ne pouvait mieux, dit-il, célébrer la Sidi-Brahim ». Ce mot peut servir de morale à ce récit. Peut-être les chasseurs avaient-ils, en effet, oublié leur anniversaire. Peut-être, en repoussant les Boches aux accents de leur refrain fameux, étaient-ils bien loin de penser à ce qui se passait, il y a 71 ans, devant le marabout d'Afrique ; ils renouvelaient, à leur manière, le geste du caporal Laveyssière et du clairon Rolland. Leur chanson leur revenait aux lèvres. Et c'est de telles actions qu'est faite une tradition. »

La dernière action à signaler de quelque importance dans cette saison est du 29 septembre. Cette fois l'ennemi a attaqué sur le front Thiaumont-Fleury. Il s'est replié sous nos feux de mitrailleuses et nos tirs de barrage.

Puis, jusqu'à la mi-octobre s'espacent les bulletins qui renseignèrent sur le front de Verdun, pendant tant de mois, la France haletante. C'est vers le Nord de notre pays, non plus vers l'Est, que se portent nos yeux devant le libellé des communiqués quotidiens. La Somme fait tort à la Meuse.

L'heureux développement de notre offensive picarde aura été la première conséquence visible de notre résistance prolongée à Verdun. Si du 1er au 3 juillet, l'ennemi n'a pas pu opposer assez de troupes à l'élan furibond des troupes du général Fayolle, c'est Verdun qui nous le vaut.

Les chiffres sont là.

L'Allemagne avait groupé en face de notre grande forteresse des forces importantes où notre feu a créé des vides sensibles. Dans les premiers mois de la campagne, le colonel X..., du *Journal*, pouvait dire :

« Des trois corps engagés sur le plateau de la rive droite, deux (XVIIIe et IIIe) ont été tellement éprouvés qu'il a fallu les remplacer. On leur a substitué, dans le secteur Douaumont-Vaux, quatre divisions : la 113e, la 58e, la 121e et la 19e de réserve (celle-ci vient d'Alsace ; la 113e vient de Lorraine).

« En même temps, sur la rive gauche de la Meuse, il a fallu appeler le Xe corps de réserve. Ceci est d'autant plus intéressant qu'à l'automne ce corps était en soutien derrière l'armée d'Artois. On peut donc admettre que, dans une certaine mesure, il s'est fait un déplacement de forces d'Artois vers la Meuse. Ce corps a eu une de ses divisions complètement abîmée ; elle est maintenant au repos ; l'autre, la 22ᵉ, tient le front en face de Cumières.

« Ainsi les Allemands ont engagé : 1° quatre corps de choc, aujourd'hui très abîmés ; 2° la partie disponible de l'armée du Kronprinz ; 3° la valeur de trois corps retirés d'autres parties du front français. Ajoutez-y une division venue de Russie. »

TROISIÈME PHASE : LA REPRISE DES FORTS ET DE POSITIONS

Douaumont. — Préparation méthodique. — Magnifique élan des troupes. — Le ravin de la Dame. — La division coloniale du Maroc à la conquête de Douaumont. — Les exploits de la 11e Cie du .... — Du côté allemand. — Fort et village de Vaux. — Notes d'un témoin militaire. — La journée du 15 décembre et ses résultats.

DOUAUMONT.

I

Le 17 octobre, le Kaiser est au quartier général. Il adresse à la division brandebourgeoise ces paroles :

« Depuis ma dernière visite, des jours difficiles se sont écoulés, et plus d'un qui alors m'avait regardé dans les yeux repose aujourd'hui sous la terre humide. Ils font partie maintenant de la grande armée des morts, mais ils ne seront pas tombés en vain. Ils ont donné leur vie pour une grande cause et resteront à jamais dans notre mémoire. Nous autres, vivants, nous continuerons à nous battre jusqu'à ce que personne n'ose plus jamais porter la main sur notre honneur et sur notre liberté. »

Le général von Lochow, commandant de la division brandebourgeoise, répond en exprimant le désir que le souverain puisse bientôt donner le signal d'une nouvelle attaque, qui contribuera encore à augmenter son auréole de gloire comme chef des armées allemandes. « Nous combattrons et lutterons jusqu'à la dernière goutte de notre sang, parce que nous devons vaincre et nous vaincrons », conclut le général.

Le signal de cette nouvelle attaque a bien été donné à peu de jours de là, le 24, mais c'est par nous.

Le communiqué français de ce jour-là dit :

« 23 heures. — Sur le front de Verdun, après une préparation d'artillerie intense, l'attaque projetée sur la rive droite de la Meuse a été déclenchée à 11 h. 40. La ligne ennemie, attaquée sur un front de 7 kilomètres a été crevée partout sur une profondeur qui, au centre, atteint 3 kilomètres.

« Le village et le fort de Douaumont sont en notre possession.

« À gauche, nos troupes, dépassant l'ouvrage et la ferme de Thiaumont, se sont emparées des carrières d'Haudremont et se sont établies le long de la route qui va de Bras à Douaumont.

« À droite du fort notre ligne passe au nord du bois de la Caillette, longe la lisière ouest du village de Vaux, la lisière est du bois Fumin et continue au nord ,du bois Chénois et de la batterie de Damloup.

« Les prisonniers affluent ; le nombre décompté jusqu'à présent atteint 3500, dont une centaine d'officiers. Le matériel capturé n'a pas encore été dénombré. Nos pertes sont faibles. »

Quelle journée ! Douaumont reconquis, Douaumont « pierre angulaire de la défense de la plus puissante forteresse du principal ennemi » ! Douaumont dont la prise de possession avait coûté à l'ennemi de si effroyables sacrifices !

Et ce ne sont pas seulement le fort et le village redevenus français, mais bien toutes les positions comprises entre Fleury et la région au nord de Douaumont. Ce n'est pas tout. Sur l'ouvrage et la redoute de Thiaumont, si chèrement disputés il y a quatre mois, flottent nos trois couleurs ainsi que sur les tranchées du bois de la Caillette dont la perte nous fut si cruelle.

La victoire avait été savamment préparée.

Depuis quelques jours, l'armée du général Nivelle s'était renforcée de plusieurs divisions d'infanterie. L'artillerie avait reçu l'ordre d'installer de nouvelles batteries. L'aviation avait eu, de son côté, pour mission de repérer très exactement l'emplacement des batteries ennemies et des points de rassemblement, reprise d'activité qui n'avait pas échappé aux Allemands, lesquels avaient essayé par tous les moyens de savoir ce que les travaux entrepris par nous signifiaient.

Les troupes désignées pour l'attaque appartenaient à 3 divisions qui déjà connaissaient le secteur où elles avaient opéré précédemment.

C'était, de la gauche à la droite, la division du général Guyot de Salins, renforcée à gauche du 11e régiment d'infanterie. Cette division était composée de zouaves, de tirailleurs et de coloniaux, parmi lesquels le régiment colonial du Maroc qui a reçu récemment la fourragère pour sa belle conduite à Dixmude et à Fleury. Au régiment colonial devait revenir l'honneur d'attaquer Douaumont. Puis venait la division du général Passaga, où se rencontrent des contingents de presque toutes les régions de France, du Nord, de la Franche-Comté, du Plateau central, de la Savoie et du Midi. Ensuite, la division du général de Lardemelle, composée de troupes de ligne et de chasseurs à pied recrutés dans la Franche-Comté, et la Savoie. Un bataillon de Sénégalais prenait également part à l'offensive.

Le général Passaga terminait son ordre d'attaque, la veille de l'assaut, par ces paroles :

« À notre gauche, combattra une division déjà illustre, composée de zouaves, de marsouins, de Marocains et d'Algériens. On s'y dispute l'honneur de reprendre le fort de Douaumont. Que ces fiers camarades sachent bien qu'ils peuvent compter sur nous pour les soutenir, leur ouvrir la porte et partager leur gloire. Officiers, sous-officiers, soldats, vous saurez accrocher la Croix de Guerre à vos drapeaux et à vos fanions. Du premier coup, vous hausserez votre renommée au rang de celle de nos régiments et de nos bataillons les plus fameux. La patrie vous bénira. »

II

« Le 23 octobre, les troupes étaient en place. La date et l'heure étaient fixées au 24 octobre, à 11 h. 40.

« L'action devait se faire en deux phases. D'un premier élan, les troupes devaient atteindre les carrières d'Haudremont, la pente nord du ravin de la Dame, un retranchement au nord de la ferme de Thiaumont, la batterie de la Fausse-Côte, le ravin du Bazil. Puis, dans une seconde phase, après un arrêt d'une heure pour consolider la première conquête, le groupement devait pousser jusque sur la croupe au nord du ravin de la Couleuvre, village de Douaumont, fort de Douaumont, pentes nord et est du ravin de la Fausse-Côte, digue et étang de Vaux et, à l'est, batterie de Damloup.

« Le 24 octobre au matin le temps changeait, et un épais brouillard recouvrait les vallonnements de la Meuse et la série des crêtes. Estimant la préparation suffisante, le commandement ne modifia pas ses ordres. À 11 h. 40, l'attaque fut déclenchée.

« Dans cette brume, tandis que l'artillerie allongeait son tir, l'observation devenait difficile, soit des observatoires, soit des avions. Cependant, quelques avions sortirent, et, maîtres de l'air, descendirent très bas pour suivre les opérations. Les fils téléphoniques étaient à chaque instant rompus, mais les liaisons par coureurs, pigeons, postes optiques ou acoustiques, suivant le cas, fonctionnaient à merveille, permettant de suivre les différentes phases de la bataille. On apprenait que le premier objectif avait été atteint au prix de pertes insignifiantes, que les prisonniers allemands affluaient, que l'on s'organisait sur le terrain, que l'on repartait pour atteindre le second objectif.

« Vers 14 h. 30, le brouillard se dissipa sous l'action du vent. Et, entre les nuages déchirés, puis dans l'horizon éclairci, les observateurs purent voir ce spectacle magique : nos soldats se profilant en ombres chinoises sur la crête de Douaumont, approchant du fort de chaque côté, arrivant sur le fort, s'y établissant. À la jumelle, on pouvait les suivre dans leurs allées et venues ; puis, sortant du fort, des colonnes de prisonniers.

« L'ennemi ne commença à bombarder notre conquête que vers 16 heures ; il lui fallut ce temps pour se rendre compte de ce qu'il avait perdu, tant il imaginait peu vraisemblable un tel succès !

« En même temps, les escadrilles d'avions prenaient leur vol et fixaient exactement le commandement sur notre progression. De partout les nouvelles de victoire affluaient. Le 11ᵉ régiment, chargé de prendre les carrières d'Haudremont, dépassait son objectif qui était la tranchée Balfourier. De même que la division Guyot de Salins avait enlevé Thiaumont et Douaumont, la division Passaga enlevait le bois de la Caillette, s'avançait sur les pentes nord du ravin de la Fausse-Côte. La division Lardemelle rencontrait une résistance très énergique au ravin des Fontaines et au bois Fumin ; le dépôt à droite de la route du fort de Vaux résista longtemps avant d'être pris. On était maître de la digue qui commande l'entrée du ravin des Fontaines du côté du village de Vaux. Enfin, les Savoyards du 30ᵉ régiment d'infanterie enlevaient au pas de charge la batterie de Damloup.

« En quelques heures la victoire était complète. Elle nous valait, outre un matériel qui n'a pas encore été inventorié, plus de 4500 prisonniers aux dernières nouvelles, dont 130 officiers. Leur interminable défilé à travers Verdun, avec cette compagnie d'officiers en tête, était comme la revanche ironique des journées de la fin de février. Ces hommes, la plupart très jeunes ou très âgés, paraissaient accepter leur sort sans aucun déplaisir.

« C'est le bataillon Nicolaï, du régiment colonial du Maroc, qui a eu la gloire de s'emparer du fort de Douaumont.

« Quelques éléments ennemis s'étaient retranchés dans une des casemates du fort. Ils ont été contraints de se rendre dans la nuit du 24 au 25, au nombre d'une trentaine d'hommes, dont quelques officiers et le commandant du fort.

« Au matin du 25, le fort était purgé de tout ennemi et livrait aux vainqueurs un butin considérable en armes, munitions, engins d'artillerie et du génie. Une des tourelles de 155 était absolument intacte et avait résisté à tous les bombardements, affirmant le bon travail de notre génie, qui l'avait construite.

« Des contre-attaques ennemies, déclenchées dans la soirée du 24

sur les carrières d'Haudremont et, dans la matinée du 25, sur la batterie de Damloup, ont échoué avec de grandes pertes allemandes.*
»

Le lendemain, le général Nivelle adressait cette proclamation aux officiers, sous-officiers et soldats du groupement Mangin :

« En quatre heures, dans un assaut magnifique, vous avez enlevé d'un seul coup à votre puissant ennemi le terrain hérissé d'obstacles et de forteresses, du nord-est de Verdun, qu'il avait mis huit mois à vous arracher par lambeaux au prix d'efforts acharnés et de sacrifices considérables.

« Vous avez ajouté de nouvelles et éclatantes gloires à celles qui couvrent les drapeaux de l'armée de Verdun.

« Au nom de cette armée, je vous remercie.

« Vous avez bien mérité de la Patrie. »

Le général Mangin, un Lorrain de Sarrebourg, commandant du corps d'armée qui a repris Douaumont, a écrit dans la préface de son beau livre *La Force noire* paru en 1911 et dédié au général Archinard :

« Mon général, dans la soirée du 12 avril 1891, sous les grands fromagers de Rankan, autour de la civière où la fièvre bilieuse vous couchait depuis six semaines, vous avez réuni les officiers que vous laissiez dans cette nouvelle conquête en face des bandes de Samory. Après nous avoir fortifiés de vos dernières instructions, que nous écoutions le cœur serré, vous nous avez rappelé que les luttes coloniales, pour nobles et pour meurtrières qu'elles soient, ne sont pas le but de notre existence militaire, et qu'il est d'inoubliables devoirs où vous nous avez donné rendez-vous. »

Si l'âge seul empêcha le général Archinard de se trouver à cette fête, Mangin « a été là », comme on dit familièrement. Le temps de passer au Maroc pour y gagner ses galons de colonel, d'arriver à temps en France pour y faire sa razzia de grades jusqu'à celui de commandant de corps d'armée et de montrer enfin devant Verdun comment il comprend « les inoubliables devoirs », Rappelons que les

---

* Le rédacteur militaire du *Journal des Débats*.

deux frères du général ont été tués à l'ennemi, l'un au Tonkin, l'autre en Mauritanie.

Voici maintenant les états de service des collaborateurs du général Mangin : les généraux de Lardemelle, Guyot d'Asnières de Salins, et Passaga :

« Le général de Lardemelle appartient à une vieille famille militaire de Lorraine ; il a 49 ans. Ancien élève de Saint-Cyr et de l'École supérieure de guerre, il a servi plusieurs années en Algérie ; en Chine, pendant la lutte contre les Boxers, il se distingua par sa bravoure à la défense de Tientsin. Il a été longtemps officier d'ordonnance des généraux Hervé et Marion, tous deux membres du conseil supérieur de la guerre. En 1914, il était lieutenant-colonel, chef d'état-major du 1er corps d'armée, à Lille. Nommé colonel en novembre 1914, il fut chef d'état-major d'une armée ; au mois de juin 1915, il reçut les deux étoiles et commandait une division en Orient lorsqu'il fut rappelé en France et mis à la tête d'une division à Verdun.

« Le général Guyot d'Asnières de Salins est un Breton d'Auray et va atteindre sa cinquante-neuvième année. Il est passé par Saint-Cyr et par l'École supérieure de guerre et a servi aux chasseurs à pied, puis dans l'infanterie de marine. Il a fait de nombreuses campagnes coloniales, notamment au Tonkin. Au début de la guerre, il était colonel à Madagascar ; rentré en France dans les premiers mois, il reçut les deux étoiles en avril 1915.

« Le général Passaga n'a pas encore cinquante-trois ans et est originaire d'Angers. Lui aussi appartient à l'infanterie coloniale et est passé par Saint-Cyr et par l'École de guerre. Il a servi principalement en Afrique et a pris part, entre autres, à l'expédition du Dahomey, en 1892, expédition au cours de laquelle il fut blessé. En 1914, il était lieutenant-colonel au 41e d'infanterie, à Rennes. Nommé colonel en novembre 1914 et mis à la tête d'une brigade de chasseurs à pied, il fut nommé général de brigade en février dernier.[*] »

---

[*] Lucien Nicot, *Le Gaulois*.

III

Le général en chef, qui assistait à la bataille avec le général Pétain, commandant le groupe d'armées du centre, a exprimé sa satisfaction du résultat obtenu par la préparation méthodique et par le magnifique élan des troupes.

Ce double éloge va être justifié :

1° *Préparation méthodique.* — Le général Berthaut* fait l'observation que « les diverses appréciations, toutes concordantes sur notre victoire, manquent de logique quand elles présentent notre attaque comme une surprise pour les Allemands, tout en disant qu'ils s'y attendaient. Il est clair, cependant, que s'ils s'y attendaient, ils n'ont pas été surpris. Seul le moment précis de l'assaut n'était pas prévu. L'idée de surprise est de nature à diminuer la valeur de notre succès ; car elle peut faire supposer que l'ennemi étant prévenu, nous aurions échoué. Or, il suffit de se reporter aux dernières dépêches allemandes pour se rendre compte qu'il ne s'est produit aucune surprise. Il ne s'agit nullement d'un coup de main non attendu. L'attaque a été longuement préparée par notre artillerie de gros calibre ; les communiqués allemands ont annoncé cette préparation ; ils ont même été jusqu'à prétendre que l'assaut de l'infanterie avait eu lieu et qu'ils l'avaient repoussé avec pertes.

« Donc les Allemands ont fait leur possible pour résister et n'ont pas été pris au dépourvu. Ceci est fort important ; car c'est une nouvelle preuve ajoutée à tant d'autres, de notre très réelle et très effective supériorité sur eux. »

2° *Magnifique élan des troupes.* — Nous donnons la parole à l'auteur de ces notes militaires :

LE RAVIN DE LA DAME. — « Tous attendaient, impatients, les regards ardents fixés sur les chefs, déjà debout sur la tranchée et qui, l'heure venue, d'un mot : « En avant, les enfants », entraînent leur troupe, la cigarette aux lèvres, et faisant comme à la manœuvre des moulinets de leur badine. Un lieutenant d'artillerie, en liaison au poste du colonel, pleurait d'admiration.

« La tranchée ennemie est nettoyée en un instant. Quelques défenseurs irréductibles sont passés à la baïonnette ou abattus à la grenade. Chacun savait son rôle, cela se passait comme à l'exercice.

« Je n'en revenais pas, raconte le major d'un bataillon. En Artois, en Champagne, un jour d'assaut coûtait quelques centaines d'hommes par régiment ; cette fois, quinze blessés ; c'était à n'y pas croire. Mais des prisonniers en revanche ! Il n'y avait pas deux minutes que les capotes kaki avaient plongé derrière la crête, voilà toute la colline couverte de capotes grises, cela grouillait de *feldgrau*. Il en sortait de partout, c'était une bousculade, une cohue, un troupeau de moutons que talonne une averse. Et, bons enfants, les zouaves les poussaient en riant : « Allons, ouste, les Boches, à l'arrière ». Ils ne se le faisaient pas dire deux fois. Le régiment à lui seul en prit dans sa journée 1545, outre 45 officiers, si bien qu'un voisin de combat disait en plaisantant au lieutenant-colonel :

« Eh Richaud, laissez-en aux autres ».

— Aidez-moi plutôt à compter les miens, » dit le colonel submergé et devenu, pour un moment, lieutenant-colonel de Boches.

« À l'avant, l'assaut continuait avec le même brio, le même incomparable élan. À gauche, le bataillon Jacquot, à droite le bataillon Pruneaux, nommé le « bataillon de Lizerne » et déjà illustre par la terrible surprise d'avril 1915, l'affaire des gaz asphyxiants : en outre, à quelque distance, suivait le bataillon Prouzergue, rôle ingrat, pénible, où l'on n'a que les éclaboussures du combat sans en avoir l'exaltation.

« La montagne de Douaumont orientée Sud-Ouest-Nord-Ouest, est flanquée comme une cathédrale par une succession de contreforts, formés par des collines moins élevées, dirigées d'Est en Ouest, et séparées par des gorges assez profondes. Ces ravins, naguère boisés, portent ces noms charmants des régions forestières : le ravin de la Dame, le ravin de la Couleuvre, le ravin de Helly. Chacun de ces fossés forme un obstacle pour l'assaillant et offre à l'ennemi une position de réserve de tout repos. Le ravin de la Dame est la première de ces coupures. Dans le flanc placé en angle mort, les Allemands avaient creusé toute une ville souterraine : des abris de luxe, enterrés, cuirassés, de ce système dit « abris Krupp », à l'épreuve des plus gros calibres et munis du confort moderne, y compris l'électricité. On pouvait mettre le pied sur un guêpier. Il y avait deux bataillons, mais les zouaves tombant du ciel en même temps que nos obus surprirent la garnison qui ne se doutait de rien et attendait sans méfiance la fin de notre bombardement.

« Rien ne peut peindre l'étonnement, la confusion des Allemands troublés à l'improviste dans le bien-être du chez soi. Ce fut de la stupeur et de l'ahurissement. Il était environ 13 heures, l'heure de la sieste en Allemagne après le *Mittagessen*. L'arrivée de ces hôtes imprévus qui venaient brusquer la digestion est un épisode dont les zouaves ne peuvent se souvenir sans un accès de fou rire. Çà et là, de petits groupes, un peu plus « à cran » que les autres, se ressaisissent et tentent d'organiser la résistance. Quelques grenades les exécutent et mettent le reste à la raison. La plupart, effarés, lèvent les bras, jettent leurs armes. Un officier supérieur, en culottes, sans molletières, évidemment au saut du lit, sort au bruit, et comprenant soudain la situation, se met à agiter ses guêtres qu'il tenait à la main, en glapissant de peur avec son gros accent de là-bas : « Chef de corps ! Chef de corps. » Dans un autre abri, l'adjudant Gaillard tombe sur un homme assis qui lui tournait le dos ; c'était le vaguemestre ficelant son courrier. L'homme se retourne d'un bond en brandissant sa boîte aux lettres, et voyant l'adjudant : « Pardon, monsieur, pardon ! »

« Le colonel de zouaves adressa sur-le-champ le courrier à la brigade : « Lettres qui n'ont pas eu le temps de partir pour l'Allemagne ». Le colonel Priou, commandant la brigade, ajouta de sa main : « Bon pour être distribué en France ». Les zouaves ont la victoire gaie.

« Pendant ce temps tous les Boches se dépouillent de ce qu'ils ont, donnent leur équipement, leur casque, offrent comme rançon, avec un sourire obséquieux, cigarettes, étuis à cigares, porte-monnaie, le tout, il va sans dire, marqué de la croix de fer, et jusqu'à de l'or, que nos gradés repoussent avec dégoût. Quant au tabac, c'est autre chose : toute la soirée, les zouaves, au ravin du Helly, comme une bande d'enfants au sortir d'une loterie, allaient le long de la tranchée avec des boites de cigares, les fumaient sous le bombardement devenu furieux, en offraient à leurs officiers : « Un cigare boche, mon capitaine ».

« C'est cette nuit-là qu'il arriva au sergent Julien, de la 13ᵉ compagnie, une étrange aventure. Parti avec quelques hommes de ravitaillement, il s'égare dans la nuit parmi les trous d'obus, qui rendent même en plein jour le terrain impraticable, et tombe sur un groupe qu'il prend pour une patrouille de coloniaux. C'était un parti d'Allemands qui erraient encore derrière nos lignes, l'accueillent à coups de fusil, le manquent, se jettent sur lui, le ligotent et le précipitent dans une sape où il tombe plus mort que vif, sans comprendre ce qui lui arrivait.

« On le pousse dans une salle éclairée, où il voit un dîner servi et des officiers attablés. On l'interroge. Qui est-il ? D'où vient-il ? Et comme il hésitait, se demandant s'il ne rêvait pas, on le somme de répondre, ajoutant qu'on ne gardera pas de ménagement avec un prisonnier. « Prisonnier ! répond le sergent, c'est ce qu'il faudrait voir ! D'abord, où sommes-nous ici ? Au ravin de la Dame ? Eh bien, apprenez votre histoire. Thiaumont est à nous, Douaumont est à nous depuis cet après-midi. Il n'y a plus que vous qui ne le sachiez pas, par conséquent, c'est vous qui l'êtes prisonniers. »

« Les Allemands écoutent, ébahis, parlementent. *Ach !... doch !... Was !... Unglaublich !...* Puis, avec cette facilité surprenante qu'ils ont à accepter les faits, les voilà radoucis, qui demandent poliment quelques précisions. Il faut se rendre à l'évidence. Là-dessus, le chef de la troupe se lève, ôte son équipement et commande à sa troupe de mettre bas les armes. Ils étaient là deux cents que le flot de la bataille avait oubliés dans leur trou, et c'est ainsi que le sergent Julien, parti pour le ravitaillement, revint sans vivres avec toute une compagnie prisonnière et un butin de six mitrailleuses.

« Ce qui semblait chimérique s'est accompli comme dans un rêve. Nos troupes, d'un bond prodigieux, ont repris en un jour la sanglante conquête allemande de huit mois. Cette journée glorieuse entre toutes marque d'une manière éblouissante la croissante vigueur française et le commencement de la décadence allemande.

« Cette impression, tous nos hommes l'ont eue. Notre force, notre élan ont ébloui notre adversaire. Un officier allemand le disait à un officier de zouaves :

« Vos hommes sont les plus beaux soldats que j'aie vus de ma vie. C'est une consolation d'être battu par eux. »

« Après l'hommage de leur chef, leur commandant d'armée, il n'y en a pas de plus beau pour les zouaves que ce témoignage d'un ennemi.* »

Un récit officiel complète le précédent. Il cite quelques noms de régiments et de soldats qui se distinguèrent particulièrement : le 230ᵉ d'infanterie, qui perdit plusieurs de ses commandants de compagnie, notamment les lieutenants Gury et Philippe, instituteurs de la Haute-Savoie ; et Hugounencq, fils du doyen de la Faculté de Médecine de Lyon ; le 401ᵉ, dans les rangs duquel, le sous-lieutenant Franchet d'Esperey, fils du général, trouva glorieusement la mort.

IV

Les Allemands étaient en force.

L'attaque française, menée par trois divisions seulement, avait en face d'elle les troupes appartenant à sept divisions différentes. Des bataillons de dix-neuf régiments ont été identifiés en première ligne.

Les pertes furent proportionnées à l'effectif. Douaumont avait déjà été pour nos ennemis un tombeau. Lors de leur précédente reprise de possession, *Les Dernières Nouvelles de Munich* imprimaient :

« Le grand succès moral que les Français retirèrent de la reprise de Douaumont fit que les sacrifices les plus lourds parurent justifiés pour les en chasser...

« Il s'agissait de déloger les Français des positions qui sont au-dessus de Douaumont : on espérait ainsi diminuer sensiblement les pertes extrêmement lourdes et mettre un terme aux efforts et aux privations que cause, comme on le sait, un séjour prolongé devant les

---

* Du *Petit Journal*.

positions de Verdun. Mais là encore, tout ne se fit pas du premier coup. Le terrain accidenté, les fortifications extrêmement habiles de l'ennemi, son feu incessant rendent la tâche extrêmement dure. Pendant des heures, notre infanterie doit marcher sous le feu de l'artillerie pour prendre sa place à travers un terrain martelé d'obus. Les canons des Français portent loin derrière le front, balayant nos voies d'accès et nos cantonnements dans les bois. Les convois et colonnes de troupes, repérés par les avions et les ballons, sont immédiatement arrosés.

« Non moins dur l'objectif de la ferme de Thiaumont à occuper.

« On ne peut blâmer aucune des troupes qui n'a pas, du premier coup, atteint son but. Les difficultés furent inouïes. Les pertes ont été lourdes. Ce serait diminuer l'exploit des troupes que de le nier.

« Il a coulé beaucoup de sang généreux : deux régiments ont eu, le 23, leur colonel tué. Que personne n'oublie jamais chez nous ce que nos soldats ont fait devant Verdun et qu'on ne juge pas de la valeur et du succès des chefs et des troupes par le gain du terrain, mais par les difficultés qu'ils ont eu à surmonter. »

Si, ce même jour, nous eûmes aussi, de notre côté, comme pour la journée de victoire qui nous avait rendu Douaumont, bien des deuils à enregistrer, le parallèle à établir entre les pertes mentionnées par le journal allemand et les nôtres, le 24 octobre, tient dans le simple fait que, rien qu'en prisonniers, il a manqué plus de monde à l'appel après la bataille aux Allemands qu'aux troupes de Mangin.

C'est à notre artillerie lourde que revient en grande partie l'honneur d'avoir abrégé chez nous la formalité de cet appel. Elle a secondé avec plus d'habileté que jamais l'effort de l'infanterie. Mais, au préalable, elle avait fait sentir à l'ennemi le poids de nos nouvelles pièces d'artillerie. Un journal anglais donne sur ce point, à la suite d'une visite au fort de Douaumont, ces indications :

« Douaumont a reçu un nombre incalculable de gros obus. Le poids des projectiles auxquels il a eu à résister dépasse certainement de beaucoup tout ce que pouvaient imaginer les ingénieurs qui en ont arrêté les plans et dirigé la construction. Cependant le sous-sol du fort est intact. Les ouvrages avancés ont beaucoup souffert ou ont été anéantis. L'étage supérieur a été traversé à un endroit. À un autre, il y a un grand trou sur le côté, mais ce dernier est l'œuvre d'un obus français et non d'un obus allemand. Le fameux 420 ennemi a fait son possible pour détruire Douaumont et il n'y a pas réussi. Les projectiles français de 400 qui ont atteint le fort ont causé des dégâts réellement sérieux à la masse de l'édifice. En ce qui concerne l'étage supérieur, il semble que pratiquement le 400 français s'est affirmé comme une arme ! bien plus puissante que le 420. »

Le sénateur Lucien Hubert a vu mettre en batterie un de ces mastodontes. C'est un spectacle impressionnant, écrit-il au *Petit Journal*, « de voir installer en quelques minutes ces puissantes usines de destruction. Car ce sont bien de véritables usines avec leurs équipes d'ouvriers, leur division du travail, leur installation méthodique et réglée. La mise en batterie durait 1 heure 45, il y a quelques mois ; il ne faut plus aujourd'hui que 8 minutes ! C'est là le résultat de l'émulation qui enfièvre ces officiers, qui, hier encore, ignoraient tout de ces matériels. Ces pièces tirent plus loin qu'on n'avait rêvé. Leurs projectiles ont atteint des poids qu'on n'aurait jamais osé envisager. Leur justesse est parfaite ; les tirs de Douaumont l'ont établi pour les obusiers, ceux de la Somme pour les canons. Ajoutons que ce tir est rapide : pour certaines pièces, un coup par trois minutes. Les plus longues dépassent en portée 30 kilomètres ! Les plus grosses projettent environ un millier de kilos ! »

M. Lucien Hubert n'oublie pas les autres calibres, et il conclut : « Certes il y aura toujours de la gloire pour le petit 75 de 1 700 kilos comme pour le 300 qui pèse exactement cent fois plus que lui, mais quel « miracle » ne fera pas l'artillerie à grande puissance entre les mains d'un commandement qui y aura confiance ? »

Cette dernière condition n'est-elle pas aujourd'hui superflue à énoncer ?

V

La division coloniale du Maroc a la conquête de Douaumont. — (Résumé officiel). — « C'était au début de l'assaut, le 24 octobre 1916, à 50 mètres d'un centre de résistance ennemi d'où les mitrailleuses crépitent sans arrêt.

« La liaison du 1ᵉʳ bataillon d'infanterie coloniale du Maroc est à sa place.

« À gauche, à peine abrité par un tertre, le téléphoniste coiffé de l'écouteur, les yeux mi-clos, cherche à percevoir les « appels » au milieu de l'explosion des marmites.

« Devant, on voit les affreux casques boches paraître et disparaître. Il y a de l'agitation dans la tranchée ennemie. Oh ! les belles cibles ! Les camarades font le coup de feu et lui, le téléphoniste, ne peut s'empêcher de regarder l'action. Il reçoit des balles, il ne les rendra pas, esclave de sa consigne.

« Non, la tentation est trop forte. Il prend son arme et, toujours coiffé de son écouteur, sans changer de position et à moitié découvert, il s'apprête à charger. Mais que dira le chef ? Un coup d'œil sur lui. Le commandant est là : il a vu le geste, un froncement de sourcil et le téléphoniste reprendra son attitude ingrate. Non, rien, mais une imperceptible détente dans les traits comme un sourire. Lentement il vise, tire, un casque disparaît, et plusieurs fois le geste se répète.

« En avant ! » crie-t-on, et la progression continue comme sur le terrain préparé à Stainville.

« Pendant l'assaut, les premières lignes allemandes, le 24 octobre 1916, à côté du célèbre fortin de Thiaumont, que nos camarades tirailleurs sont en train d'enlever de haute lutte, un incident de combat se produit. Il faut modifier les ordres primitivement donnés et boucher d'extrême urgence un trou dans la ligne.

« Du bord de son trou de marmite qui lui sert d'observatoire, le chef de bataillon fait un signe, un agent de liaison s'avance. Pour recevoir les ordres sans être vu, il faudrait que l'homme vînt se coucher contre son chef. Il n'y pense pas. À genoux et respectueusement penché, il écoute les ordres à transmettre. Il va partir, mais une mitrailleuse l'a repéré, il est atteint de plusieurs balles et s'affaisse sur place, perdant par un énorme trou dans la tête son sang à flots.

« Un autre agent de liaison vient prendre sa place...

« Au retour de la glorieuse victoire, le chef de bataillon veut revoir le champ de bataille. Il parcourt le terrain en avant des anciennes lignes boches. Le petit agent de liaison est toujours là dans son attitude respectueuse près du trou de marmite.

« Il a été respecté par les gros projectiles qui retournent le sol sans cesse. Un salut, il faut partir. Tout à l'heure, les brancardiers divisionnaires viendront relever le corps de l'humble et courageux soldat.

« Le premier objectif est dépassé, l'armature des tranchées boches a été brisée. Suivant le barrage protecteur de notre artillerie, les patrouilles précèdent les vagues, progressant de trous de marmite en trous de marmite.

« Soudain, un obstacle plus considérable arrête l'une d'elles. C'est le fossé du fort de Douaumont.

« D'après le thème de manœuvres si souvent répété à Stainville, ce fossé ne doit pas être franchi, le caporal le sait bien. Mais les troupes que l'on doit encadrer ne sont pas là. Égarées par le brouillard ? Il ne sait. Ce qu'il sait, c'est qu'il est chargé de la liaison à droite et d'observer en avant. Il sait aussi que les fossés sont flanqués par les terribles mitrailleuses boches et que le fort est peut-être miné aussi. N'a-t-il pas vu sur le topo montré par le capitaine, justement dans le fossé de gorge « fourneaux de mine puits 1 à 6 ». Il n'a pas un instant d'hésitation. Par un éboulis, il se laisse glisser, les cœurs battent fort dans les poitrines, mais leurs pensées sont à tous : « En avant, c'est pour la France ». Et sur le plus haut « cavalier » du fort de Douaumont les premiers marsouins se profilent. Ils ne savent pas, les très braves marsouins que justement une éclaircie du brouillard a permis à un observateur de la tourelle de Souville de les voir et d'annoncer : « Le fort est pris ! Victoire ! »

« L'humble petite patrouille a traité comme un vulgaire accident de terrain où l'on domine, le plus puissant fort cuirassé du camp retranché de Verdun, aujourd'hui repris à l'ennemi et y a pénétré la première.

« Les vagues suivent et fouillent les ruines... »

VI

Les exploits de la 11ᴱ Cⁱᴱ de ... — « 11 h. 40. L'assaut est donné. La compagnie s'élance magnifiquement hors de la parallèle.

« Quelques mètres ont été à peine parcourus quand la fusillade ennemie déchire l'air. Les mitrailleuses crépitent rageusement. Déjà quelques hommes s'abattent la face contre terre. La droite de notre vague est clouée devant une résistance furieuse qui se dévoile à la tranchée Hindenburg. La gauche n'ayant pas de résistance progresse. La liaison se rompt alors et un intervalle se produit en face de la Sablière. La Sablière est un repaire de mitrailleuses. Si elle n'a pas souffert du bombardement, si ses défenseurs tentent une action énergique, c'est tout le succès de l'assaut du régiment qui est compromis.

« Le lieutenant Picquendar qui commande la compagnie, l'a compris. Il envoie aussitôt l'aspirant Vasseur à la tête de 15 hommes décidés vers ce point dangereux. La mission ? Elle est simple. Supprimer la résistance de la Sablière ou tout au moins la masquer. Il faut à tout prix protéger notre flanc menacé. Vasseur s'élance, décolle de son groupe, et arrive devant un abri, précédant ses hommes de 40 mètres. Un ennemi est là, baïonnette au canon qui défend l'entrée de l'abri.

« Il faut qu'un de nous sorte », dit Vasseur, et il s'avance ferme sur l'Allemand. Mais celui-ci se précipite, baïonnette basse, sur notre camarade. Le soldat Keyser, courant au secours de son chef, assomme l'Allemand d'une grenade qui le frappe à la tête. Mais les Boches qui sont au fond de l'abri résistent à coups de fusils. Les grenades de Keyser, lancées d'une main calme, tombent avec une implacable précision. Pas une ne manque son but. Après chaque explosion, ce sont des cris et des râles, dans la fumée. Les fusils se taisent vite et, un par un, les Boches sortent, implorant la pitié du vainqueur.

« 25 Kamerad dont un capitaine et une mitrailleuse, tel est le coup de filet de Vasseur et de ses 15 poilus.

« Que faisait alors la droite de la Compagnie clouée devant la tranchée Hindenburg. Les poilus de l'adjudant Lahé engageaient un combat à la grenade. À leur droite aussi la liaison se trouvait rompue.

Ce que voyant, le sous-lieutenant Ferron qui, avec une demi-section, avait pour mission de maintenir à tout prix la liaison avec les éléments de droite, déboitait pour venir prolonger à droite la ligne de l'adjudant Lahé.

« Ce mouvement d'oblique à droite sous un feu de mitrailleuses terrible, était très hasardeux. Il fallait boucher ce trou. Ferron, homme de devoir, et qui avait bien conscience de l'importance de sa mission, n'hésite pas, et s'élance, superbe sous les balles ; ses hommes, électrisés, enthousiasmés par son exemple, le suivent. Beaucoup tombent dans cette marche. Les autres avancent toujours : plus que 40 mètres, plus que 30. Ils vont bientôt atteindre la tranchée allemande. Ils se regardent alors, ils sont encore quatre ! Alors, comprenant l'inutilité du sacrifice, ils se terrent dans des trous d'obus. Mais ils ont été vus par l'ennemi. Un groupe sort de sa tranchée, bondit sur deux de nos poilus et, triomphants, les Allemands reviennent dans leur tranchée avec leurs deux captifs.

« Un officier allemand qui se trouvait là, voulant effrayer les deux prisonniers, dit en français à ses hommes : « Il faudra me fusiller ces deux moineaux-là. » Mais nos hommes ne tremblèrent pas. La menace n'ayant pas produit l'effet qu'en espérait sans doute l'Allemand, elle ne fut pas exécutée. Quelques instants après, l'officier s'éloignait. Les Allemands étaient là, debout dans leur tranchée, une grenade à la main, prêts à repousser l'attaque. Ils semblaient calmes et confiants dans leur force. Plusieurs fois ils offrirent des cigarettes aux deux prisonniers. Quatre heures se passèrent ainsi sans incident. La nuit tombait.

« Une grande agitation se manifesta alors dans la tranchée. Les Allemands inquiets plaçaient des guetteurs observant de tous les côtés. Après s'être concertés, un groupe d'une vingtaine d'entre eux s'approcha de nos hommes, et l'un, prenant la parole, articula péniblement : « Nous, prisonniers. Vous, nous conduire à la Carrière, puis nous aller à Souville tout seuls. » Et, sans laisser à leurs captifs le temps de revenir de leur effarement, les Allemands les poussèrent hors de la tranchée, leur indiquèrent la direction de la Carrière et les suivirent.

« C'est ainsi que Vauzelle et Simonin, faits prisonniers par les Hoches, revinrent chez nous, suivis de dix-sept Allemands trop heureux de terminer la guerre à si bon compte.* »

VII

Du *côté allemand*. Le communiqué de Berlin en date du 25 octobre dit :

« Dans la journée d'avant-hier, les Français ont attaqué au nord-est de Verdun, favorisés par le temps brumeux. Ils se sont avancés, en dépassant les tranchées bouleversées, jusqu'au village et au fort de Douaumont. Le fort, en proie à l'incendie, avait été évacué par la garnison qui n'a pas réussi à reprendre pied dans le fort avant l'ennemi. Nos troupes ont, en grande partie, sur un ordre formel et à contre-cœur, occupé les positions préparées à l'avance et fortement établies au Nord. Sur ces positions, toutes les attaques dirigées par les Français, dans la journée d'hier, ont été repoussées. Les plus violentes ont été dirigées contre le fort de Vaux. »

La presse, dans son premier moment de stupeur, n'eut pas le temps d'attribuer au brouillard une part aussi importante que l'état-major dans la reprise de Douaumont. Elle reconnut, même en partie, la défaite. Puis les journaux se reprirent assez vite pour ajouter l'épithète « momentané » à la mention de notre « succès », mais bientôt un mot d'ordre part des hautes sphères et les journaux se ressaisissent. L'épithète « local » vient se joindre sous leur plume à celle de « momentané » pour atténuer autre « léger avantage ».

La nécessité urgente de réconforter l'optimisme allemand veut que Douaumont, « la clef de Verdun », se réduise à n'être plus qu'une position dont la perte n'a pas « grande influence sur la situation ».

Toutefois ce revirement se fait trop brusque pour donner le change à tous les Allemands. À plus forte raison il ne trompe ni nos Alliés ni les neutres. Sir Douglas Haig sera l'interprète des premiers dans le télégramme au général Joffre :

---

* Du journal *Paris-Midi*.

« Les officiers, sous-officiers et soldats des armées britanniques en France se joignent à moi pour adresser leurs félicitations sincères et chaleureuses à vous et à vos vaillants camarades placés sous vos ordres, pour le brillant succès remporté hier à Verdun et qui suit, de façon appropriée, une glorieuse défense. »

De son côté, le colonel Feyler apprécie ainsi qu'il suit la reprise de Douaumont :

« Entendons-nous. La reprise de Douaumont n'est pas, en soi-même, un fait décisif ; elle ne saurait influer directement sur le sort de la guerre. Mais ce qui modifie souvent la portée militaire d'un fait, c'est sa portée morale. Plus une guerre se prolonge et fait sentir son poids, plus les effets moraux sont ressentis, en bien ou en mal, par ceux sur lesquels ils agissent.

« Quelle impression produira en Allemagne la nouvelle de l'échec de Douaumont ? On ne saurait en juger avec sûreté de ce côté-ci de la frontière. Il faut se garder surtout de prêter aux autres peuples l'exact degré d'impressionnabilité que l'on connaît à celui auquel on appartient. Les races, ou ce que l'on désigne par ce mot, ont des façons parfois très diverses de réagir, et les circonstances qui entourent un fait modifient aussi les réactions qu'il provoque.

« Il y a cependant un fonds commun à tous les hommes d'une même période de civilisation. On admettra donc difficilement qu'une population que ses autorités se sont appliquées à convaincre d'une victoire à Verdun ne saisisse pas la signification d'un recul, lorsque celui-ci affecte le lieu précis dont l'occupation devait démontrer la victoire.

« À la vérité, l'effet produit peut être atténué par un scepticisme préexistant au sujet des affirmations de l'autorité. J'ignore si le nombre des Allemands est encore très grand qui, même avant la reprise du fort de Douaumont, se sont refusés à reconnaître que la victoire de Verdun était comme l'espoir de l'amant de Philis ; rien ne vient après elle. Mais, au moins, auront-ils souscrit aux dernières affirmations du chancelier et admis que le front demeurait ferme et inébranlé. Il leur sera désagréable de constater qu'à Douaumont, où il devait être plus ferme qu'ailleurs, il ne l'a pas été. Il leur sera plus désagréable encore de s'avouer que cette constatation s'ajoute à celle des multiples insuffisances de fermeté sur la Somme.

« Une circonstance importante doit leur échapper, toutefois : celle des prisonniers que perdent leurs unités. Les communiqués la leur cachent soigneusement. Ils ne savent donc pas que de leurs soldats, en plus ou moins grand nombre, se rendent à chaque recul local dont la nouvelle leur est chichement mesurée, et qui leur est présenté comme nul ou à peu près, au regard de l'ampleur des attaques qu'il est supposé avoir exigées.

« Il faudrait pouvoir tenir compte de tous ces éléments si divers et contradictoires, et être en mesure de les doser à leur exacte valeur, pour apprécier avec quelque sécurité l'effet moral produit sur les populations allemandes par la reprise de Douaumont. Que l'année, que le peuple ne subissent qu'une démoralisation plus ou moins passagère, à laquelle la presse s'efforcera de parer en célébrant les succès des Balkans, c'est dans le domaine des données possibles. Mais ce qui n'y appartient pas, ce qui restera au-dessus de toute contestation et que personne, empereur ni sujets, n'empêchera plus par aucun moyen, c'est que le prince impérial ne soit, dans la lignée des Hohenzollern, le vaincu de Verdun.* »

Quant aux neutres indépendants, ils contresignent ce jugement du *Journal de Genève* : « Il y aura eu joie réconfortante dans l'armée française de Verdun et à son quartier général, en même temps que dépression et inquiétude dans l'armée allemande. Si la situation n'est pas rétablie, le déséquilibre se répercutera hors des deux armées. On constatera que le front allemand après avoir cédé sur un point, dans la Somme, commence à céder sur un second point, devant Verdun. Ce qui a été possible un jour, peut être tenu pour possible d'autres jours. Il y aura un peu plus d'espoir d'un côté, un peu plus de crainte de l'autre. Et plus nombreuses seront les troupes qui subissent des pertes même victorieuses, dans la Dobroudja, plus cet espoir et cette crainte se croiront fondés. Il faudra quand même que les survivants

---

* Le *Journal*.

des Balkans reviennent pour mourir sur la Somme ou devant Verdun à la place des camarades pris par l'ennemi. »

VIII

Le 24 octobre, deux contre-attaques sur notre nouveau front échouent, l'une contre les carrières d'Haudremont, l'autre contre la batterie de Damloup. Le 25, trois violentes réactions encore, sont toutes repoussées avec des pertes sanglantes, ainsi qu'une offensive sur le bois du Chauffour. Puis les actions d'infanterie cessant nous laissent le temps de dénombrer notre butin des jours passés : 6000 prisonniers, 15 canons dont 5 de gros calibre, 51 canons de tranchées, 144 mitrailleuses, 2 postes de télégraphie sans fil et une grande quantité de fusils, grenades, et un matériel de tout genre. Le 27, les Allemands ont tenté une offensive aux deux ailes. Elle a été repoussée. Depuis, nouvelle accalmie, qui peut être attribuée à la médiocrité des ressources en hommes et en matériel, le front de la Somme ayant dû en distraire une partie.

FORT ET VILLAGE DE VAUX.

I

Enfin, le 3 novembre, ce communiqué nous parvient :
15 heures :
« Dans la journée d'hier, sous la violence de notre bombardement prolongé depuis plusieurs jours, et sans attendre l'attaque de notre infanterie, dont la pression se faisait de plus en plus étroite, l'ennemi a évacué le fort de Vaux.

« Au cours de l'après-midi, de très fortes explosions ont été observées dans le fort. À la nuit, notre infanterie, qui s'était rapprochée à très courte distance, a occupé cet important ouvrage sans aucune perte.

« La ceinture des forts extérieurs de Verdun est maintenant rétablie dans son intégrité et solidement tenue par nos troupes. »

23 heures :

« Sur la rive droite de la Meuse après la prise du fort de Vaux, notre infanterie a continué à progresser jusqu'aux lisières du village de Vaux. Au nord de l'étang nous avons pris pied sur la croupe qui domine ce village. L'ennemi n'a tenté aucune réaction. »

II

Notes d'un témoin militaire. — « La victoire de Vaux a suivi de près la victoire de Douaumont. Elle la complète. Elle en est la suite logique, le développement normal. Si le commandement avait fixé comme premier objectif pour la bataille du 24 octobre la ligne qui des carrières d'Haudremont va au ravin de la Fausse-Côte en englobant Thiaumont (ouvrage et ferme), Douaumont (fort et village) et tous les bois de la Caillette, il comptait bien, une fois ces objectifs atteints, s'étendre à l'Est par la prise du fort de Vaux. Il a réalisé pleinement son but définitif.

« Réduit par la précision du tir de notre artillerie et par la pression continue de notre infanterie, le fort de Vaux a été cueilli le 2 novembre au soir comme un fruit mûr.

« Dans la fameuse journée du 24 octobre, la division de Lardemelle, qui opérait à l'Ouest sur le bois Fumin, avait rencontré une résistance opiniâtre aux ouvrages fortifiés de la Sablière, près du ravin des Fontaines et du Dépôt à droite de la route du fort de Vaux. Elle en avait triomphé et s'était emparée de ces deux réduits dans la journée du 24 au 25, tandis que le 30e régiment d'infanterie prenait, avec un entrain admirable, la batterie de Damloup, à l'ouest du fort.

« Dépassant même l'objectif fixé, nos troupes s'étaient avancées jusqu'aux fossés du fort. Une patrouille avait même réussi à monter sur la superstructure. Mais les mitrailleuses ennemies, sous les tourelles intactes, avaient empêché la continuation de cette progression prématurée. Le général Nivelle et le général Mangin firent alors retirer nos lignes un peu en arrière, à deux cents mètres au sud du fort, afin de laisser libre la préparation d'artillerie et d'assurer, au moindre prix, la chute de l'ouvrage.

« Cependant, la division Andlauer, qui avait relevé la division de Lardemelle, ne cessait pas de progresser, à l'Est, sur la croupe qui sépare le ravin des Fontaines du ravin du bois Fumin où elle opérait sa liaison avec la division Arlabosse qui avait relevé la division Passaga et qui, elle aussi, ne cessait pas d'avancer. La liaison se faisait à la digue qui borde l'étang de Vaux. Il faut signaler enfin les heureuses opérations locales du 305e et du 216e régiment au bois Fumin.

« Cette progression permettait de porter le coup décisif. Les Allemands, en évacuant le fort le 2 novembre, ne nous laissèrent pas le temps de l'exécuter. »

Laissons ici la parole à un narrateur officiel :

« L'assaut fut donc ordonné pour la soirée du 2 novembre. Or, dans la matinée du 2, nos observateurs signalaient que l'ennemi semblait se retirer du fort et dans la journée des explosions s'y produisaient, comme si l'ennemi avait voulu le faire sauter avant de le quitter, ou comme si notre bombardement avait obtenu des résultats heureux, de même qu'à Douaumont. Le commandement ordonna d'occuper le fort dès la nuit, mais avec prudence, afin d'éviter toutes pertes inutiles.

« La nuit venue, une compagnie du 118e régiment, capitaine Fouache, reçut pour mission de contourner le fort, de le dépasser et de s'établir au-delà pendant qu'une compagnie du 298e, sous les ordres du lieutenant Diot, entrerait dans la place. Le lieutenant Diot, accompagné d'une section du génie, chercha une entrée qu'il ne trouvait pas. La gorge, les casemates, tout était hermétiquement bouché. Il découvrit une ouverture dans le coffre sud-ouest, s'y glissa avec le sous-lieutenant du génie Laveve et le sapeur Poulain et, tous les trois, commencèrent de fouiller l'intérieur du fort où des débris fumaient encore, faisant exploser des cartouches ou des grenades et que remplissaient la fumée et une odeur méphitique. Ils furent rejoints par le lieutenant Labarbe et sa section qui, eux, avaient trouvé une issue sur la superstructure et étaient descendus. Le fort était entièrement vide. Le 2 novembre au soir, il nous appartenait à nouveau.

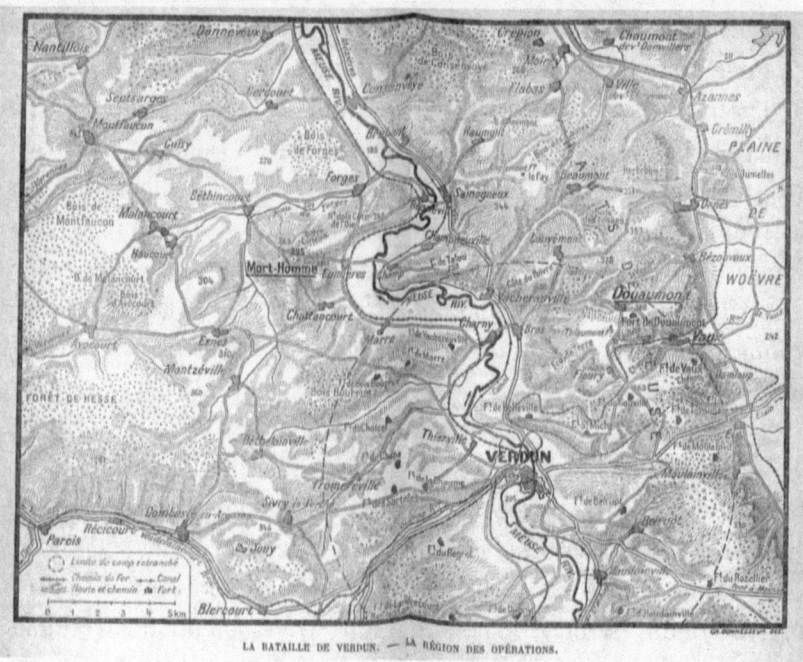

LA BATAILLE DE VERDUN. — LA RÉGION DES OPÉRATIONS.

« Les casernes et casemates étaient en bon état, mais les ouvrages extérieurs présentaient au contraire de nombreuses traces de destruction ; la contrescarpe en partie détruite, les fossés en partie comblés, les coffres dévastés sauf le coffre sud-ouest utilisable, une galerie éclatée, le couloir qui conduit à la casemate de Bourges de gauche assez détérioré, ainsi que les deux observatoires, la coupole de 75 en partie détruite. En revanche une galerie de mine soigneusement boisée fut découverte, longue d'une quarantaine de mètres, conduisant vers le Nord et sans issue ; inachevée, elle devait être aménagée pour rejoindre les abris au nord du fort. « Le départ des Allemands avait dû être rapide et ressembler à une fuite, car ils avaient laissé un butin assez important : quatre mitrailleuses dont deux empaquetées et prêtes à être emportées ; plusieurs centaines de mille de cartouches, un millier de bouteilles d'eaux minérales, trois mille boites de conserves, etc. ».

III

Voici en quels termes le grand état-major allemand publia sa première version concernant l'abandon du fort de Vaux :

« La lutte d'artillerie sur la rive droite de la Meuse a atteint à plusieurs reprises une grande violence.

« Les Français ont dirigé en particulier un feu de destruction intense contre le fort de Vaux qui avait été évacué pendant la nuit (de mercredi à jeudi) par nos troupes, conformément à l'ordre donné, et sans que l'ennemi nous ait inquiétés. Nous en avions fait sauter au préalable les parties les plus importantes. »

Dans son bulletin du lendemain, le grand état-major se borna à constater que le feu de l'artillerie française dirigé sur le fort de Vaux avait faibli dans la soirée du jeudi. Puis la note suivante fut remise d'urgence par le Quartier Général allemand aux représentants berlinois de la presse des États-Unis :

« Le retrait projeté de la première ligne allemande dans le secteur Douaumont-Vaux sur des positions préparées d'avance s'est terminé au cours de la nuit dernière.

« Alors que les Français, le 24 octobre, favorisés par un temps brumeux, avaient pu prendre l'offensive à un moment où le retrait de la ligne était en cours et avaient obtenu des succès locaux, les troupes allemandes ont réussi à se dégager et à se retirer méthodiquement du fort de Vaux, au cours de la nuit du 1er au 2 novembre, sans que l'ennemi se soit aperçu du moindre mouvement. Bien plus, dès la pointe du jour, les Français ont dirigé sur le fort de Vaux un feu roulant d'une violence inouïe qui s'est prolongé jusque vers le milieu du jour. Les colonnes d'assaut françaises ont fait une attaque dans le vide et ont trouvé le fort abandonné.

« Les forts de Douaumont et de Vaux jouèrent, dans les combats autour de Verdun, un rôle considérable, tant qu'ils se trouvaient avec toute leur puissance défensive, en tant que forts français, en la possession des défenseurs. Pour affaiblir la position de Verdun, il était nécessaire de les rendre inoffensifs. Mais, privés de leurs moyens de combat, en grande partie détruits, ils ne possédaient tactiquement pour l'assaillant qu'une valeur très limitée, au moment où l'attaque de Verdun était interrompue. Bien mieux, ils constituaient d'excellentes cibles pour l'artillerie française.

« À la suite du gain de terrain local réalisé par les Français autour de ce qui fut le fort de Douaumont, le fort de Vaux avait encore moins de valeur pour les troupes allemandes, et il n'y avait pas lieu de consentir des sacrifices considérables pour la conservation de cette pointe avancée. Comme, en outre, le terrain autour de Vaux était extrêmement défavorable pour la défense vers l'Ouest et le Sud, le fort de Vaux a été abandonné et le front allemand a été ramené sur une ligne plus favorable, préparée déjà depuis longtemps, moins marquée et moins exposée au feu de l'artillerie ennemie. »

Toutes ces explications ne sont pas négligeables au point de vue technique, mais elles affaiblissent de bien peu l'importance attachée par l'ennemi à ce secteur, jusqu'à la veille même de le perdre.

Cela se voit au nombre des unités qu'il y avait engagées. Au mois d'octobre, de la tranchée Clausewitz au bois de Grimaucourt, il met en ligne trois divisions du 15e C. A., les 30e, 39e et 50e, celle-ci rattachée au corps d'armée, et il y ajoute, dans la partie Est, la 102 D. Ce sont des troupes d'élite s'il faut en croire un ordre saisi au cours de la dernière bataille, l'ordre N° 480 du 21 juillet de la 50e D., dont voici le texte :

« S. A. I. le Kronprinz de l'Empire allemand et de Prusse, le haut commandant en chef de notre armée, a eu la gracieuseté de saluer le 53e régiment qu'il a passé en revue à Senon et de le haranguer en ces termes :

« Camarades, parmi les nombreuses troupes que j'ai eues sous mon commandement, dans les durs combats devant Verdun, la 50e division a pris une place d'honneur.

« Tous les rudes combats sur le plateau de Vaux, la fidèle résistance dans le difficile secteur de combat, dans le difficile terrain, sous le violent feu d'artillerie sur la tranchée de Vaux, tout cela la Patrie en restera reconnaissante à la Division avec qui notre brave régiment a conquis d'immortels lauriers. C'est pour cela que je suis venu ici pour vous remercier, pour remercier chacun de vous de tout cœur. »

Était-ce pour procéder à l'évacuation du fort que les Allemands avaient réuni tant de troupes ? « C'était pour la défense de Vaux », observe le *Times*, qui ajoute :

« Un mémorandum signé de von Engelbrechten, daté du 17 octobre 1916, et que les Allemands laissèrent dans le fort, contient des instructions préliminaires pour l'organisation du fort et du terrain immédiatement en bordure, et comprend de minutieuses mesures à prendre : l'installation de barricades par sections pour la défense intérieure, la construction d'une nouvelle sortie, l'achèvement d'un souterrain, qui n'était creusé que sur une longueur de quarante mètres seulement lorsque les Allemands partirent en hâte, et qui devait relier une de leurs tranchées de communication ; enfin, l'établissement de défenses en fils de fer barbelés, le tout exécuter par une compagnie du génie, trente hommes de la garnison et, chose curieuse, par une compagnie de cyclistes. Tout cela ne semble guère indiquer que les Allemands quittèrent le fort de leur plein gré. Ce qui ne l'indique pas davantage, c'est la note inscrite sur le mémorandum d'Engelbrechten, et qui dit : « La réduction de la garnison demandée ne peut pas être accordée parce qu'elle gênerait l'exécution des travaux. » La date du mémorandum, cinq jours seulement avant le retour offensif des Français dans leur fort, ne confirme pas non plus la prétention de l'ennemi. Il n'y a pas le moindre doute qu'il évacua le fort parce qu'il trouvait que la place devenait trop dangereuse. »

Notre artillerie lourde à gros calibre créa ce danger. C'est à nos obus de 400, a dit un officier, que nous devons d'être rentrés dans le fort de Vaux comme dans celui de Douaumont. « Notre commandement a sagement agi, écrit le général Berthaut, en n'employant pas l'action de vive force, quelque chance qu'elle eût de réussir, puisqu'il a obtenu le même résultat avec un minimum de pertes en matériel humain. »

IV

Le prix que les Allemands attachaient à la possession de Vaux se démontre encore par ces simples lignes parues, en juin, dans la Gazette de Francfort :

« Depuis cinq jours, le fort est en notre possession ; nous avons arrêté toutes les contre-attaques, nous avons constamment élargi et consolidé nos positions sur la hauteur de Vaux : nous pouvons dire, autant qu'il est humainement certain : « Nous avons fermé le poing sur notre conquête ; personne ne nous la ravira. »

La vérité, et si éclatante, c'est qu'après Douaumont ce nouveau coup a été rude à l'Allemagne. La presse d'outre-Rhin n'a même plus à balbutier l'excuse du brouillard. Et l'état-major ne lui permet pas encore de reconnaître que la valeur, si humiliante pour lui, de notre artillerie lourde s'est attestée aussi manifestement à Vaux et à Douaumont, et que, notamment, les obus de 400 ont fait merveille. Et quelle épargne nous lui devons de matériel humain ! Une action de vive force pouvait réussir. Les chefs ont obtenu le même résultat sans perdre un homme, grâce à l'emploi copieux de ces projectiles de tous calibres dont le général Maitrot, ce prophète, écrivait en 1913 « qu'il en faut trop ».

Le colonel Repington célèbre non moins haut le triomphe de nos artilleurs :

« La victoire française devant Verdun démontre les résultats qui peuvent être atteints dans l'Ouest dès que nous sommes en état d'étendre nos opérations, c'est-à-dire lorsque nous disposons d'un nombre suffisant de canons de gros calibre pour attaquer soit sur un front plus large, soit par surprise sur des points où nous ne sommes pas attendus.

« Un nouvel horizon s'ouvre alors devant nous. L'idée n'est certainement pas nouvelle ; ce qui l'est, c'est la démonstration de ce qui peut être fait avec une bonne préparation et lorsque canons et obusiers se trouvent en nombre suffisant sur le champ de bataille. Ce n'est pas que les défenses allemandes fussent inefficaces ou que leur artillerie fût trop faible. Il y avait certainement sur le terrain 130 batteries allemandes et de nombreuses troupes, pendant le temps que dura le bombardement préliminaire, ce qui ne laisse aucune excuse au Kronprinz et à ses généraux pour expliquer leur défaite.

« Ce qui a été fait à Verdun peut l'être également ailleurs. Ce ne sont pas des masses d'infanterie qu'il faut, mais beaucoup de canons de gros calibre et de nombreux obusiers, et il faut s'en servir avec la même habileté qu'ont montré « les généraux Pétain et Nivelle. »

V

Tous les gens compétents ont admiré la méthode avec laquelle l'entreprise a été conçue et menée. Le commandement ne crut pas indispensable de rechercher le succès dans la supériorité du nombre : Par ses services d'état-major (2e bureau), il connaît très exactement le chiffre et la valeur des unités allemandes qu'il a devant lui : 21 bataillons en première ligne, 7 en soutien, 10 en réserve. Il sait pareillement le nombre de bataillons qui, derrière ces troupes, peuvent être alertés et alimenter le combat. Il ne mettra lui-même en ligne que 3 divisions : la division Guyot de Salins, composée de zouaves, de tirailleurs et de marsouins, les divisions Passaga et de Lardemelle, fantassins et chasseurs à pied, — la première renforcée d'un régiment, le 11e, et la dernière du 30e régiment d'infanterie. Mais il aura sous la main les réserves suffisantes. Ces troupes avaient précédemment occupé le secteur Thiaumont-Fleury-Vaux-Chapitre : elles connaissaient donc le terrain et l'adversaire même qu'elles avaient à combattre. Quelque temps avant l'attaque, l'une près de deux mois, les deux autres plus de trois semaines, elles furent retirées du front et envoyées au repos et à l'instruction dans la zone des étapes. Cette instruction, après avoir remis les troupes en main, les prépara directement au but poursuivi. Un terrain fut aménagé qui figurait le terrain de combat. Un plan du fort de Douaumont y était même dessiné si exactement que, lorsque le bataillon chargé de prendre le fort y parvint, chaque homme gagna presque machinalement le poste qui lui avait été assigné. Ainsi, par le choix des troupes et par leur préparation, le commandement obtenait-il, à défaut de la supériorité du nombre qu'il dédaignait, la supériorité de la valeur individuelle, de la valeur morale et de l'habileté technique.

« Vingt-sept mois de guerre, écrivait le général Nivelle dans une note du 17 octobre, huit mois de bataille à Verdun ont affirmé et confirment tous les jours davantage la supériorité du soldat français sur le soldat allemand. Cette supériorité, dont il faut que tous aient conscience, est encore accrue par la diminution progressive de qualité des troupes que nous avons devant nous et dont beaucoup reviennent de la Somme, très affaiblies au matériel et au moral. Cette supériorité se manifeste par la facilité avec laquelle les prisonniers se sont rendus, aux dernières affaires, en groupes nombreux, même avant l'assaut... Aucun moment ne saurait donc être plus favorable pour attaquer l'ennemi, lui faire de nombreux prisonniers, mettre définitivement Verdun à l'abri de ses entreprises, abaisser encore le moral de la nation et de l'armée ennemies. Une artillerie d'une puissance exceptionnelle maîtrisera l'artillerie ennemie et ouvrira la voie aux troupes d'attaque. La préparation dans toutes ses parties est aussi complète, aussi parfaite que possible. Quant à l'exécution elle ne saurait manquer d'être également parfaite, grâce à la discipline, à la bonne instruction, à la confiance et à l'entrain résolu des troupes qui auront l'honneur d'en être chargées. Leur volonté de vaincre, d'apporter un gage important de plus à la Victoire définitive, de couvrir leur drapeau de nouvelles gloires rend un succès magnifique absolument certain.[*] »

Quant à la supériorité de nos canons et de nos munitions, elle s'est manifestée d'une éclatante façon :

« Dès avant la préparation directe de l'opération du 24 octobre, notre artillerie empêcha l'ennemi de s'installer sur le terrain bouleversé par les combats de juillet et d'août : ainsi l'ennemi ne disposait-il que de rares boyaux pour gagner sa première ligne. On se rend compte des difficultés du problème qui consiste à disposer sur le terrain les batteries nécessaires, souvent sur plusieurs lignes successives, dans tous les emplacements favorables, à les dissimuler aux

---

[*] Un Témoin, journal l'*Illustration*.

vues aériennes, à préparer les moyens de transport pour les innombrables tonnes de munitions qu'exige la consommation de l'artillerie moderne, a abriter pièces, servants et munitions pour les préserver des vues et de l'artillerie ennemies. Il faut, en outre, étudier minutieusement les objectifs à battre, par les moyens les plus scientifiques : photographies, instruments d'optique perfectionnés, etc., installer les communications sûres qui permettent aux observateurs et aux cadres de l'artillerie d'opérer en tous temps, malgré les bombardements ennemis les plus violents, suivre au fur et à mesure des destructions obtenues l'état des travaux de l'ennemi, surveiller les réfections ou les ouvrages nouveaux qu'il improvise, repérer les batteries qu'il renforce ou qu'il déplace, afin de pouvoir les contre-battre efficacement. Le travail de l'artillerie réclame, en effet, une précision mathématique. L'accumulation des moyens matériels ne vaut que par la rigueur de l'organisation qui les met en œuvre. Cette organisation, dans la bataille de Douaumont-Vaux, atteignit par son agencement et sa régularité la perfection.* »

Pour n'avoir pas été, grâce à cette savante préparation, chèrement acheté, le mérite du rôle de notre infanterie, dans la journée du 24 octobre, s'appréciera par ce seul fait que notre offensive a eu affaire à des éléments appartenant à sept divisions ennemies.

VI

Communiqué du 15 décembre, 23 heures :

« Après une préparation d'artillerie qui a duré plusieurs jours, nous avons attaqué l'ennemi au nord de Douaumont, entre la Meuse et la Woëvre, sur un front de plus de dix kilomètres.

« L'attaque s'est déclenchée à 10 heures. Le front ennemi a été partout enfoncé sur une profondeur de trois kilomètres environ. Outre de nombreuses tranchées, nous avons enlevé les villages de Vacherauville, Louvemont, la ferme des Chambrettes, les ouvrages d'Hardaumont et de Bezonvaux.

---

*. Un Témoin, journal l'*Illustration*.

« Nous avons fait un grand nombre de prisonniers, non encore exactement dénombrés : sept mille cinq cents, dont deux cents officiers, sont déjà passés par les postes de commandement. »

La préparation d'artillerie dont parle le communiqué avait été signalée par l'ennemi. Le radiotélégramme de Berlin en date du 14 décembre 20 h. 30, mentionnait que les Français avaient entrepris, dans la soirée, des tentatives sur la rive est de la Meuse. Celui du 15 décembre 14 heures ajoutait : « À l'est du fleuve, après une forte préparation d'artillerie qui a pris sous son feu les terrains situés en arrière de nos positions, l'ennemi a attaqué pour la reprise de la côte du Poivre. L'avance des vagues d'attaque françaises a été arrêtée par notre feu de défense. »

Mais cette préparation a été plus méthodiquement, plus savamment menée que les Allemands ne pensaient. Ils ont dû nourrir également des illusions sur l'emploi que nos chefs feraient de leurs canons, une fois notre infanterie en mouvement. L'artillerie a été, en effet, plus que jamais la compagne, la protectrice de nos fantassins. Si nous n'avons perdu que 700 hommes, c'est à elle que la France le doit, autant qu'à l'admirable élan de ses enfants.

L'Attaque. — À 10 heures, en ordre parfait, nos troupes se portèrent en avant.

« Sur la gauche, elles atteignaient d'un premier bond le sommet de la côte du Poivre et les abords de Vacherauville. C'était le premier objectif indiqué. Elles s'y tenaient d'abord. Au centre, elles étaient parvenues à la ferme d'Haudremont et à la cote 347 ; à l'aile droite, elles avaient notablement progressé sur la route de Douaumont à Bezonvaux.

« Mais ce n'était qu'une première étape, bientôt suivie d'une seconde. Celle-ci nous rendait maîtres du village de Vacherauville, de celui de Louvemont, de l'agglomération des Chambrettes, du village de Bezonvaux. L'ouvrage d'Hardaumont, qui avait opposé une certaine résistance, était pris et dépassé. Nous nous emparions également d'un certain nombre d'autres réduits fortifiés, jalonnant la route de Vaux à Bezonvaux, et nous portions notre aile droite à l'alignement général de notre nouveau front.

« Cependant un grand nombre de prisonniers, surpris par l'impétuosité de notre attaque et cédant à une démoralisation que nous constatons de plus en plus dans l'armée allemande, tombaient entre nos mains. Hier soir déjà 7500, dont 200 officiers étaient passés par les postes de commandement, et il y en avait d'autres. De même, nous prenions de nombreux canons d'artillerie lourde, de campagne et de tranchées, ainsi qu'un matériel abondant. Notre communiqué n'en donne pas encore le chiffre, mais on citait dès hier, de source autorisée, le nombre de 50 canons. On disait aussi qu'une division avait fait à elle seule 1200 prisonniers.* »

LES RÉSULTATS DE LA JOURNÉE DU 15 DÉCEMBRE. — « C'est tout le front de la rive droite de la Meuse qui a été porté en avant, depuis le fleuve jusqu'à la Woëvre, sur un front qui n'est pas inférieur à deux lieues.

« Toutes les crêtes en avant de nos positions, côte du Poivre, cote 378, bois de la Vauche, ont été emportées, avec les villages qui les bordent. Les Allemands sont rejetés dans une sorte de grand fossé naturel, ravin de Vacherauville, ravin des Rousses, ravin de Bezonvaux, celui-là même qui a marqué leur première étape dans la bataille de février. Ils sont maintenant à plus de cinq kilomètres au nord de Souville, dont ils étaient à quelques centaines de mètres au mois de juillet. 8 »

Le 12 décembre, dans la note où le chancelier de l'Empire allemand prétendait, devant tout l'univers, nous imposer la paix allemande, il était dit :

« Nos lignes inébranlables résistent aux attaques incessantes des armées de nos ennemis. »

L'armée de Verdun a montré, une fois de plus, le néant des affirmations officielles de l'autre côté du Rhin.

Aux dernières nouvelles l'on annonce que le nombre des prisonniers faits par nous depuis le 15 décembre s'élève à 11 387 dont 284 officiers. Le matériel pris ou détruit comprend 115 canons, 44 lance-bombes, 107 mitrailleuses.

---

* Colonel X..., le *Journal*.

Nos pertes ont été minimes. On est arrivé sur plusieurs points avec l'arme à la bretelle. Mais, partout où elle a eu à donner, l'infanterie a nettement marqué la supériorité de nos quatre divisions engagées sous les ordres du général Mangin contre les cinq allemandes.

Une autre supériorité, non moins digne d'être signalée, a été celle de notre artillerie. Elle a réglé le combat, l'infanterie suivant, ainsi que le dit un récit d'allure officielle. Elle avait, au préalable, détruit les défenses de l'ennemi, fils de fer, tranchées, abris, observatoires, positions et batteries, en même temps qu'elle empêchait l'adversaire d'entreprendre de nouveaux travaux.

« Notre méthode a triomphé », a pu dire le général Nivelle à ses troupes avant de saluer dans la journée du 15 décembre l'aurore de la victoire décisive.

Partie Deux

LES CONSÉQUENCES DE LA VICTOIRE

Bataille de Verdun, 1916, Artillerie française

CONSIDÉRATIONS GÉNÉRALES

LES CONSÉQUENCES DE LA VICTOIRE

Première conséquence :

Tout d'abord Verdun nous a permis, répétons-le, de nous organiser sur la Somme.

« Cette offensive avait exigé de longs mois de préparation, de réglages et de repérages —La bataille moderne est comme une pièce de théâtre : avant la première, elle exige des répétitions. Nous avons « répété » au bruit du canon de Verdun et surpris l'adversaire qui nous jugeait incapables de faire deux choses à la fois—

« Nous nous sommes engagés sur la Somme après une sévère épreuve, mais non sans en avoir tiré les leçons fécondes de l'expérience. L'emploi meilleur de l'artillerie, de l'aviation et de l'infanterie, l'importance des résultats et la diminution des pertes ont prouvé le progrès accompli.

« Et si de ce progrès certain la victoire décisive n'est pas encore sortie, si la route est longue encore qui nous y mènera, nous savons à quelles conditions elle est pour l'avenir subordonnée, et que nous n'en sommes plus séparés que par un effort dont nous sommes maîtres.

« Supérieurs à l'ennemi par la domination de l'air, supérieurs par la puissance du feu et par son utilisation, nous avons appris, dans les récents combats, à quel prix et par quelles voies cette supériorité sera portée au degré qui nous fera vainqueurs.

« Nous avons connu des offensives stériles. L'offensive de la Somme, quels qu'en soient les fruits immédiats, est une offensive féconde. Elle constitue les grandes manœuvres de la victoire. C'est à son école que s'en forment les méthodes. Mère de nos espérances et de nos certitudes, elle est la fille de Verdun.* »

Seconde conséquence :

Le bénéfice qu'ont tiré nos Alliés de notre résistance prolongée.

M. Lloyd George a déclaré le 13 juillet : « La valeureuse résistance des Français à Verdun, leur indomptable héroïsme qui arrache à la fois des cris d'admiration et de colère à l'ennemi, le sang versé si généreusement, ont enfin permis de parfaire nos préparatifs. »

Le premier de ceux-ci aura été l'enrôlement, l'équipement de centaines de milliers d'hommes qui, peu à peu, pendant la bataille de Verdun, sont venus remplacer les Français sur plusieurs points importants de la région du Nord. Pendant tout le temps qui s'est écoulé du 21 février au 1er juillet, le commandement anglais a pu librement organiser une armée minutieusement pourvue de tous ses rouages essentiels.

« Pour nos autres grands alliés les Russes, Verdun a été la condition nécessaire des succès magnifiques par lesquels les armées de Broussiloff se rappelèrent à l'attention du monde. En somme, l'Allemagne s'était trompée sur l'ampleur durable de ses victoires de 1915. Elle a cru, à cette date, que, jusqu'à la fin de la guerre, on ne parlerait plus de la Russie. On croit aisément ce qu'on désire. Or, que désirait l'Allemagne ? D'abord réaliser son programme oriental, écraser les

---

* André Tardieu, l'*Illustration*.

Serbes, joindre les Bulgares et les Turcs, entraîner la Grèce, intimider la Roumanie, fonder son règne sur l'Orient ; puis se retournant vers le bloc franco-anglais, le rompre par une attaque de grand style, ramener ses lignes aux portes de Paris et là, maîtresse de l'Europe, de Constantinople à Noyon, dicter les conditions de « sa » paix.

« Le rêve oriental faillit devenir une réalité. Notre présence à Salonique lui marqua seule une limite. Le rêve occidental, plus lourd à porter, exigeait un effort surhumain. Pour se préparer à le vivre, l'Allemagne négligea tous les fronts. Divisions et canons prirent le chemin de la France.

« Chaque jour, nos avions signalaient de nouveaux emplacements de batteries. Les pièces se touchaient, presque roue à roue. Le Kronprinz drainait, au profit de son ambition et de « sa » victoire, toutes les ressources de l'Empire et ne tolérait qu'à regret l'attaque du Trentin, satisfaction périlleuse accordée à l'Autriche asservie et hargneuse.

« Pendant ce temps la Russie travaillait. Par une fabrication de fusils que n'égale celle d'aucun belligérant, elle armait une partie des millions d'hommes dont ses dépôts regorgent. Par Arkhangel, malgré les glaces, au prix de tours de force quotidiens, canons et munitions débarquaient, traînés par les rennes. Les usines fumaient et la production s'organisait. La confiance renaissait et, du coup écrasant de 1915, rien ne restait que la volonté de le venger.

« Le 4 juin 1916, l'heure sonna et l'attaque se précipita. Ce qu'elle fut, on s'en souvient. Plus de 300 000 prisonniers en témoignèrent. Une prompte riposte pouvait peut-être la contenir. Mais Verdun tenait toujours et le Kronprinz attendait, haletant, la chute de Souville, où ses avant-gardes, en juillet, devaient pousser une pointe audacieuse, — pour n'en plus ressortir vivantes.

« Abandonner la partie, si près du but, il s'y refusa. Et Broussiloff avança toujours.* »

Cadorna aussi, par action réflexe. L'avance de Broussiloff ayant dégarni de troupes autrichiennes le front qui regarde l'Italie, l'admi-

---

* André Tardieu, l'*Illustration*.

poussée sur Gorizia put s'opérer sans coûter un trop grand sacrifice d'hommes.

Pendant le même temps, les Serbes transportés en Algérie ont pu, d'abord restaurer leurs forces, ensuite s'entraîner avec ardeur pour la revanche de leurs infortunes militaires de 1915.

Troisième conséquence :

Une victoire remportée sur le terrain diplomatique, ainsi que l'observe dans le *Petit Journal* M. Pichon, l'ancien ministre des Affaires étrangères :

« L'opinion des pays neutres évolue, les États-Unis laissent apercevoir leur impatience, l'accord entre les puissances de la Quadruple-Entente se resserre, et des fissures commencent à se produire dans la coalition nouée sous l'effort dominateur et persévérant parti de Berlin. »

TÉMOIGNAGES DES NEUTRES
ET DES ALLIÉS

I

C'est au cours de ces huit mois que l'empereur Guillaume a dit de la France qu'elle était son principal ennemi. Cette déclaration ne nous a pas infligé le péché d'arrogance dont il nous accusa, plus tard, dans une proclamation retentissante. Pendant tout ce temps, nous avons laissé l'Allemagne pavoiser pour des victoires quelquefois démenties le lendemain par elle-même. Pas plus que pour la bataille de la Marne et celle de l'Yser, nos drapeaux n'ont flotté à nos fenêtres pour Verdun. Ce n'est pas nous, c'est le monde entier qui a donné à la valeur de notre résistance toute son ampleur.

Si des milliers de cœurs humains, comme l'a écrit M. Lavisse, ont battu au nom de Verdun, c'est qu'à travers les réticences ou les mensonges des communiqués et des journaux allemands, la vérité a filtré jusqu'aux régions du monde, si rares encore, où l'on ne se bat pas. Et un cri d'admiration s'est élevé qui n'avait pas retenti dans l'univers habité, même au temps où nos aigles impériales volaient

Du Tage au Rhin, de Varsovie à Rome.

Du coup, une brusque baisse sévit en Allemagne sur le commerce des caricatures où le soldat français prend la poudre d'escampette devant l'invincible Michel. Partout ailleurs, les neutres les moins bien disposés à notre endroit se mettent à l'école du respect pour nos soldats et pour notre peuple. Le journal l'*A B C*, un des organes espagnols qui sympathisaient le plus ouvertement avec la cause allemande, se montre déférent pour notre nation, la veille encore méconnue de lui, quand il dit : « Que chacun suive avec intérêt les prouesses du peuple qui lui est sympathique. Pour moi, l'héroïsme conscient, l'héroïsme de ces hommes libres qui défendent leurs foyers, leurs coutumes et les destins de leur race est le plus noble et le plus fécond de tous. Aucune raison dynastique, aucun désir de lucre, aucune ambition impérialiste ne lance au combat les soldats de la France ; de plus nobles mobiles les poussent. C'est pour cela qu'ils sont si courageux et si forts ; c'est pour cela qu'ils ont transformé le coup de main de Verdun en une suite ininterrompue de batailles où ils sèment des germes de victoire. »

Un écrivain du même pays, M. de Bobadilla, s'adresse ainsi à tous les Français :

« Au prix de votre sang, vous sauvez de la mort ce pays qui jadis, sous Turenne et Napoléon, fit trembler le Germain ! Héroïques et généreux Français, votre défense est celle de l'Europe, menacée d'esclavage, de l'Amérique sournoisement envahie déjà, du monde entier traqué par une réaction routinière. À vous tous les espoirs du juste, de l'homme libre ; si vous étiez vaincus dans cette lutte épique, nous clamerions « *Gloria Victis* » ; vainqueurs, vous éviterez que l'ombre immense dont parle Victor Hugo n'obscurcisse la liberté. Vous aurez accompli la justice immanente de l'histoire. Défaits, vous resteriez couverts de gloire ! Victorieux, vous serez les justiciers ! »

II

En Amérique, une des personnalités les plus éminentes des États-Unis s'exprime ainsi :

« La victoire sera dure, mais elle est certaine, grâce à la France et à ses merveilleux Alliés, à leurs armées de terre et à leur maîtrise des mers, et au Gouvernement dirigé avec tant de force par l'homme d'État et le remarquable orateur qu'est M. Briand. La France est plus que jamais considérée comme la nation à l'idéal élevé par excellence, et les gaz empoisonnés de la propagande allemande eux-mêmes n'ont pu la souiller. La façon merveilleuse dont l'armée française à Verdun, qui marqua le tournant de la guerre, a su changer une défensive en offensive, a fait chez nous, comme dans le monde entier, — sans en excepter vos ennemis, — l'admiration générale. »

Dans l'Amérique latine, à Buenos-Aires, un comité formé de l'élite du pays, a dressé, sous forme d'album, une invocation éloquente à la France. Les journaux les plus qualifiés du pays s'associent chaudement à cette initiative.

III

Plus prés de nous et de notre cœur, l'Italie a des mots qui émeuvent. Le généralissime Cadorna, qui est venu au camp de Verdun entre deux faits d'armes victorieux sur l'Isonzo, fait, au retour, un récit de la vaillance française dont l'écho se répercute à la Chambre italienne où un orateur se lève pour dire :

« L'attention du monde entier se tourne pour admirer les exploits de l'armée française sous Verdun. On peut, dès maintenant, affirmer que la bataille de Verdun constitue un remarquable succès pour la France, parce que l'ennemi a manqué son but principal dans son assaut soudain, à savoir : provoquer en France et dans les pays alliés et neutres un mouvement de dépression et de découragement. Ce but a échoué désormais grâce à la résistance splendide des troupes françaises. »

Et tous les députés, debout, d'applaudir frénétiquement aux cris de : « Vive l'armée française ! Vive la France ! »

Dans toutes les villes de Russie, une furie d'enthousiasme éclate. De Londres, où un certain nombre de parlementaires français ont été invités à conférer avec des membres du Parlement anglais sur les moyens de poursuivre la guerre, un des délégués, M. Pichon, écrit :

« Le nom de Verdun est sur toutes les lèvres. Dès qu'il est prononcé, il est acclamé, et cela dans tous les milieux et dans toutes les classes. On a une foi absolue dans la victoire de la France. »

Il en est de même partout où les délégués sont allés : à Glasgow, à Édimbourg, à Sheffield, des milliers d'ouvriers, d'employés, de bourgeois anglais ont manifesté en l'honneur de notre pays par des vivats frénétiques et par l'assurance formelle qu'ils resteraient à nos côtés jusqu'au bout dans la lutte contre l'ennemi commun.

Et l'éloquence sentimentale de M. Lloyd George parlant de la France a trouvé ces accents :

« Le monde n'a pas encore commencé à apprécier la beauté, la noblesse et la grandeur de la France dans cette guerre.

« Ce pays héroïque ira jusqu'au bout. On se rendra bientôt compte de ce qu'ont été, de ce que sont les guerriers français. Quand le réel héroïsme, le génie de la défense de Verdun seront compris et appréciés à leur juste valeur, une flamme nouvelle de patriotisme, un élan plus formidable encore soutiendront l'armée française dans sa volonté d'aller jusqu'à la victoire sans s'occuper du temps qu'il faudra pour y parvenir. »

À quelques jours de là, M. Lloyd George est venu visiter, en compagnie de M. Albert Thomas, la place de Verdun. À la fin du repas, pris en commun avec les officiers dans les casemates de la citadelle, M. Lloyd George a prononcé ces paroles :

« Je veux d'abord vous dire la joie que vous m'avez faite en m'invitant à m'asseoir à la table de vos officiers, au cœur même de votre citadelle de Verdun.

« Je suis heureux de les voir réunis autour de nous, ceux qui reviennent de la bataille, ceux qui y seront demain et ceux qui, avec vous, montent la garde de ces murailles inviolables. Le nom de Verdun suffira à évoquer dans l'histoire de tous les siècles un souvenir impérissable.

« Aucun des grands faits d'armes dont l'histoire de la France est remplie ne témoigne mieux des plus hautes qualités de l'armée et du peuple français, et cette bravoure, ce dévouement à la patrie, auxquels le monde a toujours rendu hommage, se sont renforcés d'un sang-froid, d'une ténacité qui n'ont rien à envier au flegme britannique.

« Le souvenir de la victorieuse résistance de Verdun sera immortel, parce que Verdun a sauvé non seulement la France, mais notre grande cause commune et l'humanité tout entière. Sur les hauteurs qui entourent cette vieille citadelle, la puissance malfaisante de l'ennemi est venue se briser, comme une mer furieuse sur un roc de granit. Elles ont dompté la tempête qui menaçait le monde. « Pour moi, je me sens remué profondément en touchant ce sol sacré. Je ne parle pas en mon nom seul : je vous apporte l'admiration émue de mon pays et de ce grand Empire dont je suis ici le représentant. Ils s'inclinent avec moi devant le sacrifice et devant la gloire.

« Une fois de plus, pour la défense des grandes causes auxquelles son avenir même est attaché, l'humanité se tourne vers la France. »

À ce moment M. Lloyd George s'arrête au milieu d'un silence solennel. Puis, redressant la tête et élevant son verre :

« *À la France !*
« *Aux héros tombés sous Verdun !* »

CONSÉQUENCE INDIRECTE : L'EFFET PRODUIT SUR LE MORAL DES ALLEMANDS

(Chefs, soldats, civils)

CHEZ LES CHEFS

I

Le 3 octobre, le *Times* de New-York a publié le récit d'une longue entrevue du prince héritier allemand avec le journaliste américain William Bayard Hale, représentant en Allemagne de M. Hearst, le directeur de plusieurs journaux américains :

« M. Hale a rendu visite dimanche dernier au Kronprinz qui, au lieu de glorifier la guerre comme avant les hostilités, parla d'un ton très mélancolique. « En avez-vous assez vu, demanda-t-il, de cette affreuse affaire, des douleurs qui sont descendues sur cette triste région de la terre ? Quel dommage que toute cette terrible destruction de vies humaines et des espérances de la jeunesse !

« De tous les généraux, de tous les soldats que vous voyez sur ce front, il n'y en a pas un seul qui ne déplore les terribles nécessités auxquelles nous sommes forcés par cette lutte. Vous avez vu hier les terribles instruments de destruction que nous employons : gros obus, shrapnells, bombes, feux liquides, gaz, baïonnettes. Chaque général, chaque officier, chaque soldat préférerait de beaucoup voir tout ce travail, cette adresse, cette éducation, ces ressources intellectuelles, ces prouesses consacrés à prolonger la vie, à vaincre les ennemis communs de l'homme, les maladies et les obstacles au progrès humain, au lieu d'être employés à la destruction d'autres hommes. »

L'héritier de la couronne allemande a beau, au cours de l'entrevue, affirmer sa pleine confiance dans le succès final, les paroles que nous venons de citer ont dans sa bouche une particulière gravité. Le maréchal Canrobert, parlant à celui qui écrit ces lignes de la guerre « à l'allemande », dont toute chevalerie a disparu, a dit « qu'elle n'est plus *amusante* ». Elle l'était pleinement aux yeux du Kronprinz avant Verdun.

« Le prince de la Couronne est le Hohenzollern pur sang. Tout enfant, il demanda à sa mère une gronderie pour son institutrice anglaise qui n'avait pas su distinguer un uniforme d'un autre. Jeune homme, il ne rêva, il ne parla que guerre. Il saluait en elle une chose belle en soi. Il manifestait publiquement l'espoir de la voir éclater. Prenant congé des hussards de Dantzig, il leur disait : « Lorsque le roi appellera et lorsque le signal *Marche ! Marche !* retentira, pensez à celui dont le désir le plus ardent a toujours été de pouvoir vivre avec vous ce moment de félicité suprême pour le soldat ! » Il voyait avec inquiétude les « intérêts commerciaux » devenir prépondérants en Allemagne et dénonçait le danger d'une Prusse, État traditionnellement militaire, devenant un État « mercantile ». Dans une préface dont il ornait un livre pangermaniste, il écrivait : « Jusqu'à la fin du monde, l'épée sera et restera toujours le suprême facteur, le facteur décisif. »

« Quand l'affaire marocaine se termina par l'accord du 4 novembre 1911, qu'élaborèrent au lendemain d'Agadir, MM. de Kiderlen-Wæchler et Jules Cambon, qui donc présida aux attaques furieuses dont ce traité fut l'objet de la part des pangermanistes ? L'héritier de la couronne lui-même. On se rappelle le bruit que fit en

Europe et les inquiétudes que souleva l'attitude du Kronprinz à la séance du Reichstag où M. de Heydebrand attaqua si violemment la politique marocaine du gouvernement impérial. Les diatribes furibondes de l'orateur frappaient en pleine poitrine M. de Bethmann-Hollweg et M. de Kiderlen-Wæchter. Elles s'adressaient même plus haut, puisque tout le monde sait que le seul homme, responsable en fin de compte de la politique étrangère de l'empire allemand, c'est l'Empereur. L'indignation du Kronprinz était toutefois si forte qu'il ne put s'empêcher, passant outre aux usages reçus, d'applaudir violemment et avec ostentation la philippique prononcée par le chef des conservateurs.* »

II

L'héritier du trône passait avant 1914 — et sans doute avec raison — pour le chef du parti de la guerre. Un jour, au député anglais Malcolm, remarquant devant lui que personne ne désirait un conflit sanglant, il répondit vivement : « Je vous demande pardon. Je veux la guerre. Je veux administrer une gifle à ces ... de Français (nous passons l'épithète dont il précéda l'énoncé de notre nationalité), le plus tôt que je pourrai. » Bref, aucun homme ne connut, plus intense que lui, la joie qu'éveille dans une âme de soldat l'appel aux armes.

Si Verdun, dans l'ensemble, doit être un des noms qui sonnent le moins allègrement à son oreille ce n'est pas qu'il ait été pour nous un adversaire négligeable. Son armée, au commencement de la campagne, avait connu des fortunes diverses, mais repoussée vigoureusement au cours de la bataille de la Marne elle obtint quelques avantages dans l'Argonne dont l'Empereur put le faire bénéficier devant le public allemand pour inspirer à celui-ci une haute opinion du futur chef, comme empereur, à son tour, des armées. Le plan d'attaque sur Verdun fut, nous l'avons montré au début de ce travail, méthodiquement préparé. Quelle fut la part du prince dans son élaboration et dans son exécution ? Nous l'ignorons. Mais a priori on

---

* Maurice Muret (*Gazette de Lausanne*).

aurait mauvaise grâce à faire peser sur lui toute la responsabilité de l'échec. Il devrait la partager, sinon avec le vieux général von Hæsler, puisque ce soldat réputé aurait été écarté, dès les premiers mois de l'entreprise, du moins avec le général von Mudra, son chef d'état-major, particulièrement prisé à Berlin. Au surplus, ce serait sous-estimer notre victoire que de se ranger à l'opinion peu flatteuse en cours sur le prince hors d'Allemagne. Un des Français qui fut le plus en position de l'observer d'assez près à Berlin conseille, paraît-il, aux Français de se mettre en garde contre notre facilité à appliquer à cet ennemi l'épithète, trop fréquente déjà sous notre plume, de « brute galonnée ». En tout cas, l'entrevue du New-York Times le révèle assez intelligent pour ne plus trouver la guerre « amusante ». Et c'est déjà pour son orgueil une sévère leçon.

CHEZ LES SOLDATS

I

Le moral commence à décliner. Il a paru assez ferme tant que le soleil de l'espérance dora le casque à pointe.

« J'ai assisté, dit le capitaine Madelin*, l'éminent historien, aux interrogatoires de trente prisonniers et déserteurs avant l'attaque. Tous, sauf un, qui croit à une démonstration, affirment que l'état-major entend enlever Verdun, quitte à y mettre le prix en vies d'hommes. La chose en vaut la peine. On contraindra la France à une paix séparée. »

M. Madelin a lu des milliers de lettres. Il en cite de très intéressantes.

Onze jours avant la première bataille, le soldat B... écrit : du fond de son abri « où les officiers se tiennent silencieux et pâles » : « De grandEs et pénibles choses se préparent ». Beaucoup de ceux-là, en effet, ne sont plus les fanfarons du début de l'invasion. Leur témoi-

---

* Sous-lieutenant Madelin, *Leurs aveux*.

contredit même plus d'une fois les affirmations de la jactance officielle. Visiblement, le lieutenant G... ne croit guère aux nouvelles annonçant la progression toujours constante de l'armée dont il fait partie : « Le 11 avril, nous avons fait une attaque pour prendre les tranchées françaises. Nous avions commencé par faire une préparation d'artillerie très considérable, pendant douze heures, puis l'attaque d'infanterie s'est déclenchée, *mais les mitrailleuses françaises étaient absolument intactes, de sorte que la première vague d'assaut a été immédiatement fauchée par le tir des mitrailleuses, dès qu'elle a eu quitté la tranchée. En outre, les Français ont déclenché à leur tour un tel tir de barrage d'artillerie, qu'il ne fallait pas songer à une attaque.*

Nous savons par un autre que le bois des Corbeaux a été le « tombeau » de maint régiment, que le Mort-Homme (dont le communiqué du 15 mars a annoncé la prise) continue à opposer une infranchissable barrière à la ruée allemande. C'est un officier allemand lui-même qui vient donner au bulletin mensonger le plus formel démenti. Le lieutenant R..., du 71ᵉ de réserve, la veille d'être tué devant le bois des Corbeaux le 9 avril, écrit :

« Mon cher Walter... Je suis assis en ce moment dans mon trou et je pense à toi. Ah ! quelle différence entre le séjour ici et la vie en Allemagne ! Depuis huit jours, je suis dans la saleté sans pouvoir me laver. Nonowow n'était pas bien agréable, *mais ici, dans cet enfer, devant Verdun, c'est d'une mortelle tristesse. Demain, notre régiment attaque entre le bois des Corbeaux et le Mort-Homme, que d'ailleurs les Français occupent toujours et où ils ont d'excellents observatoires.* »

Le lieutenant R... ajoute :

« Le cercle autour de Verdun se referme un peu, mais mon opinion, fondée sur l'extrême précision du tir de l'artillerie française et la quantité innombrable de leurs canons, est que nous ne prendrons pas Verdun. Cela coule trop d'hommes. Pour l'avoir, il nous faudrait des mois de combat. »

Un officier aviateur, le lieutenant L..., capturé le 30 avril, s'incline sans barguigner devant la supériorité de notre aviation :
« Lorsque j'ai été attaqué par votre Nieuport, déclare-t-il à des offi-

ciers de notre armée, j'ai nettement compris que j'étais perdu : devant la souplesse de ses évolutions, j'ai eu la très franche sensation, non seulement de notre infériorité, mais encore de notre impuissance. Votre Nieuport est une merveille, bien supérieur à notre Fokker : il est un objet d'envie pour nos pilotes, qui le redoutent et s'écartent quand ils n'ont pas la supériorité numérique. » Interrogé sur les pertes éprouvées par les aviateurs, le lieutenant a un geste de découragement : « *Ach Gott ! Furchtbar gross.* (Hélas ! terriblement élevées) », soupire-t-il.

II

Si l'officier soupire, le soldat gémit. Le fusilier B... écrit :
« Nous avons assez de cette vie. Le 21, toute la journée, feu d'enfer. Les Français se défendent vaillamment. » Quatre jours après, un soldat du 69e, dit des Brandebourgeois de Douaumont, sur la foi du télégramme impérial, qu'ils ont « *remporté la grande victoire de Verdun* » (sic) ; mais il ajoute : « Leurs rangs se sont bien éclaircis ; cela dure depuis trop longtemps. » Le 24 mars, le feu roulant (*Trommelfeuer*) dicte à un autre cette lamentation : « C'est amer, bien amer. Je suis encore si jeune. Que sert de prier, de supplier ? » Sa mélancolie est justifiée. Ils sont tant les camarades qui tombent sous un feu d'artillerie « auprès duquel celui des Russes est un jeu d'enfant ! » « Ce matin, dit le soldat S..., les Français nous ont enfumés avec des obus à gaz et autres choses infâmes. Il est grand temps qu'on les ait relevés, sinon, dans cette chaudière à sorcières, tous les hommes seraient devenus fous. »

Quant à ceux qui gardent encore leur raison, jugez de leur sort d'après ces autres renseignements fournis par les lettres. « De l'escouade d'un soldat qui a été de l'assaut de la cote 265, sur dix-neuf hommes, il n'en reste plus que trois... Tous les chemins étant pris sans arrêt par l'artillerie française, on ne peut même plus enterrer ses morts. On ne peut même plus aller chercher à manger. Il y a tous les jours des tués et des blessés parmi les hommes requis pour cette corvée. L'eau potable manque ». « Nous avons chaque soir, écrit-on d'autre part, la moitié d'un verre de café à boire. » Et un autre observe que si la ration de café augmente, c'est que les rationnaires diminuent en nombre.

« Les soldats voudraient bien que tout cela soit fini », c'est l'unanime refrain. Mais quand ? Le soldat Fritz a prêté l'oreille à ce propos de son général transmis par les officiers et les sous-officiers : « Quels que soient les sacrifices à faire, l'effort sur Verdun continuera jusqu'à la chute de la place, pour montrer au monde ce que vaut l'armée allemande ». Le soldat Fritz, retourné devant son écritoire, le ventre vide, mande à ses parents : « Puisqu'il n'y a plus rien à bouffer (*fressen*), qu'on fasse donc la paix.* »

III

Les carnets de soldats offrent, comme les lettres, d'intéressantes particularités sur le prix que Verdun coûte. Un pionnier de la 5e compagnie du 3e bataillon dit :

« 5 mai. — Assaut général du 3e corps d'armée sur les positions françaises. Nous prenons les premières tranchées, mais bientôt nous sommes contraints d'abandonner nos nouvelles positions et nous sommes refoulés sur les anciennes. Dans cet assaut, la 3e compagnie subit les plus grosses pertes. Il ne revient que sept hommes d'un bataillon du 52e régiment de la 5e division et vingt du 20e régiment de la 6e division. À la suite de ces pertes, des régiments refusent de marcher parce qu'ils sont trop faibles. Ça ne va pas, car nos réserves ne peuvent se porter rapidement à notre secours à cause des tirs de barrage français.

« 7 mai. — Grosse explosion dans le fort de Douaumont. C'est terrible, car on avait massé là de gros renforts en vue d'une attaque. Nombreuses victimes. L'état-major n'en souffle mot. On nous dit que ce sont les Français qui ont fait sauter une mine et qu'il n'y a que 200 ou 300 tués, mais des camarades échappés racontent qu'un flammenwerfer a pris feu par l'imprudence d'un fumeur et a fait sauter le

---

* Sous-lieutenant Madelin, *leurs aveux*.

dépôt de munitions. Un feldwebel avoue qu'il y a au moins 1000 tués, d'autres disent 2000, un camarade qui y était affirme 3000. »

Et ceci d'un sous-officier :

« Nous nous maintenons sur le terrain gagné au prix de pertes épouvantables, mais il faut perdre tout espoir de s'emparer de Verdun. La guerre va continuer indéfiniment et il n'y aura pas de vainqueur ni de vaincu. »

CHEZ LES CIVILS

I

Dans toute l'Allemagne, au début de la campagne, le nom de Verdun fut magique et béni. La prise de Vaux et celle de Douaumont provoqua partout un enthousiasme indescriptible. On s'arrachait les exemplaires des journaux à Berlin. Dans la promenade *Unter den Linden*, devant la salle des dépêches du *Lokal Anzeiger*, la circulation était interrompue, les visages reflétaient une joie intense. Dans la rue, sans se connaître on s'abordait, on se pressait les mains en s'écriant : « *Ein schritt näher nach Paris !* » (Un pas en avant vers Paris !) et, tandis que les cloches sonnaient à toute volée, les drapeaux surgissaient aux fenêtres, les tramways eux-mêmes étaient pavoisés, Berlin vivait dans la fièvre et dans la joie. Cependant la prise de Verdun traînant en longueur, il fallut bien trouver une explication. Le bureau de la presse de la Wilhelmstrasse convoqua les directeurs des journaux et une formule fut lancée qui, immédiatement, fait fortune : « *Verdun, dass ist die Saugpumpe* », Verdun c'est la pompe aspirante. Désormais, il ne s'agit plus de prendre Verdun, mais seulement de retenir et d'épuiser l'armée française. Enchanté, « Michel » approuve et trouve génial le plan de l'état-major.

Mais le temps passe. Verdun résiste... Michel stationne moins longuement devant la salle des dépêches. Elles sont si insignifiantes les nouvelles de l'agence Wolff !

En septembre il n'y en a plus que pour la Picardie. Cela lui donne le temps de lire jusqu'au bout la liste des noms des morts, qui serait plus longue encore si les chiffres n'étaient pas soumis à une opération arithmétique inverse de celle qui enfle les souscriptions pour les emprunts.

Nous n'avons pas la prétention de dresser, pour notre part, un compte exact des pertes allemandes à cette date, car cette évaluation ne peut être qu'approximative. Mais ce qui est certain, c'est qu'elles ont dépassé toutes celles des combats précédents et atteint des chiffres sans exemple au cours des plus sanglantes guerres. Les attaques en masse multipliées, leur acharnement, leur inutilité fréquente, furent terriblement meurtrières pour l'armée allemande.

Michel se demande alors si ce monde d'ennemis dont il s'enorgueillit d'être entouré est si méprisable qu'il se l'imaginait au début de la guerre, au temps où sa foi en d'augustes pronostics croyait à la prédiction de septembre 1914 : « Avant que les feuilles soient tombées de ces arbres, vous serez rentrés dans vos foyers ». Il commence aujourd'hui à discuter le récent diagnostic tombé des mêmes lèvres et reproduit, sans démenti ultérieur, par le *Berliner Tageblatt* : « L'ennemi commence à mourir lentement. » Certes, Michel ne doute pas de notre mort, mais quelle fâcheuse complication pour lui que l'agonie tarde à venir !

II

Si encore il mangeait toujours à sa faim, et non pas lui seulement, mais tout le menu peuple dont à peu près tout le salaire passait jadis en victuailles ! Nous ne referons pas ici la statistique, trop décevante depuis deux ans pour nos impatiences, de ce que le blocus ravit de ressources à l'alimentation allemande. Mais si nous avons cru trop vite l'Allemagne affamée jusqu'au point de demander la paix « à genoux », elle l'est assez, depuis Verdun, pour que les émeutes annoncées par les journaux hollandais et danois, amis de l'Entente, ne soient pas une pure fable.

Déjà le 23 janvier un citoyen de Dortmund a écrit : « Que le bon

Dieu fasse que la guerre finisse bientôt. Autrement il y aura des désordres comme en 1848. »

Après deux mois d'offensive, le Dieu allemand ayant prolongé la guerre, « pour nous autres pauvres diables », comme se qualifie un soldat, une ménagère de Dusseldorf mande à son fils : « Vous vous battez sur le front. Nous autres femmes, nous nous battons ici pour un peu de manger. » Cette bataille de femmes se livre contre une police tracassière et brutale. Dans une page arrachée d'une lettre, on lit : « Une femme a été tuée ; une autre a eu trois doigts coupés ; une troisième est devenue folle. À Aplorbeck une quatrième allait réclamer un secours plus élevé parce que son mari est en campagne et qu'elle ne peut vivre ainsi avec ses six enfants. Comme on ne lui accordait pas davantage elle donna une gifle au commissaire de police. *Celui-ci n'accepta pas* (sic) et la tua. »

Par-dessus la tête des policiers l'exaspération de la détresse populaire vise d'abord les riches, puis les accapareurs « pires que les Anglais ». Elle s'écria indignée :

« Au commencement de la guerre, on lisait dans les journaux que tel ou tel riche avait été tué, mais maintenant il n'y a plus que les pauvres qui tombent au champ d'honneur. *Merci pour l'honneur ! Vous autres, là-bas, vous vous faites démolir et nous, à l'intérieur, nous mourons de soucis et de chagrins pour vous* ». Une autre correspondante, une veuve de la guerre reproche aux éditeurs responsables leur invulnérabilité : « ... *De ceux qui ont causé la guerre, aucun ne meurt.** »

Il est bien vrai « qu'aucun ne meurt » de ceux qui sont pour l'Allemagne plus dieux que le Dieu allemand. Demain peut-être la veuve douloureuse se souviendra des articles de journaux énumérant le luxe d'armatures et de canons protégeant l'Empereur, au cours d'une halte à Czenstowo. Alors, elle murmurera très bas que, de leur côté, les fils du souverain ont heureusement échappé aux hécatombes d'officiers ; que si l'artillerie des Français a forcé le prince Eitel à se réfugier dans une cave, le prince Oscar a pu s'aller guérir à l'ambulance

---

* Sous-lieutenant Madelin, *Leurs aveux.*

d'une maladie de cœur contractée au front ; qu'enfin, le Kronprinz bénéficie des grandeurs spéciales retenant les privilégiés du rang dans les quartiers généraux abrités et distants même des canons à très longue portée, pendant que le prince Auguste-Wilhelm accomplit des missions à l'étranger.

Mais si les menaces de l'émeute « comme en 1848 » sont loin encore de gronder au seuil des palais impériaux, certains vont jusqu'à entrevoir, après cette « guerre générale des femmes », une « guerre fratricide » :

« Il faut espérer, écrit-on de Crefeld, au sous-officier B..., du 39ᵉ réserve, le 24 avril, que la guerre aura bientôt une fin, car si cela continue ainsi, elle finira par éclater dans le civil. »

Comment s'en étonner ? Dans ce pays jusqu'à ce jour si respectueux des hiérarchies sociales, la faim en arrive à employer pour sa vengeance le vocabulaire des pamphlets anarchistes de tous les pays :

« Si la guerre dure encore jusqu'à l'hiver prochain, *personne ne vivra plus de nous autres pauvres gens*, car il nous faudra mourir de faim et personne ne s'occupe de nous. *L'essentiel, c'est que les grosses panses soient pleines.* »

« Dans une carte au musketier S... du 202ᵉ Rés., du 15 avril (Berlin), on lit : « Au Reichstag, il y a actuellement grande délibération au sujet des impôts. Tous les impôts doivent être élevés ... On applique toujours le vieux procédé que tu connais bien : *Tout pour la grande masse, c'est elle qui doit cracher.* »

« Avec le temps, le ton devient de plus en plus aigre, de plus en plus violent : « Samedi, beaucoup d'hommes partiront, écrit-on de Solingen, le 3 mai, *les pauvres sont vite bons pour le service à présent.* » Et de Salm, le 29 avril : « C'est autrement que je me figurais la guerre ; les hommes périssent au dehors, les femmes et les enfants ici... *Il faut laisser la graisse aux riches. Les travailleurs ne sont plus qu'un tas de fumier.** »

D'où cette conclusion d'un Bavarois :

« J'aime autant être Français que Prussien », articulée souvent

---

* Sous-lieutenant Madelin, *Leurs aveux*.

devant l'auteur du *Journal d'un Simple Soldat*, M. Gaston Riou, et même avec cette précision, qui fait dire à l'écrivain, à propos des Bavarois prolétaires vus par lui à Ingolstadt : « Ils serviraient aujourd'hui aussi indifféremment l'empereur Guillaume et M. Poincaré. »

Partie Trois

LES FACTEURS DE LA VICTOIRE

Dans une tranchée de première ligne, trois soldats prêts à l'attaque : le sourire aux lèvres. (Agence Meurisse, 1916)

LES CHEFS

I

Le haut commandement français n'a pas été pris au dépourvu. Averti dès le mois de décembre par ses agents, par l'interrogatoire des prisonniers, par le service de l'aviation, il lui resta cependant un doute. L'offensive sur Verdun sera-t-elle unique ? Ne peut-elle pas être simplement une feinte ? Dans ce cas, ne convient-il pas de ne point se démunir de ses réserves ? Mais même si l'hypothèse de la feinte se réalisait, la première mesure de prévoyance à prendre était de mettre les renforts nécessaires à la disposition de la région fortifiée de Verdun*. Elle fut prise à temps. Le service des transports a été assuré. Afin de suppléer soit à la rupture éventuelle de la voie Normale de Sainte-Menehould à Verdun, exposée sur certains points au feu de l'ennemi, soit à l'insuffisance du réseau meusien dont le débit a cependant été quintuplé depuis le début de la campagne, l'organisation du ravitaillement par le service automobile a fonctionné sur tous les points du front où pouvait se faire sentir la nécessité d'intensifier les courants de transport. Ce service est comme une voie

---

* *La victoire de Verdun* : Une bataille de 131 jours.

ferrée mobile qui apporte avec elle son personnel, sa force motrice et ses quais d'embarquement et de débarquement.

Dans cette prévision, dès mars 1915, on avait entrepris la réfection et l'élargissement de la grande route de Bar-le-Duc à Verdun, qui avait été portée à une largeur de sept mètres permettant le passage de trois voitures de front. On assurait ainsi la circulation aisée de deux files de voitures marchant en sens contraire.

Avec la ruée allemande la question des transports prend plus encore de gravité. Le 21 février la ligne ferrée à double voie normale Révigny-Sainte-Menehould- Verdun a été coupée. La gare de Verdun est bombardée. La ligne devient inutilisable et les besoins croissent du simple au quadruple, car de nouveaux corps arrivent exigeant un ravitaillement plus puissant.

La direction de l'armée se met efficacement à l'œuvre. Bientôt le réseau meusien travaille à plein. Une ligne à voie normale court de Sommeilles-Nettancourt sur Dugny, et le ravitaillement des vivres s'effectue. En même temps, le transport des troupes, des munitions et du matériel du génie est assuré par les automobiles dont la circulation sur le circuit réservé atteint en moyenne 1700 camions par jour dans chaque sens, soit environ une voiture toutes les 25 secondes. Le service routier a pu faire des chemins assez résistants pour non seulement maintenir à tout instant la circulation, mais constituer une chaussée parfaitement propre et douce au roulage. De plus, il a pu faciliter le service si important des relèves.

Entre le 1er mai et le 15 juillet la voie ferrée normale entre Nettancourt et Dugny s'achève. Les services de transports automobiles peuvent être en partie libérés après avoir fonctionné d'une façon qui mérite l'admiration de tous les gens compétents. Des voies de 60 centimètres sont construites, notamment dans la forêt de Hesse. Le nombre des locomotives et des wagons a été multiplié. Il en est résulté une aisance de plus en plus rapide dans l'organisation des relèves, des ravitaillements et des évacuations.

II

De perspicaces observateurs sont allés voir de près, presque à l'œuvre, ceux à qui revient la gloire de Verdun sauvé. Lord Northcliffe, le directeur du *Times* et du *Daily Mail*, s'est entretenu avec le généralissime, « vaste et puissant caractère », avec le général de Castelnau, « si rapide dans la décision, si prompt dans la pensée ». Il admira le calme avec lequel le général Pétain s'est penché, devant lui, sur une carte, non de Verdun et des environs, mais de la Méditerranée orientale pour discuter avec lui telles ou telles opérations annoncées sur ces secteurs éloignés.

Cette impression de maîtrise de soi chez le général Pétain est partagée par tous ceux qui ont été admis à son état-major, qui « n'est pas une section des agités », a dit un visiteur parisien. Il a d'autres dons à son actif. Le général Bonnal, dont il fut l'élève à l'École de Guerre, signale chez lui, dans l'*Intransigeant*, « une grande obstination, l'esprit de méthode, le goût des sports, une remarquable vigueur physique et le sens artistique servi par une sensibilité exquise ». Il ajoute :

« À dire vrai, quand éclata la guerre, il n'avait plus rien à gagner moralement et intellectuellement. Ses qualités de commandement, tant innées qu'acquises, présentaient, dès lors, une valeur telle qu'il était prêt à remplir supérieurement les missions les plus hautes, à condition que les circonstances lui en offrissent l'occasion. »

Les combats d'août, la bataille de la Marne, l'Artois et la Champagne ont fait du colonel de juillet 1914, le commandant, deux ans après, d'un groupement d'armées. Il sera peut-être loisible un jour de s'enquérir du point de savoir pourquoi les dirigeants actuels ont dû faire reconquérir tant de temps perdu à cette carrière de soldat. L'essentiel est que la confiance de la France dans l'avenir du général Pétain se marque par l'approbation unanime donnée à la décision conférant à son passé et à son présent militaire la croix de grand officier :

« Pétain, général de division commandant une armée.

« Officier général de la plus haute valeur. Depuis le début de la campagne, n'a cessé, comme commandant de brigade, de division, de corps d'armée et d'armée, de faire preuve des plus remarquables qualités militaires. Grâce à son calme, à sa fermeté et à l'habileté de ses dispositions, a su rétablir une situation délicate et inspirer confiance à tous. A ainsi rendu au pays les plus éminents services. »

Le premier de ses collaborateurs, le général Nivelle, en prenant le commandement du secteur avait dit à ses troupes le 2 avril : « Nous n'avons plus désormais qu'une pensée, qu'un but, le salut de Verdun, la gloire de nos armes dont le triomphe définitif est prochain. »

Aujourd'hui il peut se rendre le témoignage qu'il n'a rien négligé pour ce résultat. Mais l'Académie française épargna cette tâche à sa modestie en lui adressant, le 6 juillet, un éloquent message.

III

Un court colloque avait été échangé entre les généraux Pétain et Nivelle lorsque le premier fut nommé commandant du groupe des armées du centre :

« Général, avait dit le premier à son remplaçant, mon mot d'ordre au début de la bataille a été : « Ils ne passeront pas ». Je vous le transmets.

— Entendu, général, ils ne passeront pas. »

Ils ne sont pas passés, grâce aussi au général Balfourier, commandant, d'après les termes de sa nomination de commandeur, « un corps d'armée d'élite qui a participé à de nombreuses opérations », grâce au général de division Berthelot, justifiant le même grade dans la Légion d'honneur pour « s'être distingué d'une façon toute spéciale dans les opérations autour de Verdun » et « avoir su par des attaques très bien préparées prendre l'ascendant sur l'adversaire et lui infliger plusieurs assauts successifs ».

Modestement ces chefs ne veulent pas pour eux seuls tout l'honneur des lauriers remportés. Ils sont fiers de leurs officiers et de leurs soldats.

Parmi les premiers ils confondent, dans une même louange émue, tous les collaborateurs du commandement, aussi bien ceux de l'état-major que les héros de la tranchée d'où qu'ils viennent, Saint-Cyriens, Saint-Maixentais, élèves de Saumur, de Fontainebleau, de Versailles, et les derniers de l'annuaire, ceux de l'aviation. C'est que le sentiment vigoureux du devoir a prévalu dans tout le corps d'officiers, à tous les degrés de la hiérarchie, depuis les jeunes sous-lieutenants qu'un étonnant esprit de sacrifice, reconnu par le chancelier allemand, lança en gants blancs comme à une fête mondaine contre l'ennemi en rase campagne, au début de la guerre, jusqu'aux retraités depuis vingt ou trente ans, quelquefois plus, jaloux de donner à la patrie leur dernier souffle dans le boyau ou le trou d'obus. C'est qu'aussi le jour où les officiers de carrière se clairsemèrent après les holocaustes des combats d'août 1914 où l'inégalité de l'armement coûta tant de sang généreux, officiers de réserve, territoriaux se modelèrent vite sur ceux dont ils recueillaient l'exemple. Comme eux ils aimèrent le soldat et se firent aimer de lui sans que la familiarité des rapports communs nuisît jamais au commandement dans la fournaise de la bataille.

LES HOMMES

I

Le 9 juin, le général de Maud'huy, commandant le 15e corps sur la rive gauche de la Meuse, après avoir justement glorifié les quatre attaques repoussées ce jour-là, félicitait chaudement « les soldats d'infanterie, les zouaves, tirailleurs, artilleurs, sapeurs, qui ont rivalisé de bravoure, restant inébranlables à leur poste et rejetant l'ennemi dans ses tranchées, partout où il s'est montré ».

Le général s'adressait, en cette énumération, à son 15ᵉ corps qui, à quelques jours de là, était porté à l'ordre du jour. Il ne pouvait, naturellement, parler que des unités placées sous son commandement. Complétons ce dénombrement en passant une revue rapide de tous les éléments d'héroïsme qui ont fait Verdun.

Ne serait-ce que parce qu'elle a été la plus éprouvée, l'infanterie doit ouvrir la marche. Elle restera l'incontestée « reine des batailles ». L'artillerie qui, opérant plus près d'elle maintenant, la juge à l'œuvre, l'admire de s'être si vite faite à une guerre si peu française, de s'être si noblement résignée, — elle qui aimait médiocrement à remuer la terre, — à creuser les tranchées ; elle lui sait gré d'y tenir ferme, sous les déluges de feu, pour en bondir avec l'exceptionnel élan de notre race, de s'être tout de suite habituée à n'utiliser plus guère son fusil que pour la baïonnette, de s'être allègrement entraînée à la pratique des engins nouveaux, au lancement des grenades, au maniement du long couteau nettoyeur d'abris.

Et que dire de ces « mis à pied », cuirassiers, dragons, chasseurs, s'accommodant sans murmurer de leur nouveau métier, quitte à soupirer après le jour où ils pourront remonter en selle, courir à l'ennemi, le sabre au clair ?

II

En attendant le retour de la guerre de manœuvre et de mort en beauté, fantassins et cavaliers, condamnés à la tranchée, comprennent toute l'étendue de leur devoir*. Ils sentent qu'il y a autant de mérite à terrasser, à aménager les abris, à créer les pistes nécessaires au ravitaillement, à charrier le formidable matériel propre à la fortification d'une position qu'à faire le coup de feu derrière les créneaux ou à surgir pour la charge.

Il est difficile de concevoir tout ce que l'organisation d'un secteur coûte de méthodique labeur et de sang quand on la poursuit sous les rafales de l'artillerie adverse.

« Quel service, par exemple, que celui des corvées ! Elles partent généralement de nuit. Le matériel expédié par l'arrière ou préparé dans les ateliers du front est d'abord amené dans les magasins et les dépôts improvisés tout près du champ de bataille. Et c'est à partir du moment où l'on entre dans la zone constamment battue par les obus que le transport en devient difficile et cause des pertes. Il faut voir passer ces corvées par petits groupes dans les boyaux — s'il en existe ! — ou de trou d'obus en trou d'obus, jusqu'à la ligne de feu. Les hommes vont, trimant, peinant, s'essoufflant, mais avançant tout de même... Un projectile éclate-t-il à quelques pas, la petite troupe se couche un instant et reprend délibérément sa marche. Chaque fois qu'elle est « saluée », elle s'aplatit de même et renouvelle ensuite son

---

* XXX..., journal l'*Illustration*.

effort pour repartir sous le faix. Hélas ! parfois quelques camarades ne se relèvent pas... Alors, les autres se chargent un peu plus, et d'étape en étape, le matériel, tant attendu par ceux de la première ligne — ce matériel qui doit à son tour, sauver des vies humaines — est enfin distribué comme il convient et où il convient.

« Là, sous le feu direct des fusils et des mitrailleuses, on s'ingénie, en faisant le moins de bruit possible et en se dissimulant de son mieux, à planter les piquets, à entrelacer les fils de fer, à renforcer avec efficacité nos tranchées avancées. Il n'est point de paroles assez pathétiques pour décrire les longues heures nocturnes où les travailleurs disposent ainsi les obstacles contre lesquels au réveil se heurtera l'ennemi. Mais tout à coup, une mitrailleuse vigilante se déclenche. On s'aplatit ou l'on rentre dans les trous... L'alerte a été donnée dans le camp opposé. La fusillade crépite, les fusées éclairantes sont lancées à profusion dans le ciel. De grandes lueurs déchirent l'ombre et planent avant de mourir en frissonnant. Les guetteurs allemands redoublent d'attention. Il faut attendre que la nervosité des gens d'en face se soit dissipée. Et, quand le calme renaît, les travailleurs se glissent derechef à leur poste pour fixer en terre les piquets et pour compléter inlassablement les réseaux protecteurs.»*

« J'entends dire en permission : « Quand ils reviendront, ils se battront pour un oui ou pour un non. » C'est mal apprécier nos hommes, doux et patients autant que solides et si profondément accessibles aux appels du devoir. Je ne connais pas de régiment qui ne soit fier d'être allé à Verdun : « On a eu besoin de nous ». Ils disent cela, parce que c'est ainsi, pas pour se vanter, mais parce que, dès lors qu'il y avait un coup de chien, il était juste qu'ils en fussent, eux qui « la connaissent ». Notre vie ne nous forme pas à noter des nuances de psychologie et c'est grand dommage, parce que c'est tout de même nous seuls, leurs chefs et leurs compagnons de tout instant, qui connaissons bien nos hommes et que, de loin, de grands écrivains donnent au pays une image très noble, mais très factice, de ceux qui meurent pour lui. On vous a décrit — combien de fois ! — le soldat

---

* XXX..., journal l'*Illustration*.

qui sort en criant de sa tranchée, qui brûle d'en découdre. Mais non ! On fait cela parce qu'il faut le faire, parce que c'est le métier, mais sans cris, sans gestes, la grenade d'une main, la baïonnette de l'autre. On tue sans parler. On « progresse », comme dit le communiqué, parce qu'on est là pour cela et que c'est la loi commune des travaux et des jours. Et c'est beaucoup plus beau qu'une charge à la Detaille !

« Notez que cet effort, cette lutte d'homme à homme, avec tout ce qu'elle exige d'énergie physique et morale, on la demande, par suite des nécessités de la bataille, à des troupes qui souvent sont au feu, et quel feu ! depuis quatre ou cinq jours et autant de nuits. Représentez-vous le croisement continu des projectiles sur les têtes, le grondement inlassable des pièces, le fracas des « arrivées » et le déchirement des « départs ». Peu ou même pas d'abris ; la crainte, si l'on y descend, d'y être muré et de mourir étouffé ; la nécessité de rester là en se livrant à sa chance et d'attendre que ça change, sans croire que cela doive changer. Tension des oreilles, tension des muscles, tension des nerfs, saut brusque à droite pour éviter le coup qui vient à gauche, camarades de vingt mois décapités près de vous, sensation d'être l'otage aux mains de la Mort : voilà la vie, telle qu'elle fut à Verdun, du 21 février au 20 avril. Et toujours, quand il a fallu, ces hommes ont été prêts au combat, prêts à la défense, prêts à l'attaque, maîtres de leurs corps et de leurs âmes. Dites-vous que nous avons vu cela et concevez ce que nous avons envie de répondre aux stratèges de cabinet, qui nous demandent avec condescendance si le moral n'est pas trop mauvais.

« Dans cet enfer, la solidarité, sous sa forme la plus haute, se manifeste à tout instant. Pour transporter un blessé, chacun est prêt à risquer la mort. Pour aller chercher un tué qu'on aime, il y a des volontaires qui, chaque nuit, rampent en avant des lignes. C'est long, c'est dur, mais il y a les relèves. Le commandement les multiplie le plus possible pour ménager les unités. À une heure indéterminée, quand les remplaçants auront pu franchir les barrages et gagner le secteur, on se mettra en route, bien las, bien lourds, content tout de même et déjà reposé d'avoir prononcé ce mot : le repos. Les guides sont partis pour montrer la route aux nouveaux venus. On les guette.

Ils arrivent. On passe les consignes et, par section, en avant ! Comme pour venir, c'est le coup de veine : on passera ou on ne passera pas. Peut-être un quart d'heure, peut-être une demi-heure, peut-être plus, il faudra « se planquer », se coucher, se tapir, et puis on repartira. Voilà la côte redoutable où l'ennemi, sans arrêt, cherche nos batteries. Il est rare qu'on échappe à son feu : question de plus ou de moins. Si, la zone dangereuse passée, tout le monde est là, quelques-uns blessés, mais pas de morts, on est content et, d'un pas plus relevé, on descend vers Verdun, — Verdun, cité d'horreur pour les imaginations de l'arrière, Verdun, ville de rêve pour les combattants de l'avant. Les « gros » y tombent, c'est entendu. Mais il y a des répits. Il y a des caves. Il y a des abris. Il y a l'idée d'être hors d'affaire pour cinq, six jours peut-être et d'avoir, cette fois encore, « tiré sa peau ». Les cuisines sont là où on les a laissées. Le jus du matin a été soigné de main de maître. À peine au cantonnement, on s'effondre et l'on dort, — on dort jusqu'à épuisement de fatigue, on dort comme dorment les enfants qui ne savent pas ce que c'est que la guerre.

« Parfois, le réveil est dur. Un avion passe et laisse tomber une bombe sur le pavé. Nous avons vu cela l'autre jour. Une compagnie était rassemblée sous les arbres pour le rapport. Elle a été décimée. Une popote d'officiers était réunie dans une salle basse : trois morts, atteints par les éclats. Mais ces accidents sont rares, et l'on a tôt fait de n'y plus songer. Le repos est court. Dans quelques jours, dans quelques heures, peut-être, il faudra remonter « là-haut ». Alors, pourquoi « s'en faire » ? Les hommes se lavent. Les capotes sèchent. Des torses nus se savonnent au soleil. Des manilles se prolongent à l'ombre. Rien n'existe hors du moment présent, divine philosophie du soldat qui, à la mort près, imprime à la vie de guerre, une si parfaite sérénité. Les officiers, pareils aux hommes, sont moins libres qu'eux : car le papier ne chôme pas. Ils s'occupent des renforts, des propositions, des revues d'armes. Mais tout cela est devenu si habituel, si naturel, si instinctif, qu'on n'en souffre pas, qu'on ne s'en inquiète pas. La fonction a créé l'organe et l'organe fonctionne sans heurt, presque sans pensée, avec la régularité d'un corps sain et bien équilibré.* »

III

De leur côté, les fantassins sont unanimes à reconnaître que, devant des épreuves inouïes, l'artillerie française a témoigné d'une endurance inlassable et d'une indomptable audace.

« Mises en batterie improvisées, tir continu et furieux exécuté à découvert, absence d'abris pour les hommes et pour les munitions, travail physique écrasant, tension morale torturante, tel fut le régime de nos canonniers et de leurs chefs, sans trêve ni repos, pendant des semaines. Et quand, au moment des relèves, l'infanterie traversait les batteries, un cri s'élevait de toutes les poitrines, cri de remerciement et d'admiration.

« Les pièces sont installées en demi-cercle à contre-pente. L'ennemi les a repérées approximativement, parfois même avec une grande précision. Il « cherche » la position et il la trouve. Une averse de 21 et de 15 s'abat sur les canons, tombant en avant, en arrière, dans les intervalles, souvent dessus. Dans des trous de rats rapidement creusés, les hommes sont entassés. Seuls les observateurs sont debout derrière un mur en ruine ou couchés à plat ventre sur la crête.

« Soudain, à 1500 mètres en avant, une fusée monte au ciel... puis une autre. C'est l'infanterie qui demande le barrage. Un appel, un signe, et, de tous les trous, en plein feu, bondit la foule agile des servants. Comme des automates, avec une précision de machines, ils font, chacun, ce qu'ils ont à faire. Deux minutes passent et la batterie bombardée est tout entière en action. Un projectile tombe sur une pièce. Le tube est brisé. Trois morts sont sous les roues. Des blessés râlent. À droite et à gauche, le feu continue, nerveux, rageur, demandant au canon son maximum d'effort.

« Ces hommes ignorent la passion âpre du corps à corps, et cependant chacun de leurs gestes est un geste de combat. On dirait

---

* XXX..., journal l'*Illustration*.

qu'ils font de l'escrime. Ils savent que leur tir sauve des Français et tue des Boches : c'est comme s'ils étaient au parapet, et ils servent leurs pièces à la même allure que le fantassin, par un coup de pointe, enfonce sa baïonnette dans une poitrine allemande. Cela dure une heure, deux heures. Puis l'observateur signale une détente. On s'arrête. On se compte. On couche à l'écart ceux qui jamais plus ne tireront. On abrite, comme on peut, les blessés et on se repose, — jusqu'à une nouvelle fusée.

« La nuit, même régime ; vigilance redoublée ; tir souvent ininterrompu : car la nuit l'artillerie attaque les communications de l'ennemi et creuse dans ses relèves les trous effrayants dont nous parle les prisonniers. La nuit, c'est l'heure aussi du ravitaillement. Dans le fracas du canon, le sourd roulement des caissons annonce les projectiles qui montent. Les conducteurs poussent les bêtes qui se cabrent devant les cadavres, tombent dans des trous, se redressent en hennissant.

« Parfois le barrage allemand oblige à de meurtrières attentes et, tout le long de la piste, s'entassent les sections de munitions. Si le Boche a de la chance et qu'il tape dans le tas, c'est un carnage : toute la route en est marquée. Cadavres de chevaux, cadavres de voitures, on dirait d'un calvaire de mort qu'il faut gravir chaque nuit et qu'on gravit chaque nuit parce qu'il faut le gravir. Pas une fois une batterie n'a manqué de munitions. Pas une fois les caissons ne sont restés en panne : quand les attelages sont tués, on en attelle d'autres, — ponctualité admirable faite d'un dévouement sans limites !* »

IV

« L'artillerie et l'infanterie ont connu à Verdun ce qu'elles sont l'une pour l'autre, et qu'elles ne peuvent rien l'une sans l'autre. Et la fraternité du 75 et du fantassin s'est scellée pour jamais. « Il n'est pas jusqu'aux « lourds » avec qui, en quelque mesure, la liaison sentimentale ne se soit établie. Je me souviens des débuts de notre artillerie

---

* XXX..., journal l'*Illustration*.

lourde. Les hommes, en voyant passer les grosses pièces, les regardaient d'un œil défiant. Un chasseur me dit une fois : « C'est des gens qu'on ne voit qu'au cantonnement. » Le fait est qu'en 1915 les lourds ne faisaient guère parler d'eux. On avait peu de projectiles : il fallait être économe. Aussi, dans les secteurs, quand le Boche envoyait du 21 et que nous répondions avec du 75, la troupe disait : « On reçoit du gros. On envoie du petit. »

« À Verdun, l'infanterie a changé de sentiment. Quand nous regardions, couché en haut du fort de Vaux, le travail du 155 sur le glacis où le Boche avait poussé ses tranchées, nous faisions amende honorable aux lourds, car c'était un joli travail. Où étaient-ils ? Nous ne savions pas. Tapis en quelque coin de vallée ou là-bas, très loin sur les collines du fond, ils étaient invisibles et présents. Mais personne ne doutait de leur puissance. Réglés par avions, ils n'envoyaient pas dans nos rangs d'observateurs. L'imagination des hommes les voyait inaccessibles, divinité lointaine soustraite aux humaines curiosités. Mais on était content de savoir qu'ils étaient là.

« Nuances subtiles et fugitives de la physionomie du combattant, ces impressions résument pourtant dans la bataille de Verdun la réalité de la vie de tranchée. Nos hommes ont bien souffert. À Vaux, au bois de la Caillette, devant Douaumont, au Mort-Homme, ils ont subi des pertes sérieuses. Partout, toujours, la violence et la continuité de notre tir a été pour eux le meilleur des réconforts.

« D'entendre le claquement des 75 ou le roulement pesant des 155, les braves cœurs se sentaient égayés, soutenus, excités. De savoir que nous rendions coup pour coup et souvent deux coups pour un, ils supportaient mieux l'averse d'acier. Le bruit du canon français fait partie intégrante du moral du soldat. Jamais plus nous ne connaîtrons ces bombardements sans réplique égale qui, en d'autres temps, furent si durs à porter. Et cela seul est une grande joie dans cette longue suite de misères qui est la destinée du combattant.

« Canons de Verdun, qui, sur les colonnes boches en marche dans le bois d'Haudremont et le bois Feuillu, abattiez vos rafales soudaines ; canons de Verdun qui, devant nos tranchées éboulées de la Morchée et de Thiaumont, tendiez le rideau de fer de vos barrages ; canons légers et canons lourds, canons de nos frères, les artilleurs, vous emportez dans le grondement de vos obus un peu de nos cœurs de fantassins !* »

V

N'oublions pas les hommes de l'artillerie de second plan, celle qui se porte à bras, ces mitrailleurs si maîtres de leurs armes, plus compliquées peut-être que celles de l'ennemi mais plus efficaces et qui leur sont abondamment fournies maintenant.

Et ces auxiliaires de l'artillerie les ravitailleurs de batteries avec quel sang-froid et quelle simplicité ces vaillants accomplissent leur mission ! Et pourtant mission bien périlleuse entre toutes. Toujours loin de leurs chefs, livrés à eux-mêmes, ils ont à accomplir les ordres reçus au départ et ils s'en acquittent en conscience.

Il faut les avoir vus à Verdun, sous un bombardement incessant des plus gros calibres, sans abri, à découvert ; calmes à leurs postes, mécaniciens et serre-freins vont sans arrêt, l'oreille aux écoutes, les yeux fixés sur la voie. Sans lumière dans la nuit noire, ils poursuivent ainsi leur route comme à l'aveuglette, sur le fragile ruban de leur voie étroite et à la merci des pires surprises, amènent à leurs frères les munitions de mitraille vengeresse.

Parfois la machine sombre, tout à coup, dans un trou d'obus. Travail surhumain ! Sous le bombardement qui fait rage, il faut relever le convoi, et les quatre hommes — car ils ne sont que quatre par train... ainsi isolés dans l'ouragan de la bataille, ne font plus pour ainsi dire qu'une seule âme, par la grande énergie du devoir sacré qui les anime et la conscience de leur responsabilité impérieuse.

Et le convoi repart vers de nouvelles catastrophes, dans la nuit. Combien de fois, la voie coupée devant et derrière eux, réduits à l'immobilité et à l'impuissance, n'ont-ils d'autre ressource que de chercher pour s'abriter, en attendant que passent les rafales de mort, une méchante butte de terre !

---

* XXX..., journal l'*Illustration*.

Une équipe de réparation survient qui remplace les éléments coupés et l'on repart encore. Et c'est ainsi toute la nuit jusqu'au jour, car au matin tous les trains doivent avoir rejoint le dépôt.

« Autres ravitailleurs, les cuisiniers, les « cuistots ». Une fois par vingt-quatre heures ils font, sous l'averse d'acier, un trajet qui en dure douze et plus. Ils vont, agiles et sonores, retentissant du bruit des bouteillons et des gamelles, débouchant dans le noir du village écrasé, dont les détours leur sont familiers. D'une allure de course, bondissant presque, l'œil ouvert et l'oreille tendue, trouvant le trou favorable contre la « marmite » qui siffle, se relevant, se recouchant, poussant vers l'avant, où les autres ont faim, ils vont, laissant chaque fois en route quelqu'un des leurs, qu'on découvre après, décapité ou éventré. Ils vont, avec toutes leurs forces, avec tout leur cœur, fiers de leur obscure et vitale mission, sachant qu'il dépend d'eux qu'on veille mieux au créneau, qu'on tire plus juste et qu'on attaque plus fort. Gars héroïques, qui vous bousculent de leur ferraille au croisement des boyaux ; qui revendiquent gaiement pour la « bidoche » et le « pinard » la priorité de passage ; sublimes serviteurs de la France qui se bat et qui, par eux, mange, boit et vit.* »

VI

Non moins précieux, ces coureurs de l'armée dont une communication de l'état-major précise ainsi le rôle :

« Une zone désolée où de grasses fumées, blanches ou sombres mettent seules une apparence de vie changeante, tel est un champ de bataille d'aujourd'hui. Soudain, dans ce désert étrange, voici que des silhouettes d'hommes surgissent et se hâtent ; d'obstacle en obstacle, de trou en trou, ils bondissent, se couchent, se relèvent, reprennent la course ; ils glissent parmi le fouillis d'un petit bois ravagé et échappent au regard. Ces hommes ce sont les messagers de la bataille moderne, les « coureurs ». Jamais ils n'ont été plus utiles auxiliaires qu'à Verdun.

---

* XXX..., journal l'*Illustration*.

« Assurer les liaisons est le problème quotidien. Pas une ligne téléphonique ne résiste au bombardement incessant qui défonce le sol et rase les travaux ; les communications par pigeon sont aléatoires, les signaux optiques insuffisants... Ici, l'homme domine le matériel : pour transmettre les renseignements et les ordres, il faut surtout un cœur bien trempé. Qu'on imagine la tâche. La protection des boyaux encombrés de corvées, de blessés, de détachements de relève, parmi lesquels on ne peut cheminer que lentement, n'est pas pour les coureurs qui doivent aller vite ; ils vont à découvert, et c'est déjà une marque de courage.

« Traverser les barrages de la grosse artillerie allemande, obus de 210, de 150, de 105 aux explosions formidables, nappes de balles des mitrailleuses, vapeurs empoisonnées, s'écraser sous les rafales, buter sur des cadavres, voir partout le spectacle de la mort, l'attendre à chaque pas et marcher toujours, nerfs et esprit tendus vers le terme de la course, c'est le devoir des agents de liaison. Ils l'accomplissent simplement.

« En général, on les a sélectionnés. Fantassins, cyclistes, cavaliers des escadrons divisionnaires, ils ont été choisis parmi les plus déterminés et les plus habiles à la course. Ils savent l'importance de la mission et sont fiers de la remplir. »

VII

L'aviation n'était pas tout à fait au point le 21 février. La campagne qui avait abouti à la démission d'un sous-secrétaire d'État dénotait un désarroi auquel il était temps de mettre fin. Il fallait de meilleurs appareils, des hommes, sinon plus audacieux, — c'eût été demander l'impossible — du moins plus dans la main des chefs. Le commandement s'y employa activement. Il était temps. S'étant rendu compte de tous les avantages qu'on pouvait tirer de l'emploi méthodique des avions, les Allemands venaient de tenter un effort considérable dont le principe fut l'emploi du nombre. Par groupes de dix-huit ou vingt, les albatros et les L. V. G. (initiales désignant les appareils de la *Luft-Verkehrs-Gesellschaft*, Société de circulation aérienne) venaient, escortés de petits aviatiks de chasse, biplaces ressemblant étonnamment à nos biplans Nieuport et peints de la même façon. Les bombardiers se tenaient à environ 2 800 mètres d'altitude, lançaient chacun deux bombes de 20 kilos et repartaient en file indienne. Ces agressions étaient effectuées très près des tranchées, à 6 ou 7 kilomètres au maximum à l'intérieur de nos lignes. Le 21, jour où fut abattu le zeppelin de Revigny, un groupe vint attaquer la voie ferrée qui relie Paris à Verdun. Dès lors, les bombardements se succédèrent sans interruption. Chaque jour les combats devinrent plus redoutables. Le 8 mars, nos escadrilles mettent en fuite 15 avions ennemis : un aviatik et un L. V. G. sont abattus au-dessus d'Étain. Le 12 mars, 18 combats aériens se livrent au-dessus du duel d'artillerie. Le 17 mars, on ne compte pas moins de 32 combats aériens au cours de 29 vols de chasse faits par nos pilotes, fokkers, albatros, L. V G. tombent sous les coups adroits de nos mitrailleurs de l'air. Le 18 mars, c'est la grande bataille aérienne d'Habsheim, à laquelle prennent part plus de 60 aéroplanes : nous abattons 5 appareils ennemis, 4 des nôtres succombent. Le 3 avril, 51 combats encore : 3 fokkers tombent dans nos lignes ; une dizaine d'autres sont vus, tombant dans les lignes ennemies. Le 25 avril, 31 combats ; le 27, 40 ; le 30, 24. Et ce fut ainsi chaque semaine, presque chaque jour.

Cette chasse ardente contre un gibier qui fait front courageusement dans ses lignes, s'il s'aventure peu dans les nôtres, a été souvent mortelle aux chasseurs. Nous avons de notre côté perdu ainsi de nombreux héros, entre autres le commandant de Roze qui très jeune encore reçut la croix d'officier de la Légion d'honneur pour services exceptionnels.

VIII

Les sapeurs. — Aux derniers les bons. Chacun sait que le général en chef sort de l'arme du génie, où il se distingua tant sur le sol de la mère-patrie qu'au Tonkin et à Madagascar. C'est assez dire que cette arme a donné à Verdun tout son rendement efficace. Le sapeur a mérité une page de choix dans l'histoire de la valeur française à Verdun. L'esprit s'exalte à la pensée du courage silencieux de ceux qui creusèrent des mines pendant des semaines entières, l'oreille à chaque instant aux écoutes, guettant un petit bruit, une rumeur de voix trahissant la menace d'une contre-mine. Autant qu'aux grands jours de la guerre de Crimée, les sapeurs de la guerre présente ont bien mérité de leurs chefs et de la Patrie.

En résumé, de tous les combattants de Verdun pris en masse, chefs, officiers et soldats, il a pu être dit par le consentement universel des chefs d'État et des peuples :

« Aux obus mastodontes ils ont opposé l'obstacle victorieux de leurs poitrines. »

LE SERVICE DES TRANSPORTS LE SERVICE DE SANTÉ, L'INTENDANCE

I

Le 30 avril, appelé par le commandant en chef à prendre le commandement du groupe des armées du centre, le général Pétain, avant de remettre au général Nivelle le commandement de la deuxième armée, dit à ses troupes :

« Grâce à tous, chefs et soldats, grâce au courage et à l'abnégation des hommes des divers services, un coup formidable a été porté à la puissance militaire allemande. »

Les hommes des divers services avaient en effet le droit de n'être pas plus oubliés que les combattants, par un chef juste appréciateur du mérite des hommes dont il avait à se servir. Dans l'ensemble, tous les services de l'arrière ont fonctionné d'exemplaire façon.

Nous avons dit le tour de force accompli par les camionneurs automobilistes pour assurer le transport des troupes, des munitions et du matériel du génie. Quelques-uns sont tombés épuisés, vaincus surtout par l'insomnie. Non moins esclaves du devoir auront été les terrassiers, cantonniers du service routier.

Si les chemins de fer ont joué un rôle secondaire à Verdun, nous ne possédons pas encore les éléments d'appréciation qui peuvent expliquer pourquoi, mais à coup sûr ils eussent été en mesure d'assurer un fonctionnement excellent sous Verdun à d'autres lignes qu'aux deux qui ont été utilisées.

Dans toute la France, en effet, nos réseaux ont été à la hauteur de leur tâche grâce à une organisation soigneusement préparée mettant à la disposition du généralissime une armée de trente mille cheminots et tous les agents de chaque réseau qui, par leur âge, sont encore soumis aux obligations militaires.

Un cheminot, président de l'Union syndicale, a pu écrire en toute sincérité sur ses camarades :

« Si on ne peut entrer dans un exposé complet, on peut tout au moins affirmer que toute lassitude, que toute défaillance, que toute récrimination sont bannies dans ces parages à jamais mémorables où se jouent les destinées de la patrie ; que les gares, les dépôts, les ateliers, les bureaux, les chantiers en plein air constituent autant de ruches laborieuses dont les efforts individuels et collectifs convergent vers un même but : la défense nationale.

« Çà et là, ce sont des chargements qui s'effectuent, des manœuvres qui s'opèrent, des trains qui se forment sous une pluie de mitraille, comme à Revigny ; plus loin, c'est une équipe qui, la nuit ou par un brouillard épais, reconstruit une voie détruite ou s'efforce de remettre sur rails une machine effondrée dans un énorme trou d'obus ; ailleurs, ce sont des mécaniciens, des chauffeurs, des agents de train chargés du ravitaillement ou de l'évacuation du matériel en danger, qui circulent nuit et jour à travers les plus grands périls. Beaucoup n'ont plus de loyer ; leurs femmes, leurs enfants ont été évacués à l'arrière, mais eux sont restés à leur poste ; certains ne le quittent même plus ; les équipes ont été doublées ; elles sont ravitaillées, tant bien que mal, en cours de route, et viennent alternativement prendre leur repas et se reposer dans un fourgon mis à leur disposition à proximité de la machine, si toutefois on peut considérer comme repos le fait d'être étendu sur un plancher continuellement en mouvement. C'est peut-être une existence pittoresque, mais qui, néanmoins, n'est pas sans présenter quelques inconvénients ; si elle se généralisait, on serait amené à changer la dénomination populaire de « cheminots » par celle de « chemineaux ».

« Et combien d'autres faits pourraient être cités : tel, par exemple, ce chef de dépôt qui, d'accord avec tout son personnel, et après l'évacuation du matériel transportable, refuse de quitter son dépôt bombardé avant d'en avoir reçu officiellement l'ordre. Il fallait néanmoins quelqu'un pour garder ce qui restait du dépôt et continuer à assurer le ravitaillement encore nécessaire ; c'est un manœuvre marié et père de famille qui, spontanément, s'est offert. Nouveau Robinson Crusoe, il a élu domicile dans une cave ; quand les « pains de sucre » tombent trop dru, il rentre dans son trou, au risque d'y être enseveli vivant, et, quand une accalmie se produit, il en sort pour se remettre au travail.* »

II

Les Ambulances de l'avant. — « À cause du bombardement continu, le rôle des postes de secours et des ambulances de l'avant au cours de cette bataille de Verdun a été particulièrement difficile à remplir. Qu'on imagine sous le feu cette série d'opérations : la recherche des blessés, leur transport sur le brancard, puis sur la brouette porte-brancard, puis dans les automobiles du service sanitaire jusqu'à l'ambulance elle-même à portée des obus. Nos brancardiers ont bien mérité de leurs camarades combattants. Ils n'ont jamais hésité, sur les terrains les plus battus, à accomplir leur mission et plusieurs ont trouvé la mort auprès des blessés qu'ils ramenaient.

« Les hôpitaux de Verdun, abondamment pourvus en médicaments et en matériel, avaient pu permettre de compléter l'aménagement des ambulances, mais les obus tombaient sur la ville et ce n'est pas sans risques que ce déménagement s'était effectué. Cependant chacun s'offrait pour ce transport.

« Les médecins-majors circulèrent sans repos, parmi les blessés

---

* Louis Olivier, président de l'Union nationale des cheminots.

qu'on leur apportait, et ce qui les aida à supporter la fatigue, ce furent les blessés eux-mêmes :

« Jamais, dit un infirmier, entre deux pansements — car les médecins n'ont pas le loisir de parler — ni en Artois, ni en Champagne, je n'avais rencontré pareil moral. Tantôt il y a les prostrés, soit par excès de fatigue, soit par suite de la gravité de la blessure, mais les autres, ceux qui peuvent parler, ceux qui veulent parler, nous apportent le rayonnement de la bataille. Par eux nous savons ce qui s'est passé, nous suivons ce qui se passe. Non pas que nous les interrogions, non pas que nous cherchions sur une carte, tel nom de village ou de poste qui revient avec obstination sur leurs lèvres comme un nom de victoire, non pas que nous cherchions à relier entre eux les épisodes obscurs et locaux dont ils ont été les témoins ou les acteurs — chacun ne s'intéressant qu'à son étroit secteur et ne pouvant donner une impression d'ensemble — mais l'impression générale naît pour nous de leurs exclamations, de leurs phrases hachées, et mieux encore de leurs visages eux-mêmes. On peut reconnaître au visage un vainqueur et un vaincu, jamais je ne l'avais si bien compris... »

« Il passe à un autre blessé. Celui qu'il vient de panser et qui a le bras à moitié détaché — on espère le lui sauver — n'a pas laissé échapper une plainte, le nouveau ne sera pas moins courageux, et l'infirmier reprend :

« Regardez s'ils ne sont pas sûrs de la victoire. Quand on nous les apportait, leur premier mot était pour nous dire : « Vous savez, ils ne passeront pas ! Ces salauds-là croyaient passer : rien de fait ; c'est barré ! »

« Et il y en avait qui riaient comme au souvenir d'une bonne farce. Ils riaient avec de la douleur sur la figure et, encouragé par cette réflexion, un blessé qui écoute prend la parole :

« Cela fait plaisir. Quand on les voit se sauver, on ne pense pas à soi, vous comprenez. »

« Celui-ci, qui est particulièrement documenté et qui est instruit, ancien élève d'une école de commerce, ajoute :

« Je suis revenu avec les prisonniers. Je n'étais pas très blessé, je pouvais marcher. Il y en avait qui parlaient français et qui disaient :

« On croyait bien ne trouver personne. On nous avait promis qu'après le bombardement il n'y aurait plus personne devant nous et voilà que nous avons trouvé du monde et des mitrailleuses. On nous a promis aussi que vous n'aviez plus de munitions et que d'ailleurs vous ne pouviez pas vous ravitailler à cause des obus. » Ils disaient tous cela, ils avaient l'air de trouver mauvais qu'on se soit défendu, comme si ce n'était pas du jeu. C'est curieux, tout de même ; ils voudraient nous attaquer en étant bien sûrs qu'on ne se défendrait pas. Ils trouvent mauvais qu'on leur résiste et qu'on soit plus fort qu'eux ! »

« Et le soldat se met à rire tandis qu'on achève de le panser. Il vient de nous donner sans s'en douter la formule de l'impérialisme allemand, stupéfait de se briser contre notre force... * »

Le Dr P. Blanchod juge comme il suit, dans la *Gazette de Lausanne*, cette organisation méthodique :

« Nous connaissions pour y avoir travaillé les hôpitaux de l'arrière avec leurs plaies gravement infectées, leurs fusées de pus si longues à tarir malgré les opérations multiples, les larges incisions et les antiseptiques énergiques. Nous connaissions les courbes de température à grandes oscillations et le *facies* angoissé des blessés le soir, quand approchent les 40°. Et les noms nous viennent à la mémoire de tous ces braves que nous avons suivis heure par heure, souvent avec inquiétude, pendant les interminables mois que mettaient les plaies à se fermer.

« Notre surprise a été grande de trouver tout près du front une chirurgie propre, presque aseptique.

« L'expérience a montré aux chirurgiens français que la même opération consistant dans la large ouverture et le nettoyage des tissus, l'hémostase exacte, l'enlèvement des projectiles, des débris de vêtements, des esquilles libres et des caillots sanguins a un résultat complètement différent suivant que cette opération est précoce ou tardive.

« L'opération faite pendant les six ou huit premières heures après la blessure permet de stériliser la plaie avant que les microbes aient

---

* Du journal *le Gaulois*.

eu le temps de se multiplier. L'opération tardive n'est qu'un remue-ménage dans des tissus infectés. La direction du service de santé a tiré de ces faits les conclusions qui s'imposaient : permettre aux chirurgiens d'opérer à l'avant ; de là la création des postes de secours, des ambulances chirurgicales mobiles, des ambulances divisionnaires, du transport rapide par autos aux hôpitaux toujours plus nombreux dans la zone des armées.

« Les ambulances divisionnaires sont établies à quelques kilomètres derrière le front, dans des fermes, dans des hangars d'aéroplanes désaffectés ou dans des baraques Adrian. Sur le sol, de grandes croix de briques rouges sur fond de pierres blanches les indiquent aux aviateurs ennemis. Les chefs de ces formations sanitaires sont architectes, entrepreneurs autant que médecins ; ils s'ingénient à améliorer leurs installations de fortune ; chaque infirmier a sa spécialité : électricien, mécanicien, appareilleur, charpentier, menuisier, maçon. Il faut voir à l'œuvre ces gens industrieux pendant les heures où les blessés chôment un peu, amenant l'eau en utilisant les tuyaux d'un chauffage central d'une maison détruite, réparant les gouttières causées par le dernier bombardement, relevant une paroi effondrée par un obus ; quand ils vernissent une salle, ils ne négligent pas une frise amusante au pochoir ; ils dallent les allées d'une baraque à l'autre ; ils mettent des fleurs partout, des capucines, des pois de senteur.

« C'est dans ces ambulances admirablement aménagées et d'une propreté éclatante que les chirurgiens obtiennent de merveilleux résultats. Ils suturent les plaies stérilisées presque sans les drainer, un coup de bistouri en entonnoir ayant enlevé les tissus mortifiés.

« Nous avons vu déambuler après quelques jours des trépanés, des fracturés de l'épaule ou du bras ; les fractures graves du genou et de la cuisse, afébriles, sont immobilisées dans l'ingénieux appareil extenseur d'Alquier.

« Et dans l'auto qui nous ramenait à Paris, à travers les champs de bataille de la Marne et de l'Ourcq, par la crête du Mondement, les marais de Saint-Gond, le cimetière de Chambry, nous pensions à ce que dut être le sort des malheureux blessés de ce temps-là, et nous rendions hommage au génie des médecins français qui surent en pleine guerre improviser l'admirable service de santé de la zone de l'avant. »

III

Infirmiers. — Un médecin militaire écrit :

« J'ai été le témoin, de leur part, d'actes dont l'abnégation dépasse toute grandeur. Ils vont par le champ de bataille, sans armes, affrontant tous les périls, parce que leur devoir est de répondre à l'appel du blessé tombé, et accomplissent chaque jour, sans s'en douter, de sublimes prouesses. Une fois, c'est un brancardier, un maçon parisien, qui se précipite dans la mitraille au secours d'un soldat grièvement blessé, qui le prend délicatement, l'emporte doucement, sans se soucier des balles qui pleuvent dru comme grêle. Une autre fois, c'est un de mes infirmiers qui va chercher en rampant, dans le mince espace — 200 mètres au plus — qui sépare les deux tranchées adverses, des blessés qui sont restés au cours d'une attaque malheureuse, qui se tordent de douleur, crient, appellent, supplient. Nul ne peut s'aventurer à leur secours sans risquer sa vie... Mon infirmier poursuit tranquillement sa mission périlleuse et tombe avec le troisième blessé qu'il ramenait. Quel héroïsme et quelle abnégation ! Et quel exemple réconfortant pour nos hommes de voir que l'appel d'un soldat français tombé ne reste jamais sans réponse ! »

IV

L'Intendance. — L'intendance fidèle à la tradition qui l'a placée au premier rang des services, malheureusement aisés à dénombrer, qui fonctionnèrent régulièrement dans les premières semaines de la guerre, a donné satisfaction à cet ordre du jour du commandant de la 2e armée :

« Les commandants de groupements ne devront pas perdre de

vue que les bonnes troupes sont des troupes bien nourries et que le bien-être matériel a sur le moral du soldat la plus heureuse répercussion. Ils feront tout leur possible pour améliorer les ordinaires. »

Partie Quatre

LES PAGES GLORIEUSES

LE LIVRE D'OR

I

Tous les jours il s'allonge. Il déborde, dans ce volume, le cadre des récits où tant de vaillance s'est déjà étalée. Il nous impose donc la contrainte d'ailleurs assez douce de lui donner un chapitre à part. À l'aide de tout ce que la presse, la voix publique signalèrent, à chaque instant, du haut en bas de l'échelle hiérarchique militaire, nous allons reconstituer quelques pages d'une légende d'héroïsme qui a ébloui l'humanité entière, nos ennemis compris.

Aux morts héroïques d'abord.

Le colonel Driant. — Driant aura été un des plus nobles exemplaires de l'officier de carrière en France. Nous n'avons pas à dire, à cette place, pour quelle cause il brisa son épée après avoir, dès sa sortie de Saint-Cyr, jusqu'à son grade de commandant de bataillon de chasseurs à pied, obtenu de tous ses chefs, les notes les plus flatteuses que puisse ambitionner un soldat. Mais tout le monde convient que, rendu à la vie privée, le citoyen valut le soldat. Ainsi que le constate le témoignage autorisé du président de la Chambre, Priant honora le Parlement avant de trouver la plus belle des morts, au bois des Caures, le lendemain du jour où il adressait à Mme Driant ce dernier billet :

« Je ne t'écris que quelques lignes hâtives, car je monte là-haut encourager tout le monde, voir les derniers préparatifs.

« L'ordre du général X..., hier, prouve que l'heure approche. Leur assaut peut avoir lieu cette nuit, comme il peut encore reculer d'un jour ou deux. Le premier choc sera terrible, les Allemands emploieront flammes et gaz ; nous le savons par un prisonnier de ce matin. Mes pauvres chasseurs si épargnés jusqu'ici ! Mon cœur se serre, mais je suis très calme — je ferai de mon mieux. À la grâce de Dieu ! J'ai toujours eu une telle chance que j'y crois encore pour cette fois. Mais comme on se sent peu de chose à ces heures-là !... »

Ses amis, quand il fut signalé comme disparu, le 24 février, ne purent pas se faire à l'idée de sa mort. Il en avait très peu, en tout cas, le pressentiment. Il avait écrit quelques jours avant :

« Depuis mon arrivée au corps, j'ai vu tomber un assez grand nombre de mes hommes. Pour moi, je m'en suis toujours tiré sans une égratignure. C'est là une chance inespérée, et je commence par croire que j'en reviendrai sain et sauf... »

Ceux qui ne savaient que par ouï-dire quel soldat il était, espérèrent qu'il n'était que prisonnier, mais les siens n'ignorant pas à quel point lui était insupportable la pensée de rendre son épée, ne se firent pas cette illusion.

Du reste, elle dura peu la période de temps où l'espérance se raccrocha où elle put.

Le roi d'Espagne avait chargé son ambassadeur à Berlin de demander des renseignements. Il lui fut répondu que la tombe du glorieux soldat avait été trouvée près de Beaumont, à côté de celle du commandant Renouard, du 59e chasseurs, et de sept hommes.

Le roi d'Espagne communiqua cette réponse à M. William Martin, directeur du protocole, par le télégramme ci-dessous :

« Madrid, 3 avril, 15 h. 10.

« Martin, chef protocole, Paris.

« On mande de Berlin, que pas loin de Beaumont et de Caures, on a trouvé sépulture colonel Driant, à côté de celle commandant 59ᵉ chasseurs et de sept hommes. Amitiés.

« Alfonso, R. »

Ce télégramme fut transmis à Mme Driant par le Président de la République, dans la lettre suivante :

« 13 avril 1916. »

« Madame,
« J'ai le profond regret de vous transmettre un télégramme que le roi d'Espagne vient d'envoyer au chef du protocole, et qui paraît malheureusement nous enlever désormais tout espoir. Je m'étais refusé jusqu'ici à admettre la douloureuse vérité, et je n'avais pas voulu vous importuner d'une démarche indiscrète. Mais en présence de ce nouveau renseignement, qui ne semble que trop certain, je tiens à vous exprimer, madame, en même temps que ma très vive admiration pour la noble et glorieuse conduite du colonel Driant, ma très respectueuse sympathie dans le deuil qui vous atteint.

« Raymond Poincaré. »

M. Maurice Barrès, qui a voulu faire sur place une douloureuse enquête, a reconstitué en ces termes cette belle mort :
« À 1 heure de l'après-midi, les Allemands déclenchèrent un tir formidable d'artillerie. C'est une masse d'obus qui progresse en écrasant tout. Derrière cette meule, les fantassins s'avancent, et de si près, que plusieurs durent être atteints par leurs marmites. Cette manœuvre leur permet de déboucher brusquement. Ils se jettent sur ce qui subsiste de nos tranchées. Driant commande au lieutenant Undenstock d'exécuter une contre-attaque à la baïonnette. Cet officier, en recevant l'ordre, tenait sa main sanglante derrière son dos ; il

venait d'avoir un doigt enlevé et craignait que son chef, le voyant blessé, ne lui retirât cette mission. Enveloppant son moignon dans son mouchoir, il marche à l'assaut au milieu des cris de ses hommes : « En avant ! À bas les Boches ! » Une balle le jette à terre ; le lieutenant Belgny le remplace, et tombe la gorge traversée. Tant d'héroïsme obtient un effet. L'ennemi s'arrête.

« Il s'arrête de face, mais continue son mouvement de conversion, il vient faire la pince derrière le bois des Caures et même sous bois, par Haumont et Ville. « Les balles sifflaient dans les branches, dit un témoin, les mitrailleuses crépitaient et des rafales de mitraille s'abattaient dans les taillis. Nos tirailleurs n'avaient plus pour abri que des pare-balles faits de pierres entassées à la hâte et des trous d'obus ». À 3 heures, le colonel s'aperçut que ses hommes recevaient des coups de fusil dans le dos. Le bois des Caures était en partie tourné. De plus, les munitions manquaient.

« Il rassemble ses officiers, tous ces hommes admirables, le commandant Renouard, le capitaine Vincent, le capitaine Hamel. « La gravité de son énergique visage me frappa », a dit plus tard le capitaine Hamel. Il expose en quelques mots que chacun a fait son devoir honorablement jusqu'au bout et que rien ne peut plus arrêter l'ennemi :

« Mes bons amis, dit-il, encore quelques moments, il faudra mourir ou nous serons prisonniers.

« — Mais, dit le capitaine Hamel, pourquoi ne pas essayer de mener hors du bois quelques-uns de ces braves gens ? Ce seront autant de combattants pour demain. »

« Le colonel Driant consulte du regard ses deux chefs de bataillon.

« C'est dur, je préférerais mourir », dit le capitaine Vincent.

« Des larmes coulaient sur ses joues et tous les chasseurs présents pleuraient.

« Le commandant Renouard approuva l'opinion du capitaine Hamel. Tous étaient d'accord. Le commandant Renouard s'assura qu'il ne restait plus rien dans l'abri dont l'ennemi pût tirer parti, et l'ordre fut donné de battre en retraite sur le village de Beaumont.

« On constitue en quatre colonnes ce qui reste des bataillons. À la tête de chacune d'elles se mettent le colonel Driant, le commandant Renouard, le capitaine Vincent et le capitaine Hamel. La colonne que commande ce dernier parviendra seule à s'échapper presque intacte.

« Driant va essayer de franchir la croupe en arrière du bois de Ville. À la lisière, il s'est arrêté. Il fait passer, toute sa colonne devant lui pour s'assurer qu'il n'y a pas de traînards et à la manière d'un capitaine qui quitte son vaisseau le dernier. Il avait son manteau sur le bras et sa canne à la main. Dès que les chasseurs débouchent, ils sont mitraillés.

« Les coups partaient de Joli-Cœur, des abris en mine que Driant lui-même avait creusés dans le plateau pour y abriter ses réserves et que les Allemands venaient de saisir.

« La colonne qui s'avançait par paquets se sépare, s'émiette encore ; ce n'est plus une troupe en marche, ce sont de petits éléments qui essayent de s'infiltrer, en laissant à chaque bond des morts sur le terrain. La progression se faisait de trou d'obus en trou d'obus. Pour donner une idée du terrain, disons que sur un point voisin, le capitaine Berweiler, dans son mouvement de repli, occupa un cratère d'obus avec 70 de ses hommes.

« Le colonel n'a pas dû bien s'y prendre, me dit un chasseur. Il n'était pas fort pour se cacher. » Au moment de sauter dans un trou d'obus, Driant fut touché à la tempe, fit un quart de tour sur lui-même en disant : « Oh ! là, mon Dieu ! » et s'abattit face à l'ennemi. C'est la déposition du sergent Paul Coisne, du 50e ; elle est, mot pour mot, confirmée par le sergent Jules Hacquin, du 59e, qui dit : « Me trouvant dans un trou d'obus, j'entendis le cri : « Oh ! là, mon Dieu ! » Je sortis la tête pour me rendre compte et j'aperçus le colonel Driant au moment où il s'abattait face à l'ennemi, aux abords du trou. »

« Dans cette extrémité, le colonel Driant ne fut pas abandonné de ses hommes. Coisne sauta auprès de Hacquin et les deux sergents s'occupèrent à dégager les abords du trou de manière à tirer auprès d'eux le colonel qu'ils espéraient n'être que blessé, mais ils aperçurent qu'il avait le hoquet et que le sang lui sortait de la bouche. Deux, trois minutes après, les Allemands arrivaient et saisissaient les deux sergents. Le colonel ne paraissait plus donner signe de vie. Pourtant les deux prisonniers voulaient le prendre sur leurs épaules. Les Allemands s'y opposèrent.

« Il était 4 ou 5 heures de l'après-midi. Le lieutenant-colonel Driant, député de Nancy, demeura allongé sur la terre lorraine, baignée de son sang.

« Cependant des chasseurs de sa colonne rejoignaient un groupe du 59ᵉ qui les précédait de trente mètres et criaient que le colonel venait d'être touché. Ils poursuivirent leur marche. Un instant après le commandant Renouard fut tué, le capitaine Vincent blessé. L'ennemi talonnait de si près nos hommes, que ceux-ci purent voir le lieutenant Crampel, fait prisonnier, leur adresser des gestes désespérés d'adieu. Le capitaine Hamel, jeune officier de 28 ans, seul survivant de ces nobles chefs, commandait maintenant les deux bataillons. Il rentra à Beaumont avec sa colonne, dernier reste de ces héros.

« Nous avons voulu espérer jusqu'à la dernière minute, parce que c'est l'instinct de l'amitié et du patriotisme d'avoir l'espérance chevillée dans le cœur et que nul, après tout, ne pouvait assurer que le colonel Driant ne s'était pas ranimé : mais voici la lettre allemande qui clôt la vie du grand Français :

« *À Madame Driant, née Boulanger,*
« *Chasseurs à pied 57/59 — France.*

16 mars 1916, Wiesbaden.

« *Madame,*
« *Mon fils, lieutenant d'artillerie qui a combattu vis-à-vis de Monsieur votre mari, me dit de vous écrire et de vous assurer que Monsieur Driant a été enterré avec tout respect, tous soins, et que ses camarades ennemis lui ont creusé et orné un beau tombeau. Je me hâte de joindre l'assurance de ma profonde condoléance à celle de mon fils. Mon fils vous fait dire qu'on a trouvé chez Monsieur Driant un médaillon de trois petits cœurs qu'il portait au cou. On le tient à votre*

disposition. Si vous voulez je pourrai vous le faire parvenir par Madame la baronne de Glütz-Ruchte à Soleure, qui va avoir la bonté de vous envoyer ces lignes. Sur l'une des pièces de la chaîne est inscrit sur un fond d'or (la médaille est de l'or) « *Souvenir de première communion de Marie-Thérèse, 14 juin 1902* ».

« *Monsieur Driant a été enterré tout près du commandant Étienne Renouard, du même bataillon 57/59 chasseurs à pied, à la lisière de la forêt de Caures, entre Beaumont et Flabas.*

« *On va soigner le tombeau de sorte que vous le trouverez aux jours de paix.*

« *Acceptez, Madame, l'assurance de ma considération distinguée.*

« Baronne Schrotter.* »

Les adieux au député de Nancy ont eu, nous l'avons dit, pour porte-parole à la Chambre le président, M. Paul Deschanel.

« Nous devons renoncer à nos espoirs : il ne paraît plus douteux que Driant a été tué.

« Une famille en pleurs cherche au loin la chère image de l'époux, du père disparu. Nous le pleurons avec elle.

« Mais lui, voudrait-il être plaint ? Voudrait-il être pleuré ?

« Non : il n'avait vécu que pour cette heure suprême. Toutes ses pensées, toutes ses passions, toutes ses généreuses colères, — que sa mort explique et ennoblit, — n'avaient qu'un objet : la grandeur de la France, la réparation de ses revers.

« Vivre d'une vie collective, supérieure à la vie individuelle, s'absorber tout entier dans un idéal sacré : le triomphe de la justice par le relèvement de la patrie, et mourir pour l'idéal dont on a vécu, quel destin plus digne de tenter un grand cœur ?

« Mourir pour sa patrie ; et pour quelle patrie, et dans quel moment ! Dans le moment que la France répare, au prix de son sang, les plus exécrables forfaits contre le droit, contre la foi jurée, contre

---

* Maurice Barrès, journal L'*Écho de Paris*.

l'humanité. C'est pour cela, — patrie, honneur, justice, — que Driant est mort, au milieu des héros immortels de Verdun.

« Jamais causes plus saintes ne valurent plus magnifiques trépas. Puissent de tels holocaustes brûler les débris impurs de nos haines ! Puisse la Mort éclairer la Vie !

« Cher et noble soldat, la France couvre de ses couleurs ta dépouille glorieuse. Tes petits chasseurs, que tu aimais tant, continueront d'entendre ta voix paternelle ; ils porteront en leurs âmes ta vaillance. Par eux, tu seras vengé ! »

Cette allocution a été écoutée dans le plus grand silence par la Chambre tout entière debout. On applaudit spécialement le passage où il est fait appel à la disparition des discordes intérieures et la péroraison.

En l'église Notre-Dame de Paris, le 28 juin 1916, un service a été célébré par les soins de la Ligue des Patriotes, au cours duquel le révérend père Barret, incarnant dans le glorieux mort l'âme française, a parlé de l'idéal qui brûla en lui :

« Tout jeune, au lycée de Reims, il se passionne déjà pour nos gloires militaires ; plus tard au 4e zouaves, à ce 1er bataillon de chasseurs qu'il aimait tant, à Saint-Cyr surtout, dans un enseignement chaleureux dont plusieurs ici se souviennent, cet idéal rayonne de lui avec une autorité conquérante ; il illumine tant de beaux livres tombés de l'alerte et docte plume de cet homme suroccupé et devient un apostolat auprès de la jeunesse de France.

« Plus tard ce sera le chef qui fait vibrer dans le cœur de ses hommes le fier accent du petit clairon de Déroulède :

>*En avant !*
>*Tant pis pour qui tombe,*
>*La mort n'est rien, vive la tombe.*
>*Quand le pays en sort vivant,*
>*En avant !*

« Le chef dans toute l'ampleur et la beauté du terme, il voit tout, il surveille tout, il est partout, mais là, notamment, où ça « chauffe » !

Impassible et comme invulnérable sous la grêle des balles, il a le sourire et il a le geste et le mot, il sème l'héroïsme et il le récolte à pleines gerbes. Et quand, la rage au cœur et les larmes aux yeux, il lui faut reculer, pour sauver non soi mais les siens, c'est sur ses talons qu'il le fait. « Pensez donc, s'écrie-t-il, on dirait que Driant a tourné le dos à l'ennemi ! »

« Face à face également aux Allemands sont tombés ce jour-là près de lui, dit le père Barret, les Houllier de Villedieu, les Mouchot, les Madrol, les Petitcollot — celui-ci va héroïquement chercher cette mort là où ne l'appelait pas le devoir — les Brouillard, les Plinois, les Carré, les Poqueyrus, ce beau soldat, le commandant Renouard — bon sang ne pouvait mentir ! — qui partagea jusqu'au bout avec son colonel, moins un chef qu'un ami, les vaillances d'une lutte surhumaine et qui dort avec lui son glorieux sommeil là-bas, sous le petit tertre arrosé de leur sang. »

II

La France d'aujourd'hui dit déjà avec le poète, en songeant à Driant :

Va, va, nous te ferons de belles funérailles,

mais le jour où cette tombe sera reconquise elle n'aura garde d'oublier d'autres de ses enfants morts pour elle, tous dignes d'être pleurés. Ceux-ci, par exemple, entre des milliers d'autres :

LE GÉNÉRAL LARGEAU. — Le vrai colonial, celui qui n'a guère vu la France qu'entre deux combats ou deux explorations, souvent plus dangereuses encore que les combats. Jeune volontaire, il va se battre au Sénégal comme lieutenant, avec Monteil, contre Samory. À quelque temps de là, il manque de se perdre dans le Bahr-El-Gazal, comme membre de la mission Marchand. Son ami Baratier le sauve. Promu officier supérieur, il repousse une agression dans le Tchad, où le colonel Moll vient d'être tué. En 1914, il se rend maître, après un combat, des oasis du Borkou, près du lac Tchad. Appelé dans le

Cameroun, il court enlever des postes importants aux Allemands, touche barre en France pour remettre au Musée de l'Armée les étendards pris au Cameroun et se hâte vers le front de Verdun où il est tué par un éclat d'obus.

Le capitaine de Surian. — Le 9 avril, le bataillon était commandé par un officier de cavalerie qui avait demandé à passer dans l'infanterie, le capitaine de Surian. L'attaque allemande est si violente et si nombreuse qu'elle déborde le bataillon sur les ailes et parvient à s'infiltrer dans les tranchées. Le capitaine de Surian ne veut rien céder du terrain qu'il occupe. Il fortifie ses ailes et trouve moyen de faire face à des forces très supérieures. Le rapport qu'il rédige, le soir, et qu'il envoie par un agent de liaison, mentionne avec modestie l'effort accompli et les difficultés de la tâche : « On a fait son possible pour tenir, écrit-il. Le moral des hommes qui sentent toute la gravité de la situation reste bon. Ils sont résolus à tenir jusqu'à la mort. »

Qu'on songe aux circonstances dans lesquelles ce rapport est rédigé, si l'on veut en épuiser tout le sens. L'ennemi attaque, les obus pleuvent en arrière faisant barrage, et les grenades en avant. C'est un ouragan de feu et l'on est menacé d'être débordé. Tranquillement, le chef écrit d'une belle écriture ferme, presque appliquée, en tout cas nullement hâtive. Et, dans sa conscience, voulant laisser un témoignage, une sorte de testament, pour le cas où il ne sortirait pas vivant de la tempête, il ajoute : « Je puis assurer que tout le monde a fait entièrement son devoir. » Entièrement, en effet, car, ici, le devoir comporte le don total de la personne et de la vie.

Cependant, la nuit est venue, et le bataillon n'a pas reculé. Bien mieux, on l'a ravitaillé en munitions et on s'occupe de le relever. Le 10 au matin, le capitaine de Surian, pour se dégager et se donner de l'air, ordonne d'attaquer, et c'est à l'ennemi de reculer. Il a cette joie d'avoir maintenu sa ligne, quand il est blessé gravement à son poste, à cinq mètres des Allemands. Ses hommes l'enlèvent sous le feu pour le mettre en sûreté.

Et ces autres preux :

Le commandant de Font-Réaux. — « Le 26 février, vers 2

heures, le bombardement de l'artillerie lourde allemande dans nos lignes était particulièrement intense, tous les deux ou trois mètres il y avait des entonnoirs creusés par l'explosion des marmites. Le sol était complètement raviné par les obus. Sous un pareil bombardement, il se trouva qu'une ligne fléchit un peu ; sans abandonner la position, les hommes reculèrent légèrement et, se couchant par terre, s'abritèrent derrière des mamelons.

« Le commandant de Font-Réaux prit aussitôt un fusil et, seul, sous une pluie de fer et de feu, il se dirigea lentement vers l'endroit où ses hommes étaient abrités : arrivé auprès des mamelons, il s'arrêta, et, d'une voix vibrante, il cria :

« Debout, mes enfants ! »

« Instantanément, les « enfants » du commandant de Font-Réaux sortirent tous de leurs abris et se rangèrent auprès de leur chef. Celui-ci les fit posément compter quatre par quatre ; puis, fusil sur l'épaule, il commanda : *En avant, marche !* Et, sous la rafale de l'éclatement des obus, il ramena ses hommes, fusil sur l'épaule, au pas cadencé, sur la ligne de feu. »

Le lieutenant Picard. — Le capitaine Carré écrit dans la *Revue des Deux Mondes* (*Mitrailleuses et fils de fer*) :

« Sous Verdun, un modeste officier de réserve, le lieutenant L. Picard, un des rares fantassins pour qui le commandement ait laissé fléchir l'implacable consigne de l'anonymat, demande et obtient la permission de tenter la reprise d'une tranchée perdue. Les Allemands y ont installé une mitrailleuse. Pipe à la bouche et canne à la main, le lieutenant s'avance avec la plus magnifique bravoure : « En avant les gars ! s'écrie-t-il, et chargeons comme des mousquetaires ! » Au moment d'aborder la position, il tombe frappé à mort de six balles, mais ses hommes sautent sur les mitrailleurs ennemis et les exterminent. La tranchée est reconquise. »

Le sous-lieutenant Debeugny. — Et aussi ce sous-lieutenant à 18 ans, François Debeugny, un petit héros du 59e bataillon qui trouva la mort rêvée de lui :

> *.. Mourir en luttant pied à pied, c'est cruel !*
> *Mais se donner gai, propre, à ton premier appel.*
> *Ô mort, mourir en plein combat, mourir sans fièvre,*
> *Mourir la balle au cœur... le sourire à la lèvre,*
> *C'est l'ultime bonheur ! Et si telle est ma mort,*
> *Ami, qui que tu sois, ne pleure pas mon sort !...*

Le pasteur Pinhède. — Il était de service aux postes de secours sous Verdun au moment de l'attaque de nuit du 22 au 23 juin, en même temps que l'aumônier catholique ; tous deux continuèrent seuls à relever les blessés au moment où les brancardiers, voyant approcher l'ennemi, hésitaient à courir le risque d'être faits prisonniers. Et ils rapportaient ces blessés sous le feu, lorsque, au dernier soldat sauvé par eux, un obus asphyxiant les renversa, les ensevelit à moitié et déchira le masque de M. Jules Pinhède. Quarante-huit heures plus tard, malgré les soins qui lui furent prodigués, le pasteur succombait, demandant seulement qu'on apprît à sa femme et à ses enfants qu'il avait fait son devoir jusqu'au bout, en compagnie de l'aumônier catholique.

III

Au jour des « belles funérailles », l'union sacrée vivra encore. Confondant toutes les castes elle s'inclinera très bas devant les tombes de tel ou tel qui portait un grand nom de la vieille France, mais non moins respectueusement devant la croix de bois dressée en mémoire de tel ou tel obscur enfant du peuple.

Le duc de Rohan. — Le duc de Rohan, député, pouvait, comme plusieurs de ses collègues, se consacrer exclusivement à l'exercice de son mandat, la Chambre ayant pris une résolution dans ce sens. La guerre à peine déclarée, il partit pour le front. Blessé au cours de la retraite de Charleroi, il est encore atteint le 27 février dans le fort de Douaumont, qu'avec son bataillon de chasseurs, il défend jusqu'au bout. Il n'en conserve pas moins son poste de combat. Quelques jours après, enseveli sous un éboulement causé par l'explosion d'une marmite, on le déterre, le tympan crevé, perdant le sang par une oreille ; il faut bien alors l'évacuer. Soigné à Paris, il n'attend pas sa complète guérison pour repartir pour le front*.

Le sergent Gady. — C'était le type du sous-officier plein d'entrain, fertile en expédients, toujours prêt à payer de sa personne. Son souvenir restera gravé dans la mémoire de tous ses camarades qui ne parlent de son héroïsme qu'avec la plus vive émotion. Écoutons l'officier qui l'avait sous ses ordres :

« Au début de mars, nous entrâmes en secteur entre Douaumont et Vaux-devant-Damloup. Je ne vous décrirai pas les bombardements que nous eûmes à subir. Tout a été dit à ce sujet. Malgré leur intensité, d'ailleurs, ces rafales de gros obus n'arrivaient point à émouvoir les gradés et les soldats qui avaient précédemment vécu les jours pénibles du plateau de Lorette, de Souchez, du fortin de Givenchy !

« Tout le monde se tenait admirablement et se préparait à recevoir l'attaque qui était fatale après la formidable préparation d'artillerie qui durait depuis deux jours. Elle se déclencha le 8 à 11 heures... L'ennemi déboucha en forces de la lisière sud du bois d'Hardaumont.

« Quand on a été pendant des heures et des heures écrasé sous la mitraille, attendant que le destin vous classe au petit bonheur parmi les morts ou les vivants, on éprouve un réel soulagement à l'idée de saisir l'adversaire à la gorge et à cette pensée que c'en est fini de la pluie d'acier contre laquelle les plus audacieux ne peuvent rien, mais qu'on va enfin régler l'affaire entre hommes.

« Tous nos poilus étaient frémissants et il n'y avait pas besoin d'exalter leur moral. Mais Gady, toujours en verve, monta sur le parapet et s'écria : « À la bonne heure, les Boches, c'est maintenant baïonnette contre baïonnette qu'on va se mesurer ! »

« L'attaque allemande cependant ne parvint pas jusqu'à nous. Pris de flanc par les pièces de la compagnie de mitrailleuses G..., de

---

* Et se faire tuer héroïquement dans un secteur de Picardie.

front par deux sections de la compagnie de mitrailleuses R... et par les feux du ...ᵉ bataillon, les partis ennemis s'arrêtèrent, tournoyèrent un instant, puis retournèrent à toute vitesse vers le bois, semant le terrain de leurs morts dans ce repli désordonné.

« Un moment après, grâce à des jets de liquides enflammés, les Allemands jetèrent le désarroi dans une de nos compagnies qui reflua vers nous. Le sergent Gady se porta résolument en avant, organisa un barrage et se mit à préparer la défense du boyau par lequel l'ennemi essayait de se glisser. Il se multipliait pour parer aux éventualités, allant et venant à découvert sans se soucier du danger, comme s'il exécutait la plus pacifique des besognes. Tout à coup, les Boches se présentèrent et la lutte commença. Elle tournait nettement à notre avantage lorsque, soudain, le sergent Gady s'affaissa frappé de deux balles en pleine poitrine. Je me précipitai vers lui : « Ça n'est rien, mon lieutenant, me dit-il. Je suis perdu, mais je suis bien heureux d'avoir vu leur échec. On les aura ! Continuez... Vive la France ! »

IV

Encore vivants, grâce à Dieu, ces deux humbles également, glorieux réformés tous les deux :

L'ADJUDANT CHARLES BERTIER. — Blessé à Verdun, amputé de la jambe gauche, à la suite de ses blessures et qui a été décoré à son hôpital, l'adjudant Bertier était le garçon de bureau du commissaire de police du quartier Saint-Germain-l'Auxerrois. Déjà titulaire de la médaille militaire.

LE SOLDAT GUILLAUME. — Et ce héros du bois des Corbeaux, Guillaume. Ouvrier à la manufacture d'armes de Saint-Étienne, il ne tenait qu'à lui d'y rester lors du renvoi des ouvriers aux usines ; mais il a refusé de quitter le régiment, alléguant qu'il n'était pas marié et que sa place était au combat. Laissons-lui la parole.

« C'est le 8 mars qu'on est rentré dans le bois. Ça a été très beau : on a marché par trois lignes, tranquillement. Avant de partir, le colonel a allumé son cigare. Il avait l'air si content que chacun se sentait gaillard. J'étais avec la première ligne : on a commencé de courir un peu avant d'arriver à la lisière. J'étais parmi les premiers ; à la lisière, personne : je traverse tout le bois et voilà qu'au bout on voit des Boches. On fonce dessus, ils se sauvent. Ça nous emmène un peu trop loin, et voilà qu'il en arrive d'autres qui nous lancent des grenades et font demi-tour après les avoir lancées. Je ne pouvais pas les poursuivre, j'avais la jambe droite toute broyée. Me voilà par terre et bientôt personne autour de moi. Rien que des morts. Alors je m'installe pour attendre. Je défais mon sac et je le mets sous ma tête après en avoir retiré un morceau de biscuit qui me restait. Mais j'avais mangé avant de partir, comme doit faire tout bon soldat, et je réserve mes provisions pour plus tard.

« La journée passe et personne ne vient. La fusillade s'était calmée : on n'entendait plus rien dans le bois, mais le bruit des gros canons roulait toujours comme un orage. La nuit vient et il faisait très froid. Je n'ai jamais eu si froid : c'est que je ne pouvais pas bouger, vous comprenez.

« Toute la journée du lendemain défile à son tour, lentement, et le soir, c'est pire. Voilà qu'il arrive du monde ; j'ai un instant d'espoir, je vais crier ; heureusement j'attends pour être sûr que ce sont des nôtres, et pas du tout, ce sont des Boches qui attaquent. Ils arrivent, ils me passent dessus. Ils me piétinaient les jambes : ma jambe droite ne sentait rien naturellement, elle était broyée, mais pourquoi la gauche pouvait-elle être écrasée sans que j'en éprouvasse la moindre douleur ? Je devinai qu'elle était gelée. Ils m'ont aussi piétiné le corps et la tête : la tête a moins souffert parce qu'ils ont marché sur mon sac, croyant que c'était ma figure, à cause de la nuit. Et moi je me tenais pour ne pas crier. Je pensais : je mourrai, mais je ne crierai pas ; je ne veux pas qu'ils m'emmènent, ou qu'ils m'achèvent.

« Bientôt ils s'éloignent, et je comprends que ça va mal pour eux. J'en ai du plaisir ; c'est bien fait, et les nôtres vont arriver. Mais les nôtres n'arrivent pas. C'est seulement deux jours plus tard — comment j'ai vécu, je n'en sais rien — qu'une patrouille de chez nous est venue par là. J'allais justement mourir, bien que je fusse décidé à résister tant que je pourrai.

« Mais j'étais au bout de mon rouleau. Je pouvais à peine appeler. Il y en a un qui s'est penché sur moi : j'ai ouvert la bouche, j'ai pu parler. Alors il a fait signe à un camarade. À deux ils m'ont pris et porté. L'endroit n'était pas bon, et ils risquaient leur peau pour m'emmener, mais, n'est-ce pas, on est des frères. Après je ne me souviens plus très bien ; je me suis retrouvé ici bien soigné, bien charcuté, bien vivant. Ils ont eu mes jambes, mais pas le reste. On peut faire autre chose que de trotter. Et tout le monde ne peut pas être facteur. »

V

UN BRANCARDIER. — C'est un adjudant. Il a reçu de son médecin en chef l'ordre de chercher cinq mitrailleurs grièvement blessés dans un fortin démoli, en avant de notre première ligne. Quand il arrive dans une première tranchée, avec ses dix brancardiers, l'officier commandant lui déclare que sa mission est impossible, que la fusillade fait rage. Il ne l'écoute pas, escalade le parapet et court avec ses hommes, vers le fortin, pendant que l'officier allemand d'en face leur crie : « Votre audace est idiote ; vous n'en réchapperez pas !... » En deux voyages, il ramène dans nos lignes non seulement les cinq mitrailleurs, mais les corps de deux de ses brancardiers, tués pendant cette héroïque équipée.

On n'a pas dit encore le nom de cet adjudant ; on sait seulement que c'est un territorial de Tarn-et-Garonne, père de quatre enfants... Et cet autre dont parle le général Zurlinden, l'ancien Ministre de la Guerre, d'après les *Derniers jours du fort de Vaux*, du capitaine Henry Bordeaux, le brancardier Vanier, qui brave la mort cent fois pour relever des blessés, ou pour chercher de l'eau sous le feu de l'ennemi :

« Il est courageux tout naturellement. Il le dit lui-même : « Dans le danger, je ne me connais plus. Il faut que j'y aille. » Mais aussi, il a toujours sur lui une lettre de sa mère, que M. Henry Bordeaux a reproduite avec « son orthographe hésitante ». En voici quelques extraits :

« ... Mon sang bouillonne de rester là, quand il y a tant à faire là-bas à ramasser tous ses malheureux... Remplace les mères, toi, mon chéri, fait tout même l'impossible pour faire du bien, oui beaucoup de bien... Courage, courage, je sais que c'est le début de la fin qui sera plus belle pour tous ceux qui auront combattu la juste cause... »

« Ces mères françaises, ajoute le capitaine Henry Bordeaux, ne sont-elles pas au front avec chacun de leurs enfants, saignant de toutes leurs blessures, mais les poussant en avant vers le devoir, pour le pays ? »

« Et elles continueront, malgré les petites misères de l'hiver. Et elles contribueront largement à assurer victorieusement la fin de cette terrible lutte, d'où vont sortir le relèvement, la grandeur, la gloire de la patrie.* »

VI

Et, les aviateurs !

L'adjudant G... se voit attribuer la Légion d'honneur pour un combat prodigieux livré à six avions opérant deux par deux. Il se précipite sur le premier groupe. L'un des avions coupe, pique, s'enfuit, l'hélice en croix. Il est touché. L'autre, pris de frayeur, n'insiste pas.

Aux deux suivants ; malgré ses virtuosités, G... est atteint. Son appareil est transpercé : le fuselage a sa toile arrachée, en loques, une aile est criblée, mais le pilote tient bon et n'abandonne pas la place. Ce sont les deux Allemands qui se retirent, leurs munitions épuisées. Le moteur tourne encore ! G... continue son travail et le voilà piquant sur le cinquième avion, qu'il rejoint. Il tire à bout portant, mais l'autre est prêt et riposte : le capot est déchiré, l'hélice cassée, une balle enlève le protège-oreilles du bonnet de cuir du Français. Survient de flanc le sixième Boche, qui envoie une bordée formidable : le fuselage devient écumoire, les commandes de direction sont coupées. Et c'est alors la chute, une chute effroyable. G... n'a pas eu le temps de couper son moteur, qui tourne à toute allure avec des secousses terribles, l'hé-

---

* Journal *Le Gaulois*.

étant brisée, c'est la vrille sur le nez à plus de 200 à l'heure. De 2300 à 1000 mètres la descente est si rapide que le pilote n'a le temps de rien faire : il tombe comme une pierre. Enfin il peut couper : il arrête les gaz et l'essence, se cramponne à son levier : la profondeur obéit un peu, les ailerons sont sans effet. Le bolide ralentit sa chute, mais vrille toujours. Le sol approche. Voici une forêt. Un dernier effort. À 50 mètres au-dessus des arbres, l'appareil semble se redresser et, au lieu d'entrer en pointe dans les bois, rencontre les branches par le coin, pivote, s'écrase sur une aile. G... bondit hors des débris. Il n'a pas une égratignure. Il a échappé par miracle à une mort qui semblait certaine. On retrouve 117 traces de balles dans les restes de son appareil !

VII

Après les faits d'armes isolés, les prouesses accomplies en commun :

Le 16e bataillon et le 151e régiment d'infanterie, dans le combat du 9 avril autour du Mort-Homme, se sont montrés dignes du bataillon de Sidi-Brahim.

Au plus fort de la bataille, alors que le ...^{e} régiment d'infanterie tenait tête, à l'ouest du Mort-Homme, à une brigade poméranienne, le commandant du 3e bataillon disparut. Officier de haute valeur, entraîneur d'hommes remarquable, le chef de bataillon de L... était adoré de ses soldats et de ses camarades. Il y eut dans leur rang de la stupeur. Était-il tué ? Personne ne l'avait vu tomber. Prisonnier ? On n'y songe pas, car le commandant de L..., un brave parmi les braves, se serait fait hacher cent fois plutôt que de se rendre.

Les minutes passèrent, cruelles, angoissantes. La bataille continuait, acharnée. Soudain, une voix que tous connaissaient bien, retentit, joyeuse et sonore : « Hardi, les petits ! Courage ! Et en avant ! » Et le commandant de L..., surgit, en loques, les cheveux en broussaille, l'épaule gauche fracassée.

Isolé du reste du bataillon, avec une poignée d'hommes, il s'était battu comme un lion, résistant à des ennemis se renouvelant sans cesse, jusqu'à ce qu'un terrible coup de crosse, lui brisant les os, l'ait étendu à terre sans connaissance. Lorsqu'il était revenu à lui, il s'était traîné pendant 1500 mètres, se dissimulant à chaque pas sous les cadavres amoncelés, se barbouillant la figure de sang, pour compléter aux yeux de ses adversaires méfiants l'illusion de la mort. Et voici que venant à bout de toutes les difficultés, triomphant de tous les obstacles, il revenait prendre la tête de son bataillon, sans souci de sa blessure, le sourire aux lèvres, la blague à la bouche.

À la vue de leur chef, qui les encourageait du geste et de la voix, nos soldats bondirent sur l'ennemi. Leur élan fut irrésistible ; ils culbutèrent les Allemands désemparés. Hélas ! au cours de cette charge victorieuse, le commandant de L... reçut une seconde et large blessure à la poitrine. Le vaillant officier ne perdit pas une seconde son calme et sa gaieté, et tandis qu'à l'ambulance voisine on pansait ses plaies, il chantait la *Marseillaise*.

Quelques minutes plus tard, le général X.., accourait en automobile, ouvrait ses bras au vaillant commandant de L... et, aux applaudissements des assistants, le décorait de sa propre croix.

Dans une des affaires de la fin d'avril, également, autour du Mort-Homme, on cite ce trait, entre vingt autres. Pour poser un cheval de frise en avant de nos lignes, un homme sort de la tranchée : il est tué ; un second, un troisième subissent le même sort ; un quatrième réussit enfin à mettre la défense en place. Aucun n'avait hésité à prendre la place du mort.

Parmi les épisodes de la bataille de Verdun, M. René Bazin avait cité dans l'*Écho de Paris* le cas du capitaine d'une batterie de 105 ayant communiqué aux sous-officiers l'ordre, qu'il venait de recevoir, de se porter sur une position découverte ; les sous-officiers, après s'être concertés, sollicitèrent « l'honneur de servir eux-mêmes leurs pièces ». Ce cas a de nombreux précédents.

M. Bazin reçut cette lettre le lendemain : « Pour les pointeurs, il vous suffira de consulter le Livre d'or de l'armée, et vous pourrez vous rendre compte, par les citations, que les pointeurs sont toujours prêts à remplacer les sous-officiers chefs de pièces, tués, blessés ou absents. D'ailleurs, si vous avez approché l'armée d'un peu près, vous devez savoir qu'un canon est au pointeur et aux canonniers ce qu'un cheval est au cavalier, et je plaindrais le capitaine d'une batterie dont les pointeurs se dessaisiraient de leur fonction, fût-ce entre les mains des sous-officiers. Tout le monde sait pourquoi on se bat, et, gradés ou non, paysans ou ouvriers, pauvres ou fortunés, sont toujours prêts à remplir leur devoir, quel qu'il soit. Nous avons fait d'avance le sacrifice de notre vie. »

Le 20ᵉ corps. — Au début d'une représentation donnée à la Comédie-Française pour les réfugiés Lorrains, M. Maurice Barrès s'est exprimé ainsi :

« Il est un corps dans l'armée française qu'entourent la gratitude et le respect, un corps d'élite dont tous les hommes, officiers et soldats, portent les aiguillettes aux couleurs de la Croix de guerre, verte et rouge, et des blessures et, dans le cœur, des deuils innombrables. C'est le 20ᵉ corps, formé de Lorrains qui transmettent, quand ils meurent, à ceux qui les remplacent, l'âme héroïque de la frontière. De tous temps, les Parisiens furent nombreux au 20ᵉ corps et maintenant quand il revient, sanglant et décimé de la bataille, toutes les provinces de France sont appelées à l'honneur de remplir ses vides, mais où qu'il fasse ses recrues, son esprit, c'est toujours l'esprit des marches de Lorraine, qui repose dans ses formations et qu'il épanouit au combat. Je ne vous dirai pas son histoire ; vous sauriez tous la raconter.

« Le 24 février dernier, la bataille depuis trois jours était engagée sous Verdun ; disputant bois par bois et motte de terre par motte de terre le terrain à l'ennemi. Douaumont venait d'être occupé. C'est alors qu'on signala en vue les premiers camions amenant une division du 20ᵉ corps. Elle débarqua le 25 à Verdun. Très fatiguées par le transport rapide, littéralement glacées de froid, ces troupes semblaient, au dire des rapports, presque incapables de marcher au feu incontinent. Elles le firent pourtant. Dès le 26, elles entraient en ligne, puis immédiatement attaquaient à l'ouest du fort de Douaumont et dans le village. Leur audace stupéfia l'ennemi ; elles brisèrent cet océan qui jusque-là semblait emporter, morceau par morceau, nos barrières. L'arrivée du 20ᵉ corps marque le point d'arrêt, rétablit la bataille, présage la victoire. »

VIII

La retraite d'Haumont. — Jamais les troupes françaises n'ont été plus admirables dans le combat que lors de leur farouche retraite du bois d'Haumont, du bois des Caures et de l'Herbebois à la côte du Poivre et à Douaumont. Ils luttaient pour gagner du temps, et sacrifiaient avec joie leurs existences pour ce but. Deux divisions ont arrêté deux corps d'armée allemands pendant plusieurs heures. Chaque mètre de terrain gagné par l'ennemi était payé par lui au centuple.

Il y a là un sergent qui, comme son colonel, certifie qu'il a abattu 60 Allemands à coups de fusil : c'était le meilleur tireur de son bataillon, et, comme l'ennemi s'avançait, il était sorti de la tranchée et était resté complètement exposé à l'ouragan de balles et d'obus, pendant que ses camarades lui passaient par-dessus le parapet un fusil chargé après l'autre. Par miracle, il n'a pas été touché, et, après avoir compté ses soixante Allemands, il a été renvoyé avec son bataillon en seconde ligne et proposé pour la Croix de guerre.

L'endurance des troupes françaises pendant cette bataille est au-dessus de tout éloge. Après deux jours et deux nuits de combats continuels, ils ont gardé leur moral inébranlable.

« Nous allons tenir ici, disait un de ces poilus à un officier d'état-major, jusqu'à ce que nous soyons tués et de cette façon nous sommes sûrs que les réserves pourront arriver à temps. »

On parlait à un blessé qui revenait de la ligne de feu ; il avait perdu la main droite, et comme on le consolait de son malheur : « Ce n'est rien, répondit-il gaiement, j'ai offert ma vie pour la France et elle ne m'a pris que ma main, j'ai gagné. »

Dans l'extrême fatigue du troisième jour, quand sous l'ouragan des obus allemands les convois étaient rares et n'arrivaient que difficilement aux positions avancées, les hommes ont continué à combattre avec ténacité, sans boire ni manger.

Un capitaine d'artillerie a raconté ceci sur sa batterie. C'était au plus fort de l'assaut et leurs canons tiraient coup après coup en toute vitesse. Après sept ou huit cents coups, les 75 étaient si chauds qu'il était impossible de continuer le tir avant que les pièces fussent refroidies. Il n'y avait pas d'eau excepté dans les bidons des hommes : les hommes mouraient de faim et de soif, ils refusaient à boire une seule goutte, réservant toute leur provision d'eau pour refroidir les pièces.

IX

Témoignages de l'ennemi sur nos chefs et nos soldats. (Du journal *Les Dernières Nouvelles de Leipzig*). — « Deux bataillons allemands qui progressaient dans la partie occidentale du bois des Caures se trouvèrent arrêtés soudain devant la deuxième ligne de défense par un brave officier français qui seul, enfermé dans un blockhaus avec une mitrailleuse, fit feu sans interruption sur les fantassins allemands. Comme ceux-ci même avec leurs grenades à la main ne parvenaient pas à maîtriser ce combattant obstiné, il fallut recourir à une projection de flammes pour forcer le mitrailleur héroïque à arrêter son feu qui tenait en respect deux bataillons entiers. »

De la *Gazette de Voss* : « Avec l'héroïsme du désespoir et une énergie à laquelle on doit payer le tribut de la plus haute admiration, les Français se sont défendus jour par jour. Ils criblaient les corridors d'entrée de la casemate d'un feu terrible de mitrailleuses. Ils lançaient par les ouvertures étroites des grenades à main sur les assaillants, toujours dans l'espoir qu'une violente attaque des camarades les délivrerait. Le bombardement ayant détruit les communications téléphoniques avec le fort, les Français ont essayé et probablement réussi à communiquer avec le commandement français au moyen de pigeons voyageurs.

« De leur côté, les troupes françaises retranchées dans leurs positions au sud du fort faisaient continuellement des efforts vigoureux pour libérer la garnison.

« J'ai pu observer le cours de cette bataille terrible. Les Français faisaient tomber sur les quatre points d'entrée du fort un feu d'enfer d'artillerie. Le petit fort était comme entouré d'une haute barrière de flammes et de fumée. Ils bombardaient aussi avec une extraordinaire violence le fort, sachant que leurs obus ne pouvaient pénétrer dans la formidable casemate.

« Pendant la nuit, les assauts des Français se succédaient, toujours plus nombreux et plus impétueux ; la lutte corps à corps continua pendant tout ce temps avec une extraordinaire ténacité à la ceinture du fort. La petite garnison française se battit héroïquement et, il faut l'avouer, magnifiquement, mais elle n'était pas en condition de résister plus longuement aux assauts des Allemands qui se battaient, eux aussi, dans des conditions non moins terribles. Après quatre jours, la résistance française était enfin brisée. »

Le correspondant spécial du *Berliner Tageblatt* confirme dans une longue dépêche et avec à peu près les mêmes expressions la défense opiniâtre des Français. Le journaliste a eu ensuite l'occasion de causer avec les prisonniers français pris dans le bois de la Caillette, et il relate ainsi sa conversation avec l'un d'eux :

« J'ai dit : Le fort de Vaux est entre nos mains. Et le Français, tranquillement : « Bien » ! Puis avec un sourire plein d'ironie, il ajouta : « Vous avez peut-être Souville aussi ? » *Cet optimisme extraordinaire des Français est vraiment désespérant.* »

LA VILLE DE VERDUN DÉCORÉE

La reconnaissante admiration de nos Alliés a voulu célébrer la cité martyre et se concréter par l'octroi des distinctions honorifiques réservées dans tous les pays aux plus hauts faits militaires. La ville de Verdun a reçu la Croix de Saint-Georges au nom de l'empereur de Russie ; la *Military Cross*, au nom du roi d'Angleterre ; la Médaille d'or de la valeur militaire, au nom du roi d'Italie ; la croix de Léopold Ier, au nom du roi des Belges ; la Médaille d'or de la bravoure militaire, au nom du roi de Serbie et du prince régent ; la médaille d'or Obilitch, au nom du roi de Monténégro.

C'est à Verdun, le 13 septembre, que ces insignes furent remis au représentant de la ville par M. Poincaré, Président de la République.

« Cette cérémonie, écrit l'*Illustration*, se déroula dans les casemates mêmes de la forteresse invincible : Dans une longue salle voûtée éclairée à peine, en son milieu, de la blafarde lueur que laisse sourdre une porte étroite comme une meurtrière ; un couloir sombre comme un *in pace*, dont les extrémités se perdent dans les ténèbres que dorent les reflets des lampes électriques.

« Mais il faudrait d'innombrables tableaux pour rendre — s'il est possible, encore ! — les phases successives dont l'ensemble seul a donné à cette solennité toute sa grandeur. D'abord l'arrivée au pied de la citadelle des automobiles amenant, avec le Président de la République, le général Roques., Ministre de la Guerre, et M. Malvy, Ministre de l'Intérieur, le général Joffre, les généraux Pétain, Nivelle et Dubois, M. William Martin, directeur du protocole, le préfet de la Meuse, M. Aubert, le sous-préfet de Verdun, M. Beylier, premier adjoint remplaçant le maire de la ville, malade ; les généraux représentant les Gouvernements alliés : le général Gilinsky pour la Russie, le général Sir A. Paget pour la Grande-Bretagne, le général di Braganze pour l'Italie, le général Stefanovitch pour la Serbie, le général Gvosvitch pour le Monténégro, enfin le major Monschaert pour la Belgique. Puis, aux accents de la sonnerie « aux champs », le chef de l'État, les ministres, les généraux, les chefs des missions alliées défilant entre deux haies de chasseurs du 49e bataillon, le long de ces casemates, pour la circonstance pavoisées. Enfin, la halte dans une travée plus large que l'on avait aménagée avec une petite estrade, des fauteuils, des chaises. »

C'est dans ce décor que le Président de la République prononça l'allocution suivante :

« Messieurs,

« L'idée d'honorer les défenseurs de Verdun en décernant une décoration à la ville qu'ils ont illustrée est venue spontanément à l'esprit de S. M. l'empereur de Russie, au moment où le même projet était formé par le Gouvernement de la République. Leurs Majestés le roi d'Angleterre, le roi d'Italie, le roi des Belges, le roi de Serbie, le roi de Monténégro se sont immédiatement associés à cette pieuse intention. Si bien que, aujourd'hui, les représentants d'un grand nombre de pays alliés ont pu se donner rendez-vous dans cette citadelle inviolée, pour y offrir, en commun, le tribut de leur reconnaissance aux braves qui ont sauvé le monde et à la fière cité qui aura payé de tant de meurtrissures la victoire de la liberté.

« Messieurs, voici les murs où se sont brisées les suprêmes espérances de l'Allemagne impériale.

« Lorsque, le 21 février, a commencé l'attaque de Verdun, l'ennemi s'était proposé un double objectif : prévenir une offensive générale des Alliés ; frapper, en même temps, un coup retentissant et s'emparer rapidement d'une place dont le nom historique rehausserait, aux yeux du peuple allemand, l'importance militaire. Les débris de ces rêves germaniques gisent maintenant à nos pieds.

« Au lieu de subir notre loi, l'Allemagne a voulu imposer la sienne et prendre elle-même l'initiative d'une attaque dont elle choisirait le lieu et la date. Les admirables troupes qui, sous le commandement du général Pétain et du général Nivelle, ont soutenu pendant de si longs mois le formidable choc de l'armée allemande, ont déjoué, par leur vaillance et leur esprit de sacrifice, les desseins de l'ennemi.

« Ce sont elles qui ont permis à tous les Alliés de travailler avec une activité croissante à la fabrication du matériel de guerre, ce sont elles qui, en marquant d'un trait lumineux la limite de la force germanique, ont répandu dans tout l'univers la confiance en notre victoire définitive : ce sont elles enfin qui, en assurant la réalisation du plan dressé par les états-majors, ont laissé à la Russie le temps de préparer et d'engager ses triomphantes offensives du 4 juin et du 2 juillet ; à l'Italie, le temps d'organiser pour le 25 juin sa brillante attaque de Goritz ; aux troupes anglo-françaises, le temps d'entreprendre, à partir du 1er juillet sur la Somme, une série ininterrompue d'opérations méthodiques ; à l'armée d'Orient, le temps d'outiller et de concentrer ses divers éléments, pour prêter à nos nouveaux alliés, les Roumains, contre les Germano-Bulgares, un concours fraternel. Honneur aux soldats de Verdun ! Ils ont semé et arrosé de leur sang la moisson qui lève aujourd'hui.

« ... Et voyez, Messieurs, le juste retour des choses. Ce nom de Verdun, auquel l'Allemagne, dans l'intensité de son rêve, avait donné une signification symbolique et qui devait, croyait-elle, évoquer bientôt devant l'imagination des hommes une défaite éclatante de notre armée, le découragement irrémédiable de notre pays et l'acceptation passive de la paix allemande, ce nom représente désormais, chez les neutres comme chez nos Alliés, ce qu'il y a de plus beau, de plus pur et de meilleur dans l'âme française. Il est devenu comme un synonyme synthétique de patriotisme, de bravoure et de générosité.

« Ah ! certes, la fierté que nous inspire cet hommage universel ne va pas sans une grande tristesse. Ceux d'entre nous qui sont attachés à cette ville et à cette région par des liens très chers, ceux qui comptent, parmi ces populations meusiennes si courageuses et si cruellement éprouvées, tant d'amis et de parents, ceux qui rencontrent à chaque pas, dans les rues incendiées de Verdun, de vivants souvenirs de leurs jeunes années, ne peuvent que ressentir une douleur insurmontable au lugubre spectacle de cette dévastation sauvage !

« Mais Verdun renaîtra de ses cendres ; les villages détruits et désertés se relèveront de leurs ruines, les habitants, trop longtemps exilés, reviendront à leurs foyers restaurés ; ce pays ravagé retrouvera, à l'abri d'une paix victorieuse, sa physionomie riante des jours heureux. Et pendant des siècles, sur tous les points du globe, les héroïques défenseurs auront laissé au monde un exemple impérissable de grandeur humaine. »

Puis, descendant de l'estrade, le Président de la République a épinglé sur le coussin que lui présentait le maire de la ville la croix de la Légion d'honneur et, successivement, les décorations que lui offrirent à tour de rôle les représentants des puissances alliées.

À mesure qu'une décoration était épinglée, la musique militaire de l'un des régiments de la défense de Verdun jouait l'hymne national du pays qui avait conféré la distinction.

Des décorations françaises et étrangères ont été ensuite remises par le Président de la République à des officiers et hommes de troupes qui se sont signalés dans la défense de Verdun.

En tête, avant de recevoir la chaleureuse accolade du général Pétain, son chef direct, le général Nivelle se voyait élevé à la dignité de grand officier de la Légion d'honneur. Le lendemain, le *Journal Officiel* justifiait ainsi cette inscription :

« Est inscrit au tableau spécial de la Légion d'honneur et élevé à la dignité de grand-officier :

« Le général de division Robert-Georges Nivelle :

« Commande, depuis quatre mois, une armée qui a résisté victorieusement aux attaques sans cesse renouvelées de l'ennemi et a supporté héroïquement les plus dures épreuves. A affirmé dans ce commandement, avec les plus brillantes qualités de chef, une énergie et une force de caractère qui ont puissamment influé sur le développement des opérations engagées sur tout le front. Après avoir enrayé l'avance de l'ennemi vers un objectif devenu l'enjeu moral de la guerre, a repris l'offensive pied à pied et, par des attaques répétées, est parvenu à dominer l'adversaire sur le terrain même que ce dernier avait choisi pour un effort décisif. »

En même temps, le département de l'Aveyron n'oubliait pas un glorieux enfant non seulement du pays de Rouergue, mais de toute la France.

Au conseil général, M. Gaffier, député, a dit :

« Nous sommes particulièrement fiers de voir à la tête du grand état-major notre illustre compatriote le général de Castelnau. Sous la haute autorité du général Joffre, il est plus spécialement chargé du commandement sur le front français. Quand, au début de l'offensive allemande contre Verdun, nos lignes subirent un fléchissement, de Castelnau fut envoyé pour rétablir la situation menacée, il prit immédiatement les mesures nécessaires et, ayant consolidé les lignes, il plaça à la tête de la défense celui de ses collaborateurs en qui il avait la plus grande confiance, le général Pétain. La défense de Nancy et celle de Verdun resteront les deux pages éminemment glorieuses du général de Castelnau dans cette guerre la plus grande de l'histoire. Mais le sort cruel fait payer bien cher à notre compatriote son auréole de gloire. Trois de ses fils sont morts pour la France, le troisième depuis notre dernière réunion. »

La cérémonie de Verdun terminée, il se fit un douloureux pèlerinage dans les ruines de la ville, dont M. Paul Ginisty[*] a dit les alignements de pans de murs noircis évoquant après le déblaiement, les logis qui les bordaient, les tas de pierres qui furent des maisons le long des rues jadis paisibles ou des artères commerçantes, l'étrange vision des écroulements d'un théâtre, de cloîtres admirables.

---

[*] Journal *Le Petit Parisien*.

Partie Cinq

LE MORAL FRANÇAIS

*Affiche publicitaire de Jules-Abel Faivre pour le deuxième
emprunt de la défense nationale placé en octobre 1916.*

LES CIVILS DE VERDUN

I

C'est le Ministre de la Guerre qui a eu la mission de célébrer « la fermeté d'âme de la population civile ».

« Depuis le 21 février dernier, écrit-il dans un rapport adressé au Président de la République, la ville de Verdun, dans sa farouche résolution de maintenir son territoire inviolé, oppose à l'armée de l'envahisseur une résistance qui fait l'admiration du monde.

« Il est du devoir du Gouvernement de la République de proclamer que la ville de Verdun a bien mérité de la Patrie. » Suit le décret autorisant la ville de Verdun à faire figurer dans ses armoiries la croix de la Légion d'honneur.

Par un autre décret, le maire, M. Régnault, a été nommé chevalier de la Légion d'honneur avec cette citation :

« Malgré son âge et son état de santé, a tenu à rester à son poste pendant la période la plus intense du bombardement de la ville, et il a prêté, sous le feu de l'ennemi, un concours efficace à l'autorité militaire, d'abord pour assurer l'évacuation de la population civile, ensuite pour diverses mesures d'intérêt général à prendre à la suite de cette évacuation. N'a quitté la ville que lorsque, son état de santé sensiblement aggravé, l'autorité militaire lui a donné l'ordre de se replier. »

Le sous-préfet, M. Grillon, a lui aussi fait plus que son devoir.

La population, sans distinction de partis, rend le même témoignage à l'évêque.

« Mgr Ginisty, écrit M. Georges Goyau dans la *Revue des Deux Mondes*, était au front encourageant les soldats. Aujourd'hui à travers la France il parle, il quête pour les Meusiens. »

Les pompiers et, à leur tête, le lieutenant Masse, âgé de soixante ans, dégagé de toute obligation, ont mérité cette attestation :

« Depuis le début de l'attaque allemande contre Verdun et dans des circonstances que la violence du bombardement et la destruction d'une partie de ses moyens matériels rendaient particulièrement difficiles et dangereuses, ont assuré, seuls, pendant trois mois, la lutte contre les incendies journaliers provoqués à Verdun par le tir de l'artillerie ennemie.

« Ont ensuite avec la même abnégation et le même mépris du danger, continué à accomplir leur mission, de concert avec les détachements des sapeurs-pompiers de Paris, successivement envoyés à Verdun ; ont, en outre, pendant la période où les incendies ont fait trêve, fourni une précieuse et intelligente collaboration aux travaux de défense de la place. »

II

De leur côté, les citoyens de la ville évacués ne se sont pas laissés aller à l'abattement. Une mairie provisoire s'est installée à Paris. Les conseillers municipaux s'occupent de la reconstruction de la ville mutilée. Également à Paris, les Verdunois réfugiés, oubliant leur propre détresse, ont ouvert, au siège de leur comité, un guichet où les moins éprouvés viennent apporter à l'État ce qu'ils ont pu emporter dans leur exil.

LA NATION

I

Le même jour où le *Berliner Tageblatt* publiait la « consultation » du Kaiser annonçant « la mort lente de l'ennemi à Verdun », ce journal ajoutait « qu'il faisait fond sur nos divisions intérieures pour précipiter cette mort. »

L'Allemagne a pu croire un instant à la réalisation de cette espérance. Elle comptait sur nos Chambres, convaincue que la majorité du Parlement témoignerait une nervosité excessive à la suite des premières journées de l'offensive sur Verdun. Elle savait aussi que les minorités turbulentes se sont souvent imposées dans nos assemblées délibérantes.

Voici, brièvement résumées, les phases par lesquelles passèrent les espérances du journal berlinois :

Le 7 avril est venu à la Chambre le débat sur un projet de loi d'initiative gouvernementale aux termes duquel le Gouvernement serait autorisé à abaisser la limite d'âge pour les colonels, les généraux de brigade et les généraux de division ; à maintenir dans les cadres les généraux commandants d'armée, de détachements d'armée, et même de corps d'armée, au-delà des limites fixées ; à maintenir dans leur commandement ou leur emploi les officiers généraux passés dans les cadres de réserve.

À l'appui de la demande, l'exposé des motifs invoquait l'expérience de seize mois de campagne permettant de constater que la guerre actuelle exige, chez les représentants du haut commandement, et, en particulier, chez les commandants de régiment, de brigade et de division, une forte endurance physique, une grande énergie morale et une activité intellectuelle incessante, qualités qui ne se trouvent réunies, sauf de rares exceptions, que chez les chefs qui n'ont pas, en général, atteint les limites d'âge actuelles.

Malgré l'intervention du Gouvernement, ce projet fut renvoyé à la Commission pour être remanié. Au cours du débat, un orateur avait dit, aux applaudissements d'une partie de la Chambre, en parlant du haut commandement : « Je n'oublie pas les services rendus ; mais il est bien permis, après vingt mois de guerre, de demander plus d'autorité, plus d'initiative, plus de volonté guerrière. »

La manifestation de ce vœu impressionna-t-elle la majorité ? Toujours est-il que le projet fut renvoyé à la Commission pour être remanié.

Le 12 mai, à la demande de M. Renaudel, député socialiste unifié, la Commission de l'armée entendit M. Briand, président du Conseil, au sujet de certaines publications de presse concernant Verdun, mettant en cause le général en chef et son état-major. La séance, qui dura trois heures, fut presque entièrement tenue par un discours de M. Briand. Ce procès-verbal a été communiqué à la presse :

« La Commission de l'armée a entendu, hier, le président du Conseil et le Ministre de la Guerre sur les circonstances qui ont donné lieu à certaines publications et communications de presse et sur les nouvelles instructions relatives au contrôle de la correspondance militaire. »

Le 13, le Ministre de la Guerre n'avait pu être entendu par la Commission. Le 17, M. Briand se présenta devant elle, accompagné cette fois du général Roques. Le procès-verbal suivant fut communiqué à l'issue de cette réunion :

« Après avoir entendu le président du Conseil, la Commission de l'armée a constaté son accord avec lui sur les principes généraux du contrôle parlementaire dans la zone des armées. »

Voici d'autre part le texte des motions votées par la Commission de l'armée dans sa séance du 17 mai :

« La Commission de l'armée, après avoir entendu les observations présentées par le président du Conseil et le Ministre de la Guerre, émet le vœu que les services de la censure soient réorganisés suivant la promesse du Gouvernement, de façon à éviter le retour d'incidents semblables à ceux qui ont ému l'opinion au sujet de la première semaine des opérations devant Verdun et pour que des différences de traitement inadmissibles ne laissent pas croire à un privilège en faveur de certains journaux.

« La Commission de l'armée déclare qu'il est de son devoir, tout en s'abstenant strictement d'une intervention dans la conception ou l'exécution des plans militaires, de veiller à ce qu'en vue des opérations sur tous les points du front, le terrain, les voies ferrées, les munitions, soient aménagés avec un soin, une activité, une prévoyance correspondant à l'héroïsme des soldats prêts à tous les sacrifices.

« La Commission, prenant acte des déclarations du Gouvernement, prêt à assurer l'exercice de ce contrôle, que pour sa part elle veut permanent, décide d'organiser des missions qui se rendront d'une façon continue dans la zone des armées, pour s'y enquérir des besoins du commandement et des troupes. »

L'incident était clos sans qu'il y ait eu, grâce peut-être à ce qu'il n'a pas été soumis à l'épreuve de la séance publique, la moindre fissure dans le pacte d'union sacrée conclu entre les partis.

D'autre part, pendant une grande partie du mois de juillet, l'opinion s'émut d'une campagne de couloirs et de presse autour d'une délégation de parlementaires à créer aux armées. On appréhenda un empiétement du législatif sur l'exécutif et par là, dans le parlement, ces divisions intérieures escomptées à Berlin. Berlin fut déçu par le vote final (27 juillet) d'un ordre du jour où les droits du haut commandement sont respectés. La délégation parlementaire aux armées, en effet, vérifiera l'utilisation des effectifs, la fabrication, le ravitaillement, les transports, l'organisation matérielle du terrain, mais elle n'a pas à se mêler de la conduite des opérations. Cet ordre du jour fut voté par 269 voix contre 200.

II

Depuis cette date l'espoir est revenu au *Berliner Tageblatt*. Le pouls de la Chambre a battu plus fort à maintes reprises. La minorité ministérielle s'est accrue. Dix séances de comité secret n'ont pas permis de donner aux ministres tout le temps réclamé par la Défense nationale. Pour que le grand journal prussien se décide à déchanter, il faudra voir se réaliser l'ordre du jour voté le 9 juillet au Sénat, proclamant « l'union étroite des pouvoirs publics, de l'Armée et de la Nation ».

Celle-ci, en tous cas, a justifié pleinement les lignes suivantes écrites par le colonel Repington dans le *Times*, à la suite d'un voyage prolongé dans notre pays et sur le front de Verdun :

« La chose la plus réellement étonnante de cette étonnante guerre, c'est certainement le moral français. Songez-y : vingt mois d'une guerre dévastatrice, une Française sur trois en deuil, plusieurs beaux départements et la meilleure partie des districts houillers français aux mains de l'ennemi, l'intelligence humaine impuissante à prédire quand la guerre prendra fin, des régiments reconstitués du haut en bas, pas une fois mais plusieurs ; la vie nationale suspendue, les économies d'un demi-siècle jetées au creuset, et cependant, en dépit de tout cela, pendant ce conflit meurtrier avec un ennemi nombreux et encore formidable, le moral de l'armée n'a aucunement souffert et reste toujours aussi brillant. Ou, plutôt, à chaque nouvel appel fait à une race généreuse, le moral s'élève encore.

« À chaque demande plus grande, la France répond avec un cœur toujours plus grand. Elle a été grande déjà, mais jamais autant qu'aujourd'hui.

« Dans le feu dévorant de cette guerre, cette noble et vieille race s'est purifiée. Elle a perdu, si elle le posséda jamais, tout sentiment égoïste. Elle est absolument unie, elle est déterminée. Si on put jamais lui reprocher de la légèreté, on peut dire quelque chose en faveur d'une légèreté qui fait que l'âme s'élève au-dessus de la mauvaise fortune et qu'on regarde le destin bien en face et gaiement.

« Rendons honneur à qui il est dû, et disons que la grandeur d'âme exemplaire des femmes françaises, mères et épouses, leur patience signalée, leur silence dans leur grande peine malgré une incessante anxiété, ont été les prémices d'une grande renaissance.

« En dépit de la guerre, ceux qui restaient ont réussi à continuer de cultiver les champs. Du matin au soir, ils travaillent, ces vieux, ces enfants, ces filles, défiant les destins et produisant ces merveilleuses récoltes que nos soldats étonnés ont contemplées sans fin, depuis le moment des semailles jusqu'à celui de la moisson. Chaque champ est une victoire remportée. Sur une montagne célèbre, à portée des canons allemands, les vignes sont entretenues comme s'il n'y avait jamais eu de guerre.

« C'est avec un sentiment de profonde admiration et de satisfaction qu'on se sépare à regret de ces nobles hommes. »

Partie Six

CONCLUSION

Inauguration de la Voie sacrée, 1ère borne scellée par M. Poincaré, le 21 août 1922, Bar-le-Duc.

I

Les Allemands voulaient enlever Verdun en huit jours. Après quoi l'Empereur, annonçait le Kronprinz, « viendra passer une grande revue sur la place de Verdun et la paix sera signée ».

Le 21 juillet, trois mois juste après la date où huit jours suffisaient pour « nous mettre à genoux », nouveau défi, avec la réserve que, cette fois, le délai n'est pas fixé. Le Kronprinz déclare :

« Les Français se figurent maintenant que nous allons desserrer notre étreinte à Verdun parce qu'ils ont enfin commencé leur grande offensive sur la Somme. Au contraire, ils se verront déçus, et nous leur montrerons que cela ne se passera pas ainsi. »

Au lendemain de la prise du fort de Vaux, la *Gazette de Francfort*, un des deux ou trois journaux ayant le plus d'autorité de l'autre côté du Rhin, avait écrit :

« Nous connaissons maintenant le prix attaché aux immenses combats qui se livraient entre Damloup et Douaumont et dont les communiqués allemands et les bulletins français ont fait connaître l'acharnement inouï : des troupes allemandes d'élite — ce sont les mots qu'emploie avec fierté et reconnaissance notre communiqué — ont conquis le fort de Vaux dans toutes ses parties, ont enlevé — ce qui est plus important — toutes les positions adjacentes, des deux côtés de l'ouvrage et sur la hauteur au sud-ouest de Damloup, et les ont conservées, en dépit des terribles assauts des vaillantes troupes françaises. Depuis cinq jours, le fort est en notre possession ; nous avons arrêté toutes les contre-attaques, nous avons constamment élargi et consolidé nos positions sur la hauteur de Vaux : nous pouvons dire, autant qu'il est humainement certain : « Nous avons fermé le poing sur notre conquête ; personne ne nous la ravira. »

Enfin la première partie du rapport officiel sur Verdun communiqué à la presse allemande fait sonner non moins haut la victoire. Mieux encore elle la commente, le 29 octobre :

« Verdun est la porte d'attaque de la France contre l'Allemagne du centre. Jusqu'au printemps de 1916, il fut impossible à l'Allemagne de fermer cette porte. La guerre sur deux fronts avait fixé une partie importante des forces allemandes sur les théâtres russe et balkanique. C'est seulement quand ces forces furent libérées par l'arrêt temporaire de la campagne russo-balkanique que la réduction de Verdun put être entreprise.

« Verdun, au cas d'une offensive des Alliés, aurait été une menace contre le centre de notre front occidental et aurait facilité la reprise du bassin minier de Briey, qui nous est si précieux, et aurait menacé par suite la forteresse de Metz, dont la prise permettrait la conquête des régions industrielles et minières de la Lorraine allemande, nous arrachant ainsi la partie la plus vitale de notre industrie de guerre. En un mot, Verdun formait, tant au point de vue stratégique qu'économique, une incomparable base d'opérations. En outre, sa large ceinture de forts en faisait la tête de pont principale de la ligne de la Meuse. C'était la porte de sortie de la France contre l'Allemagne moyenne.

« Le but de l'offensive du printemps 1916 a été d'abord de cadenasser cette porte du côté allemand pour pouvoir dans la suite des opérations de guerre l'enfoncer un jour du côté de la France. »

N'insistons pas sur l'ironie du Destin qui a voulu que le même jour où ces lignes paraissaient, les « cadenas » de l'État-major allemand tombaient sous les coups de notre artillerie lourde, et dégageons de tous les éléments de mortification pour l'orgueil germanique le sens de notre victoire dès les origines de la bataille.

II

Brisée sur la Marne, sur l'Yser, devant le golfe de Riga, l'Allemagne avait cherché sur le front de Verdun une décision nécessaire. Elle prit une vigoureuse offensive, admirablement préparée, à la fois prudente et hardie qui a failli réussir. « Mais, en quelques heures, Pétain et Castelnau rétablissent la bataille. L'ennemi ne se décourage pas. Il mettra des mois à progresser vers son but, enlevant morceau de terre par morceau de terre. Il s'use, mais il prétend nous user. Son offensive est manquée, écrit le colonel X... du *Journal*, mais il espère que, blessé, il blessera, et que la guerre s'arrêtera par épuisement réciproque. C'est la seconde phase de la bataille. L'ennemi la poursuit, non pour prendre Verdun, mais pour nous empêcher d'attaquer ailleurs : de là les combats acharnés de mai et de juin. »

Puis c'est la Somme qui peu à peu libère la Meuse avant cette dernière phase, d'octobre, de novembre et de décembre : Douaumont et Vaux, la côte du Poivre et Bezonvaux.

C'est maintenant nous qui « resserrons l'étreinte » assez durement pour que la leçon des dix mois de guerre livrés des deux côtés de la Meuse ait été la grande déterminante de la récente mobilisation civile allemande. Puisse le même enseignement décider chez nous un effort correspondant ! Puisse-t-il s'imposer aux rares enfants de la France hantés par les suggestions du pessimisme ! Ce vœu n'est pas téméraire. Même à un peuple qui n'aurait pas déjà tout notre passé de gloire militaire derrière lui, Verdun est de taille à donner l'indispensable agent de la victoire : la foi en ses destinées.

Partie Sept

MÉMENTO CHRONOLOGIQUE

Région de Verdun, 1916.

Février à Décembre 1916

Février

21. — L'attaque allemande se déclenche. L'ennemi occupe un bois (bois des Caures) et un saillant que formait notre ligne au nord de Beaumont.

22. — Nous reprenons la plus grande partie du bois des Caures. Par contre l'ennemi pénètre dans celui de la Ville. Au nord d'Ornes, des assauts allemands sont enrayés.

23. — Lutte violente sur les deux rives de la Meuse. Nous évacuons Brabant-sur-Meuse, Samogneux et Ornes.

24. — Notre ligne de résistance est organisée en arrière de Beaumont, sur les hauteurs à l'est de Champneuville et au sud d'Ornes. Des attaques allemandes à gros effectifs sur la côte du Poivre et sur le bois de la Vauche sont repoussées.

26. — Les attaques allemandes vers Champneuville et la côte du Poivre sont arrêtées ; nous perdons et reprenons le fort de Douaumont.

27. — Au nord de Verdun, les Allemands attaquent la ferme et le bois d'Haudremont ; ils attaquent également entre la hauteur de

Douaumont et le plateau au nord de Vaux ; toutes ces attaques échouent. La côte du Talou, battue par les deux artilleries, n'appartient à personne. En Woëvre, prise de contact de l'ennemi avec nos avant-postes, vers Blauzée et Moranville.

28. — L'ennemi occupe le fort de Douaumont que nous encerclons étroitement. Nous repoussons les attaques partielles dans la région du fort et rejetons les Allemands d'une petite redoute où ils s'étaient installés, à l'ouest du fort.

Mars

1er. — En Woëvre, les Allemands s'emparent de Manheulles ; nous contre-attaquons et nous installons à la lisière ouest de cette localité.

2. — De violentes attaques allemandes sont brisées dans la région de Douaumont.

3. — Lutte d'infanterie très vive aux abords du village de Douaumont, près de Vaux.

4. — À l'est de la côte du Poivre bombardement intense par les Allemands, puis attaque d'infanterie repoussée par nos feux. Le village de Douaumont est chèrement disputé ; Français et Allemands l'occupent successivement à plusieurs reprises.

5. — Une attaque allemande contre nos positions à l'est de Vacherauville est repoussée.

6. — Violent bombardement par les Allemands, de Béthincourt à la Meuse ; ils s'emparent de Forges, mais ne peuvent prendre pied sur la côte de l'Oie.

7. — À l'ouest de la Meuse, à la suite d'un violent bombardement, l'ennemi progresse, de nuit, entre Régneville et la côte de l'Oie ; il occupe la cote 265, et prend pied, à la suite de nombreuses attaques d'infanterie, dans le secteur du bois des Corbeaux. À l'est de la Meuse, les Allemands pénètrent dans une redoute de la région d'Hardaumont ; une contre-attaque les en rejette. En Woëvre, ils s'emparent de Fresnes.

8. — À l'ouest de la Meuse, nous repoussons une attaque à gros effectifs sur nos positions de Béthincourt ; nous reprenons la plus grande partie du bois des Corbeaux. À droite de la Meuse, nous reperdons la redoute d'Hardaumont.

9. — À l'ouest de la Meuse, nous tenons la presque totalité du bois des Corbeaux. À l'est, les Allemands dirigent de nombreuses attaques de Douaumont jusqu'à Vaux ; toutes sont brisées et les pertes de l'ennemi au pied du fort de Vaux sont énormes.

10. — L'ennemi nous reprend la partie du bois des Corbeaux conquise par nous la veille. À l'est de la Meuse, nous rejetons deux offensives allemandes près du village de Douaumont et paralysons une attaque en préparation contre le village de Vaux.

11 — À l'ouest de la Meuse, forte attaque allemande le long de la route Béthincourt-Chattancourt ; l'ennemi prend un boyau que nous reprenons presque aussitôt. À l'est de la Meuse, il pénètre dans quelques maisons de Vaux et essaye vainement d'atteindre les fils de fer du fort de Vaux. Un fokker est abattu, près de Douaumont.

12. — À la droite de la Meuse, une attaque allemande à la grenade, près du bois Carré (côte du Poivre) est facilement repoussée. En Woëvre, nous perdons une tranchée au nord d'Eix.

14. — À l'ouest de la Meuse, les Allemands prennent pied sur deux points de nos tranchées entre Béthincourt et le Mort-Homme. 3 avions allemands sont abattus dans la région de Verdun.

15. — Nous reprenons une partie des éléments de tranchées perdus au Mort-Homme. Escarmouches à la grenade sur les pentes du fort de Vaux.

16. — À l'ouest de la Meuse, une violente attaque allemande contre le Mort-Homme est complètement brisée.

17. — À l'est de la Meuse, cinq attaques allemandes contre Vaux et le fort de Vaux sont successivement brisées.

18. — Les Allemands dirigent une série d'attaques partielles entre le village de Vaux et la région au sud de la ferme d'Haudremont. Partout nos tirs de barrage les arrêtent.

19. — Attaque assez vive d'infanterie allemande contre notre front Vaux-Damloup ; elle échoue sous nos feux.

20. — Une division allemande dirige une attaque accompagnée de jets de liquide enflammé sur nos positions entre Avocourt et Malancourt (ouest de la Meuse). L'assaillant ne progresse légèrement que dans la partie est du bois de Malancourt.

21. — Les Allemands, à la suite d'une attaque accompagnée de jets de liquides enflammés, s'emparent du bois d'Avocourt (partie sud-est du bois de Malancourt). Un taube est abattu près de Douaumont.

22. — À l'ouest de la Meuse, les Allemands attaquent de nouveau notre front entre la corne du bois d'Avocourt et le village de Malancourt. Ils prennent pied sur le mamelon d'Haucourt.

23 au 27. — Pendant cette période, violent bombardement réciproque sur les deux rives de la Meuse ; aucune action d'infanterie. Le 27, un avion allemand est abattu dans la région de Douaumont.

28. — Violente attaque allemande sur le front Haucourt, Malancourt ; elle échoue sous nos feux.

29. — Nous enlevons la corne sud-est du bois d'Avocourt et le réduit d'Avocourt. Par contre, les Allemands prennent pied dans un ouvrage avancé et dans deux maisons du village de Malancourt.

30 — À l'ouest de la Meuse, vaines attaques ennemies à Malancourt et Avocourt. À l'est de la rivière, deux attaques allemandes sur nos positions près du fort de Douaumont sont brisées. Cinq avions allemands sont abattus près de Verdun.

Avril

1er. — Les Allemands s'emparent de Malancourt. Ils sont repoussés au Mort-Homme et en Woëvre, à l'est d'Haudremont.

2. — À l'est de la Meuse, au cours d'une attaque, les Allemands prennent pied dans la partie ouest du village de Vaux. Une autre attaque entre Vaux et le fort de Douaumont échoue sous nos feux.

3. — À l'est de la Meuse, l'ennemi occupe le bois des Caillettes (entre Vaux et le plateau de Douaumont) ; une contre-attaque le repousse dans la partie nord du bois.

4. — À l'ouest de la Meuse, nos feux dispersent une attaque violente entre Béthincourt et Haucourt, sur nos positions reportées dans la nuit du 31 mars de la rive nord à la rive sud de la Meuse. À l'est de la rivière, nous refoulons l'ennemi jusqu'à la lisière nord du bois de la Caillette et au nord de l'étang de Vaux ; nous réoccupons la partie ouest du village de Vaux. Quatre avions allemands sont abattus près de Verdun.

5. — Échecs d'attaques allemandes sur Haucourt (ouest de la Meuse) et entre Douaumont et Vaux (est de la rivière). À la suite de la dernière de ces attaques, les Allemands refluent vers le bois du Chaufour, où notre artillerie leur inflige encore des pertes sévères.

6. — À l'est de la Meuse, nous progressons dans les boyaux au nord du bois de la Caillette.

7. — À l'ouest de la Meuse, les Allemands échouent devant Béthincourt, mais s'emparent d'Haucourt. Par contre, nous enlevons le bois Carré. À l'est de la rivière, au sud-ouest du fort de Douaumont nous progressons de 200 mètres sur un front de 300 mètres.

8. — À l'ouest de la Meuse, une puissante attaque allemande pénètre dans notre tranchée de première ligne le long de la route Béthincourt-Chattancourt ; une contre-attaque la rejette de la majeure partie de la tranchée occupée. Une autre attaque allemande aux environs immédiats d'Haucourt est brisée par nos feux de mitrailleuses et nos tirs de barrage. Notre progression continue dans les boyaux ennemis au sud-ouest du fort de Douaumont.

9. — Les Allemands prennent pied dans deux petits ouvrages situés entre Haucourt et la cote 287 où nous sommes. À l'est de la Meuse, nous repoussons une attaque au nord du fort de Vaux.

10. — À l'ouest de la Meuse, violente bataille d'Avocourt à Lumières ; nous évacuons Béthincourt qui forme saillant, et brisons toutes les attaques contre la nouvelle ligne que nous avons établie d'Avocourt à Chattancourt. — Sanglants échecs allemands du Mort-Homme à Cumières, entre le bois d'Avocourt et le ruisseau de Forges, et enfin au sud-est d'Avocourt. Durant la nuit, l'ennemi prend pied dans une tranchée avancée sur le front Cumières-Mort-Homme. À l'est de la Meuse, les attaques allemandes n'ont pu déboucher.

11. — Des offensives ennemies avortent sous nos feux à l'ouest de la Meuse dans la région de Haucourt-Béthincourt, sur le front Mort-Homme-Cumièrcs, ainsi qu'à l'est de la rivière, au bois de la Caillette. Deux fokkers sont abattus, l'un à Esnes, l'autre en Woëvre.

12. — À l'est de la Meuse, après un bombardement violent, accompagné d'envoi d'obus lacrymogènes, les Allemands attaquent nos tranchées entre Douaumont et Vaux. Ils prennent pied dans quelques éléments de nos lignes, mais en sont rejetés par une contre-attaque.

13. — À l'ouest de la Meuse, une attaque allemande contre le bois des Caurettes est repoussée.

14. — Devant la cote 304 (ouest de la Meuse), l'ennemi essaye de sortir de ses tranchées ; il n'y parvient pas.

15. — Petite attaque sur nos positions près de Douaumont ; elle est repoussée.

16. — Nous déclenchons une attaque sur les positions allemandes au sud de Douaumont ; nous occupons quelques éléments de tranchées et faisons 200 prisonniers.

17. Sur la rive droite de la Meuse, région de Douaumont, violente offensive allemande sur un front de 4 kilomètres (effectif : 2 divisions). Les Allemands, qui n'ont réussi qu'à occuper un petit saillant au sud du bois du Chauffour, en sont rejetés en partie par une contre-offensive.

19. — Au nord-ouest de l'étang de Vaux, nous attaquons, et occupons des éléments de tranchées et une redoute fortifiée ; nous capturons 230 prisonniers et du matériel.

22. — Sur la rive gauche de la Meuse, nous progressons au Mort-Homme, enlevons une tranchée au bois des Caurettes et faisons 150 prisonniers. À l'est de la rivière, grosse offensive allemande sur un front de 2 kilomètres ; l'ennemi prend pied dans nos lignes (sud du fort de Douaumont et nord de l'étang de Vaux) ; notre contre-offensive le refoule ensuite. Nous progressons d'autre part dans le secteur sud du bois d'Haudremont (ouest de Douaumont).

23. — Quatre attaques allemandes échouent, trois au Mort-Homme et une au nord du bois des Caurettes.

24. — À l'ouest de la Meuse, nous réussissons un coup de main à Avocourt.

25. — Des reconnaissances ennemies sont dispersées au sud d'Haucourt, légère progression au bois des Caurettes où nous faisons une trentaine de prisonniers.

26. — Échec de quatre attaques allemandes, trois au Mort-Homme, une dans le secteur d'Avocourt. 4 avions allemands sont abattus dans la région de Verdun.

Mai

3. — À l'est de la Meuse, nous enlevons 500 mètres de tranchées et faisons 100 prisonniers au sud du fort de Douaumont.

4. — Nous enlevons des positions allemandes au nord-ouest du Mort-Homme.

5. — Une petite attaque allemande contre les positions que nous avons enlevées la veille au Mort-Homme, est arrêtée par nos feux.

6. — À l'ouest de la Meuse, une violente attaque allemande est dirigée contre nos positions au nord de la cote 304. L'attaque échoue dans son ensemble, l'ennemi toutefois prend pied dans quelques éléments de notre tranchée avancée.

7. — Le bombardement de nos positions de la cote 304 par les Allemands, devient d'une telle violence que nous devons évacuer une partie des tranchées de la pente nord, rendues intenables.

8. — Forte attaque allemande entre la cote 304 et le Mort-Homme ; l'ennemi n'arrive à pénétrer que dans un de nos boyaux, à l'est de la cote 304. Sur la rive droite de la Meuse, entre le bois d'Haudremont et le fort de Douaumont, les Allemands enlèvent 500 mètres de tranchées.

9. — La lutte continue acharnée à la cote 304 ; nous y reprenons le boyau perdu la veille. Sur la rive droite de la Meuse, dans la région d'Haudremont, nous reprenons la presque totalité des tranchées perdues la veille.

10. — À la cote 304, trois attaques allemandes échouent. Dans la

région d'Haudremont nous achevons de reprendre les éléments de tranchées perdus l'avant-veille.

11. — Sur la rive gauche de la Meuse, infructueuse attaque allemande sur nos positions aux abords de la cote 287. Nous attaquons, d'autre côté, sur les pentes ouest du Mort-Homme et occupons quelques éléments d'une tranchée ennemie.

12. — Échec d'une attaque allemande à l'ouest de l'étang de Vaux (rive droite de la Meuse).

13. — Au Mort-Homme, deux attaques allemandes échouent. Autre échec allemand, au sud-est du fort de Douaumont.

14. — Rive gauche de la Meuse. Nous progressons autour de la cote 287 ; des attaques allemandes échouent à la cote 304 et au Mort-Homme. — Rive droite. De nouvelles et violentes attaques allemandes échouent au sud-est du fort de Douaumont et au nord de la ferme de Thiaumont.

16. — Rive gauche de la Meuse. Échec d'une attaque allemande sur nos positions à l'ouest de la cote 304.

17. — Trois avions allemands sont abattus à Verdun.

18. — Rive gauche de la Meuse. Échec d'une attaque ennemie contre nos positions du bois d'Avocourt et de la cote 304.

19. — Nouvelles et violentes attaques dans la région du bois d'Avocourt et de la cote 304. Les Allemands occupent un petit ouvrage au centre de notre ligne. Partout ailleurs ils échouent.

20. — Attaque allemande à large envergure dans la région du Mort-Homme. L'ennemi réussit dans les secteurs Est et Nord, à occuper notre première ligne, mais est repoussé de la seconde ligne.

22. — Attaques allemandes à la cote 304 et au Mort-Homme, dans ce dernier secteur, l'ennemi occupe une de nos tranchées avancées, mais subit ensuite un échec complet. Par contre, aux abords de la route d'Haucourt à Esnes, nous enlevons deux tranchées allemandes. — Rive droite de la Meuse. Nous enlevons les carrières d'Haudremont.

23. — Rive gauche de la Meuse. Nous progressons au sud de la cote 287 et reprenons plusieurs petits ouvrages occupés par l'ennemi, nous réalisons également des progrès au Mort-Homme. — Rive

droite. Nous déclenchons une forte attaque, de l'ouest, de la ferme de Thiaumont à l'est du fort de Douaumont, sur un front de 2 kilomètres ; sur tout le front d'attaque nous enlevons les tranchées allemandes et réoccupons le fort de Douaumont, partie nord exceptée.

24. — Les Allemands attaquent au Mort-Homme ; une première attaque est infructueuse ; la deuxième prend pied dans une de nos tranchées à l'ouest ; notre contre-attaque immédiate refoule entièrement l'ennemi. — Rive droite de la Meuse. Lutte acharnée dans la région de Douaumont. Nous maintenons intégralement nos positions conquises la veille.

25. — Rive gauche de la Meuse. Tous les assauts allemands contre nos positions du Mort-Homme sont brisés ; par contre l'ennemi parvient à occuper Cumières. — Rive droite. L'ennemi réoccupe le fort de Douaumont dont nous tenons les abords immédiats.

26. — Rive gauche de la Meuse. Nous progressons à l'est de Cumières. — Rive droite. Actions offensives allemandes entre le bois d'Haudremont et la ferme Thiaumont ; elles sont repoussées, sauf sur un point où l'ennemi occupe un de nos éléments de tranchée.

27. — L'élément de tranchée occupé la veille par les Allemands, région Haudremont-Thiaumont, est repris par nous. Une attaque dirigée sur nos tranchées, aux abords du fort de Douaumont, est repoussée.

28. — Rive gauche de la Meuse. Nous réoccupons en partie le village de Cumières et progressons au sud-ouest du Mort-Homme. — Rive droite. Nous progressons au nord-ouest de la ferme Thiaumont et repoussons une attaque allemande aux abords du fort de Douaumont.

30. — Rive gauche de la Meuse. Diverses attaques allemandes : deux qui débouchaient du bois des Corbeaux, et deux autres dirigées contre la cote 304, sont brisées par nos feux. Par contre, entre le Mort-Homme et Cumières, l'ennemi attaquant parvient sur un point de notre ligne à prendre pied sur un front de 300 mètres dans une de nos tranchées avancées.

31. — Puissante attaque allemande entre le Mort-Homme et Cumières, nous nous maintenons aux lisières sud du village de

Cumières, mais dans la région du bois des Caurettes, nous replions nos éléments avancés au sud du chemin de Béthincourt à Cumières.

Juin

1er. — Rive gauche de la Meuse. Violents combats ; attaques allemandes repoussées à l'est du Mort-Homme et aux abords de Cumières. Au sud du bois des Caurettes, nous évacuons notre tranchée de première ligne. Un moment refoulés au sud de Cumières, dans la direction de Chattancourt, nous contre-attaquons et ramenons l'ennemi à ses positions de départ, en anéantissant quelques-unes de ses fractions isolées. Au Mort-Homme, nous faisons 250 prisonniers.

2. — Rive gauche de la Meuse. Une attaque allemande est repoussée au Mort-Homme. — Rive droite. L'ennemi, après un violent bombardement, pénètre dans nos tranchées de première ligne, entre le fort de Douaumont et l'étang de Vaux. Partout ailleurs ses attaques sont brisées.

3. — Rive gauche de la Meuse. Nous progressons au sud du bois des Caurettes et arrêtons par nos feux une attaque ennemie entre ce bois et Cornières. — Rive droite. Bataille acharnée ; énormes pertes des Allemands qui, malgré la violence déployée pour enlever le fort de Vaux, ne réussissent à pénétrer que dans quelques maisons du village de Damloup.

4. — Rive droite de la Meuse. Le combat continue, violent, aux abords du fort de Vaux, dont les ennemis arrivent à occuper le fossé nord.

5. — Violents combats sur les deux rives de la Meuse. À la cote 304, une attaque allemande est enrayée par nos tirs de barrage. Entre Damloup et le fort de Vaux (rive droite), les ennemis occupent un moment nos tranchées, puis en sont délogés.

6. — Les attaques allemandes, accompagnées de jets de liquides enflammés, échouent encore contre le fort de Vaux qui tient bon.

7. — Le commandant Raynal, défenseur du fort de Vaux, est promu commandeur de la Légion d'honneur.

9. — Les Allemands occupent le fort de Vaux ; nous restons aux abords immédiats de la position. Échec d'attaques ennemies à l'ouest et à l'est de la ferme Thiaumont.

10. — Rive gauche de la Meuse. Des attaques allemandes contre la cote 304 sont repoussées. — Rive droite. À la ferme ! Thiaumont, les attaques allemandes sont repoussées à l'ouest ; à l'est, l'ennemi parvient à prendre pied dans une de nos tranchées, entre le bois de la Caillette et la ferme.

12. — Deux attaques allemandes, l'une contre la cote 304, l'autre à l'est de cette cote, sont repoussées.

13. — Échec d'une violente attaque allemande contre nos positions au nord de Thiaumont.

14. — Rive droite de la Meuse. Attaques allemandes dans tout le secteur de Thiaumont. L'ennemi pénètre dans quelques éléments avancés de notre ligne sur les pentes est de la cote 321.

16. — Nous enlevons une tranchée sur les pentes sud du Mort-Homme et faisons 130 prisonniers. Violent bombardement réciproque sur les deux rives de la Meuse.

17. — Nos feux brisent trois attaques allemandes, l'une au Mort-Homme (rive gauche de la Meuse), l'autre au nord de l'ouvrage de Thiaumont, de la cote 321 aux abords de la cote 310, la troisième à la lisière sud du bois de la Caillette.

18. — Rive gauche de la Meuse. Nous repoussons une attaque à la grenade sur la redoute d'Avocourt et à l'ouest de la cote 304. — Rive droite. Nous enlevons quelques éléments de tranchées et faisons quelques prisonniers au nord de la cote 321.

19. — Nous repoussons des attaques allemandes, au Mort-Homme, et au nord et à l'est de l'ouvrage de Thiaumont.

21. Au nord de la cote 321 (rive droite de la Meuse) une attaque ennemie est repoussée.

22. — Nous repoussons des attaques allemandes au sud du Mort-Homme, et, dans la région cote 320, bois du Chapitre et du Fumin-le-Chénois, à l'ouest et au sud du fort de Vaux.

23. — Sur les deux rives de la Meuse, bombardement réciproque violent ; nous repoussons deux attaques sur la rive gauche, une au Mort-Homme, l'autre entre la cote 304 et le ruisseau de Béthincourt. Sur la rive droite, nous récupérons presque entièrement des éléments de tranchée que nous avions perdus entre le bois Fumin et le Chénois.

24. — Rive gauche de la Meuse. Échec de deux attaques allemandes. — Rive droite. Violente offensive allemande à grande envergure sur un front de 5 kilomètres, de la cote 321 à l'est de la batterie de Damloup. Les Allemands enlèvent l'ouvrage de Thiaumont et nos tranchées de première ligne entre les cotes 321 et 320 ; une vague d'assaut ennemie arrive jusqu'à Fleury, puis en est chassée ; partout ailleurs, de nombreux assauts allemands sont brisés.

25. — Continuation du combat dans la région de Thiaumont. Nous reprenons la majeure partie du terrain perdu la veille entre les cotes 321 et 320, et refoulons l'ennemi jusqu'aux abords de l'ouvrage de Thiaumont. Par contre, les Allemands pénètrent dans quelques maisons de Fleury.

26. — Une attaque ennemie sur les pentes sud du Mort-Homme est brisée. — Rive droite de la Meuse. La lutte continue dans la région de Thiaumont ; nous enlevons quelques éléments de tranchées et réalisons des progrès à la grenade dans Fleury.

27. — Dans la région de Thiaumont, une attaque allemande à l'ouest de l'ouvrage échoue ; nous progressons entre le bois Fumin et Le Chénois.

28. — Sur les deux rives de la Meuse, des attaques allemandes, dont une sur la partie de Fleury occupée par nous, échouent complètement. Nous progressons dans la région de l'ouvrage de Thiaumont.

29. — Nous faisons quelques progrès à la grenade aux abords de l'ouvrage de Thiaumont et au nord de la cote 321.

30. — Échec de violentes attaques allemandes, l'une sur nos positions à l'ouest de la cote 304 (rive gauche), l'autre au nord-est de l'ouvrage de Thiaumont (rive droite).

Juillet

1er. — Échec de multiples actions offensives allemandes, du bois d'Avocourt à l'est de la cote 304. Un moment, à l'est de la cote, l'ennemi occupe un ouvrage fortifié de notre première ligne ; il en est bientôt délogé. Nous enlevons à l'ennemi l'ouvrage de Thiaumont.

2. — Sur la rive gauche de la Meuse, échec de quatre attaques allemandes. Sur la rive droite, nous reperdons, puis reprenons l'ouvrage de Thiaumont.

3. — Nous opérons un coup de main heureux sur les pentes est du Mort-Homme (rive gauche) et repoussons des attaques dirigées contre l'ouvrage de Thiaumont.

4. — Rive droite de la Meuse. Nous perdons, puis reprenons l'ouvrage de Damloup.

5. — L'ennemi réoccupe l'ouvrage de Thiaumont. Nous réalisons des progrès au sud-est du bois Fumin.

6. — Sur la rive gauche de la Meuse, des attaques allemandes sont repoussées.

12. — Du 6 au 12, le bombardement réciproque continue, sans attaques d'infanterie. À cette dernière date, violente offensive allemande ; l'ennemi prend pied dans la batterie de Damloup et dans le bois Fumin.

21. — Rive droite de la Meuse. Nous progressons à l'ouest de l'ouvrage de Thiaumont. Au sud de Fleury, nous enlevons un ouvrage puissamment organisé par l'ennemi et faisons 300 prisonniers.

23. — Rive droite de la Meuse. Échec d'une attaque allemande au sud de Damloup. Un coup de main heureux nous fait faire 70 prisonniers, près de Fleury.

25. — Rive droite de la Meuse. Nous capturons une trentaine de prisonniers près de la chapelle Sainte-Fine. Notre infanterie s'empare d'une redoute tout à l'ouest de l'ouvrage de Thiaumont : 40 prisonniers.

26. — Rive gauche de la Meuse. Une tentative d'attaque ennemie à la grenade, vers la cote 304, échoue sous nos feux.

28. — Nous progressons à la grenade à l'ouest de l'ouvrage de Thiaumont.

29. — Notre progression à l'ouest de l'ouvrage de Thiaumont continue.

30. — Sur la rive gauche de la Meuse, une attaque allemande sur nos positions de la cote 304 échoue sous nos feux ; il en est de même sur la rive droite, de deux attaques ennemies lancées sur une redoute dans le ravin au sud de Fleury. Nous progressons par contre, au nord de la Chapelle Sainte-Fine et dans la région de l'ouvrage de Thiaumont.

31. — Nous repoussons un assaut à l'ouest de l'ouvrage de Thiaumont.

Août

1er. — Sur la rive gauche de la Meuse, échec d'une attaque allemande à la cote 304. — Sur la rive droite, nous progressons au sud-ouest de Fleury et brisons une attaque à la grenade à l'ouest du bois de Vaux-Chapitre.

2. — Sur la rive droite de la Meuse, nous repoussons une attaque allemande sur nos positions à l'ouest et au sud de l'ouvrage de Thiaumont. Nous progressons à la grenade au sud du même ouvrage.

3. — Sur la rive droite, nous attaquons depuis la Meuse jusqu'au sud de Fleury ; nous enlevons des tranchées et faisons 600 prisonniers. L'ennemi, par contre, gagne un peu de terrain à Vaux-Chapitre et au Chénois.

4. — Sur la rive droite de la Meuse, l'ennemi contre-attaque vigoureusement sur les positions que nous lui avons enlevées la veille. Il échoue partout ; par contre, nous progressons au sud de Fleury, enlevons toutes les tranchées comprises entre Thiaumont et Fleury jusqu'au sud-est de l'ouvrage de Thiaumont et aux abords de la cote 320 ; finalement nous enlevons le village de Fleury. Nous avons fait 1730 prisonniers en deux jours.

5. — Les combats continuent avec une grande violence sur la rive

droite de la Meuse. Nous enlevons, puis évacuons l'ouvrage de Thiaumont. À Fleury, l'ennemi reprend pied dans la partie sud du village.

6. — Nous reprenons et gardons l'ouvrage de Thiaumont. Nous reprenons la plus grande partie du village de Fleury, où l'ennemi avait réussi à progresser ; nous faisons 400 prisonniers.

7. — Continuation de la lutte ; nous maintenons toutes les positions conquises à Thiaumont et à Fleury.

8. — Nous élargissons nos positions au nord-ouest de l'ouvrage de Thiaumont et y repoussons une contre-attaque.

9. — Deux attaques ennemies échouent ; l'une s'est produite contre l'ouvrage de Thiaumont, l'autre dans le bois de Vaux-Chapitre.

10. — Nous perdons et reprenons des tranchées et l'ouvrage de Thiaumont. Nous enlevons des tranchées dans le secteur le Chapitre-le Chénois et faisons 200 prisonniers.

11. — L'ennemi reprend pied dans l'ouvrage de Thiaumont. Nous restons aux abords immédiats de l'ouvrage et progressons dans Fleury.

13. — Un pilote de notre escadrille américaine abat un avion allemand dans nos lignes au sud de Douaumont.

15. — Nous progressons légèrement au sud-est de Fleury et repoussons quelques petites attaques.

16. — Escarmouches à la grenade dans la région d'Avocourt (rive gauche de la Meuse). Attaques allemandes enrayées, l'une sur nos tranchées à l'est de la cote 304 (rive gauche), les autres à Fleury et sur nos positions au sud-est du village.

17. — Nous enlevons des tranchées, au nord de la Meuse, sur un front de 300 mètres et une profondeur de 100 mètres et repoussons des contre-attaques.

20. — Nous occupons le village de Fleury en entier, sauf un îlot de mines à la lisière est ; nous chassons l'ennemi de deux redoutes fortifiées au nord-ouest de Thiaumont ; nous faisons au cours de ces opérations 150 prisonniers. Nous progressons aux abords de la route du fort de Vaux, à l'est du bois de Vaux-Chapitre.

21. — Rive gauche de la Meuse. Les Allemands attaquent à la grenade un saillant au nord-est du réduit d'Avocourt et nos tranchées de la cote 304. Ils sont repoussés. — Sur la rive droite, nous achevons la conquête de Fleury, que nous occupons entièrement, malgré de violentes contre-attaques. Une lutte à la grenade a lieu dans la région Vaux-Chapitre. 300 prisonniers.

22. — Une attaque violente de l'ennemi sur Fleury est repoussée.

23. — Des attaques allemandes sur un de nos ouvrages dans le bois de Vaux-Chapitre sont enrayées.

24. — Nous progressons entre Fleury et l'ouvrage de Thiaumont et faisons 200 prisonniers.

25. — L'ennemi attaque notre nouveau front Fleury-Thiaumont ; il échoue.

28. — L'ennemi attaque à trois reprises nos positions du bois de Vaux-Chapitre. Il échoue chaque fois.

29. — Vaine attaque ennemie à l'est de Fleury.

Septembre

2. — Un avion allemand est abattu à Douaumont.

3. — Échec d'une attaque allemande, près de Fleury.

4. — Attaques allemandes repoussées à Vaux-Chapitre. Nous progressons à l'est de Fleury et faisons 300 prisonniers.

7. — Violente canonnade sur la rive droite de la Meuse. Nous faisons 40 prisonniers.

8. — Nous attaquons les organisations allemandes sur le front Chapitre-le-Chénois ; la première ligne de tranchées ennemies est enlevée ; nous faisons près de 300 prisonniers.

9. — Contre-attaque allemande à Vaux-Chapitre ; un moment l'ennemi prend pied dans une de nos tranchées ; il en est rejeté peu après. — Nous progressons à la grenade au sud de Thiaumont.

10. — Près de Fleury, devant Douaumont, nous emportons d'assaut un système de tranchées allemandes et faisons 300 prisonniers.

11. — À l'ouest de la route du fort de Vaux, une attaque allemande échoue.

15. — Au bois Vaux-Chapitre, deux attaques allemandes sont brisées.

19. — Nous enlevons une tranchée sur les pentes sud du Mort-Homme.

29. — L'ennemi attaque sur le front Thiaumont-Fleury. Il est repoussé.

Octobre

24. — Au nord de Verdun, après une intense préparation d'artillerie, nous avons prononcé une attaque sur un front de sept kilomètres. Notre avance qui a été très rapide s'est effectuée avec des pertes légères. Elle a été sur certains points de trois kilomètres. Nous avons repris le village et le fort de Douaumont. Le chiffre des prisonniers est de 3500 dont 100 officiers.

25. — Une attaque allemande sur les carrières d'Haudremont, une autre sur la batterie de Damloup ont toutes deux échoué. Nous avons progressé à l'est du bois Fumin et au nord du Chénois. Le chiffre de nos prisonniers s'élève à un millier. Damloup tombe entre nos mains.

26. — Quatre réactions allemandes ont été totalement rejetées dans le secteur de Douaumont, et quatre vagues allemandes ont reflué en désordre. Le front a été également maintenu. Le chiffre des prisonniers dénombrés dépasse cinq mille.

27. — Nouvelle tentative d'attaque, arrêtée à l'ouest du village de Douaumont. Nous faisons 100 prisonniers.

28. — Au nord-ouest du fort de Douaumont nous enlevons une carrière fortement organisée.

Novembre

1ᵉʳ. — Pas d'actions d'infanterie. Le chiffre total des prisonniers depuis le 24 octobre est de 6011 dont 238 officiers. Le butin comprend 13 canons dont 5 de gros calibre, 51 canons de tranchée, 144 mitrailleuses.

2. — L'ennemi évacue le fort de Vaux sous la violence de notre bombardement. Notre infanterie a occupé l'ouvrage sans aucune perte. La ceinture des forts extérieurs de Verdun est maintenant rétablie dans son intégrité et solidement tenue par nous. Depuis cette date, canonnade intermittente, puis lutte d'artillerie violente le 21 et le 22 novembre. Nouvelle accalmie jusqu'au 25.

Décembre

15. Offensive française sur un front de 10 kilomètres et sur 3 de profondeur. Nous enlevons la côte du Poivre, les villages de Vacherauville, de Louvemont, le plateau 378 avec la ferme des Chambrettes, le plateau d'Hardaumont. Le 16, nous occupons le village de Bezonvaux.

∼

Copyright © 2025 by ALICIA ÉDITIONS
Crédits image : Canva; Wikimedia Commons
Crédits images pour la couverture :
https://commons.wikimedia.org/wiki/File:Bataille_de_Verdun_1916.jpg
Source : www.docpix.fr
Author : Collection DocAnciens/docpix.fr
Soldats français à l'assaut sortent de leur tranchée pendant la bataille de Verdun, 1916.
Crédit images pour les chapitres :
Chapitre I : https://commons.wikimedia.org/wiki/File:French_soldiers_of_the_87th_Regiment_shelter_in_their_trenches_at_Hill_304_at_Verdun.jpg
Chapitre II : https://commons.wikimedia.org/wiki/Category:Battle_of_Verdun#/media/File:Pr%C3%A8s_de_Verdun_-_photographie_de_presse_-_Agence_Rol_-_btv1b6945908x.jpg
Chapitre III : https://commons.wikimedia.org/wiki/File:Dans_une_tranch%C3%A9e_de_premi%C3%A8re_ligne,_trois_soldats_pr%C3%AAts_%C3%A0_l%27attaque_-_le_sourire_aux_l%C3%A8vres_-_photographie_de_presse_-_Agence_Meurisse_-_btv1b90444802.jpg
Chapitre IV :https://commons.wikimedia.org/wiki/File:M%C3%A9daille_de_Verdun_du_colonel_Br%C3%A9bant_(recto).jpg
Chapitre V : https://fr.wikipedia.org/wiki/Bataille_de_Verdun#/media/Fichier:On_les_aura%5E_2e_Emprunt_de_la_Dfense_Nationale._Souscrivez._We_will_beat_them%5E_2d_National_Defense_Loan._Subscribe._Colo_-_NARA_-_516341.tif
Chapitre VI : https://commons.wikimedia.org/wiki/File:Inauguration_de_la_Voie_sacr%C3%A9e,_edit.jpg
Chapitre VII : https://commons.wikimedia.org/wiki/File:Bird%27s-eye_view_of_Verdun,_1916.jpg
Tous droits réservés

www.ingramcontent.com/pod-product-compliance
Lightning Source LLC
LaVergne TN
LVHW032203070526
838202LV00008B/298